JN111289

まさか！の馬券術

坂道グループ

出川 塁

&坂道グループ分析班

はじめに

　名前はイロモノ、中身はホンモノ。

　卑下しているのか自負なのか、よくわからない書き出しになってしまったが、本書を上梓するにあたっての意気込みを素直に表現すれば、この通りとなる。

　『まさかの！馬券術　坂道グループ』は、競馬場にある「スタートの坂」に着目した馬券攻略の指南書である。

　競馬で坂といえば、最後の直線＝ホームストレッチに設けられたゴール前の坂を指すのが一般的だ。しかし、坂はゴール前だけにあるとは限らない。バックストレッチやコーナーなど、トラック１周の至るところに坂が設けられている。だから、スタート地点も平坦になっているとは限らない。

　ゴール前の坂と同様に、スタートの坂もレースの結果に大きな影響を及ぼしている。スタートの影響はレース全体の展開に波及し続けるわけだから、ゴール前の坂より重大という考えも成立しうる。そのわりに、スタートの坂はあまりにも見過ごされてきたのではないか。そこに光を当て、馬券術に仕立て上げたのが本書である。

　もうひとつ。競馬の坂といえば、上り坂を思い浮かべる人が多いのではないか。しかし、当然ながら競馬場には下り坂もある。もちろん、スタートが下り坂になっているコースも存在する。

　本書の分類に従えば、中央競馬でスタートが下りの平地コースは全部で20を下回らない。決して珍しい存在ではないのに、俎上にのる機会はずいぶん限られていた。「坂といえばゴール前」「坂といえば上り坂」という先入観にも近いイメージが、長いあいだ共有されてきたからだろう。

　東京芝1600ｍは年間にＧＩ３レースが組まれるメジャーなコースだが、このコースが下りスタートであることは滅多に触れられない。「東京マイルは厳しい流れになりやすく、2000ｍをこなせるぐらいのスタミナが必要」といったコメントはよく耳にする。しかし、

下りスタートと関連づけた解説はついぞ聞いた覚えがない。

　仕方がないことではあるのだ。競馬に関するデータの発展は著しく、数字の裏付けが取れないものはますます好まれなくなってきた。しかし、スタートの坂に関するデータは誰も見たことすらない。

　それを『まさかの！馬券術　坂道グループ』では実現した。本邦初かどうかまではわからない。いまや馬券術を世に問う手段は無数に存在する。有名通販サイトには電子書籍として無数の馬券本が出版され、オンラインサロンなどのクローズドな場も増えている。責任逃れをするつもりはないが、巷間にどんな馬券術が出回っているのかを把握するのは、もはや不可能というのが偽らざる心情だ。

　それでも、本書に掲載したデータが、過去に類を見ないものになっていることを筆者は確信している。2019〜23年に中央競馬でレースが開催された平地コースを「上りスタート」「平坦スタート」「下りスタート」の“坂道グループ”に分類。この3つの分類に基づくまったく新しいデータをここに公開する(データ集計は21〜23年)。

　その中でもメインとなるのが「コース替わり」である。コース替わり自体はメジャーな予想ファクターだが、スタートの坂を軸に置いた点に目新しさがある。たとえば、前走で上りスタートのAというコースに出走し、今走で下りスタートのBというコースに出走した場合、どんな結果が残っているのか。興味のあるところだろう。

　そのほか、騎手と種牡馬についても坂道グループ別の極秘データを収録。有力な騎手11人、種牡馬11頭（「坂イレブン」とでもいうべきか）に関しては、より詳しいデータを掲載している。それぞれの坂道で推すべき騎手や種牡馬をぜひともご確認いただきたい。

　誰も知らない坂道の世界。どうかご堪能いただきたい。

2024年1月　筆者記す

第1章　なぜスタート地点の坂なのか
【上り・平坦・下り】坂道グループの秘密

第2章　【坂道グループ】主要コース別攻略
プラチナシート67

第3章　必読！坂道発進が得意、そして苦手な
騎手&種牡馬

装丁●橋元浩明（sowhat.Inc.）

本文DTP●オフィスモコナ

写真●武田明彦

※名称、所属は一部を除いて 2023 年 12 月末日時点のものです。

※成績、配当、日程は必ず主催者発行のものと照合してください。

馬券は必ず自己責任において購入お願いいたします。

第1章

なぜスタート地点の坂なのか
【上り・平坦・下り】
坂道グループの
秘密

ＪＲＡのコースには坂がいっぱい

　よーいドンでスタートして、真っ先にゴールした競走馬が勝つ。競馬という競技は、詰まるところが駆けっこだ。

　ただし、駆けっこは平らな場所で行なうのが普通だが、競馬場にはアップダウンが存在する。中央の競馬場でもっとも起伏に富んでいる中山の高低差が5.3ｍ（芝の場合。以下同）。つまり、コースを１周するあいだに、２階建ての家の屋根ぐらいまでの高さを上ったり下ったりしていることになる。

　そのほか、中京と函館がともに高低差3.5ｍ、京都が3.1ｍ、小倉が３ｍとなっている。このうち函館や小倉はしばしば平坦コースと呼ばれるが、平坦なのは最後の直線に限った話。これは京都も同様で、ホームストレッチに坂は設けられていない。

　しかし、向こう正面やコーナーの部分に、バスケットボールのリングの高さ（3.05ｍ）と同程度かそれ以上のアップダウンが設けられている。とても平坦と呼べるものではないだろう。

　そのほか、東京は2.7ｍで、阪神（外回り）は2.4ｍ、福島は1.9ｍの高低差がある。福島も平坦と呼ばれることが多い競馬場だが、実際には野球の大谷翔平選手の身長ほどのアップダウンを乗り越えなければ、ゴールにたどりつけない。

　中央競馬の10場で本当に平坦コースといえるのは、高低差0.7ｍの札幌と0.8ｍの新潟（内回り）だけだろう。それでも真っ平らというわけではない。テレビなどの中継画面ではわかりづらいのだが、競馬場には思った以上に起伏がついている。

　陸上競技でいえば、起伏のないトラックで速いランナーが、箱根駅伝の山登りで強いとは限らない。むしろ、スピードに優れた選手ほど苦手というのが相場だ。

　もちろん、箱根の山登りほどの登坂能力は競馬に必要ない。しかし、競走馬にはスピードだけでなく、坂をうまく上ったり下ったりする能力も求められるのはまず間違いがない。

タイトル通りではあるのだが、そうした競馬場の坂道に注目するのが『まさかの！馬券術　坂道グループ』という馬券作戦なのである。

誰もが知っている最後の坂……それだけでいいのか？

もっとも、坂道自体は決して斬新な予想ファクターというわけではない。

たとえば、中山や阪神のレース予想において、ゴール前の急坂をこなせるかどうかを考えるのはごく普通のことといえる。

Ａという馬は、ゴール前に坂のあるコースではいつも好走しているから買い。一方、Ｂという馬は、いつも最後の急坂で失速するから消し。ちょっとキャリアのある競馬ファンなら当たり前のことであり、なんら特別なことではない。

ここなのだ。ここでちょっと立ち止まって考えてみようというのが『まさかの！馬券術　坂道グループ』なのである。

競馬場の坂は最後の直線だけに存在するわけではない。バックストレッチやコーナーに起伏が設けられているコースは少なくない。なのに、坂といえば最後の直線にあるものをついつい思い浮かべてしまう。

それも当然ではある。怒涛の勢いで坂を駆け上がり、直線でまとめて差し切った馬がいればひと際強く見えるものだ。逆に、ゴール寸前の急坂でバッタリと止まってしまった馬もまた、悪い意味で目立ってしまう。すぐに結果が出るから、着順に直結していることを誰もが容易に理解できる。

最後の直線以外で思いつくのは、京都の３コーナー付近にある丘のような坂ぐらいのものではないか。数々の名実況を残した杉本清アナウンサーの「ゆっくり上って、ゆっくり下らなければいけません」というフレーズは、特にオールドファンの間ではおなじみだ。

そして、杉本アナの実況は、最後の直線ではなくとも坂が重要であることが昔から認識されていた証拠でもある。

なのに、だ。３コーナーのもっと手前にある坂は、これまであまりにも言及される機会が少なかったように思われる。もちろん、誰も触れなかったとはいわないが、「この馬はスタート直後の坂で消耗してしまいましたね」といったレース解説は寡聞にして聞いたことがない。

　仕方ないことではあるのだ。ゴール前の坂と違って、どこまで影響があったのかを直感的にイメージしづらい。実際に騎乗したジョッキーならともかく、スタート地点や直後の坂の影響がどこまであったのかを外野から断定するのは難しい。というより、ほぼ不可能といっても過言ではないだろう。

　しかし、それは理屈が通らない。レースの着順に響くのは最後の直線の坂だけで、スタート地点や直後の坂は関係がない、とはちょっと考えにくい。むしろ、その後のレース全体に尾を引くわけだから、最後の直線より影響が大きいのではないか。その可能性は少なくとも否定できないし、すべきでもないだろう。

　上りが苦手で、スタートしてすぐ上りを迎えるコースではどうしてもリズムよく走れず、結果を残せない。あるいは、上りスタートではダッシュがつかずに後方からの競馬になるけど、下りスタートでは自然と勢いがついて好位置につけられる。そんな馬がいても不思議なところはない。

　たとえばゴールドシップがそうだった。稀代の癖馬として絶大な人気を誇ったが、スタート地点の坂に着目すると、これまであまり語られなかった側面が見えてくる。

　ゴールドシップは現役時代にＧⅠを６勝しているが、その中でも強いレースぶりを披露したのが宝塚記念である。ゲートで暴れて惨敗した６歳時は別として、４歳時は３馬身半差、５歳時も３馬身差の圧勝で連覇を飾っている。

　通説としては、ゴールドシップは（最後の直線に）急坂がある阪神が得意であることが理由として知られている。それを否定するつ

もりはない。宝塚記念以外にも阪神大賞典３連覇を達成した実績を見れば、かなりの阪神巧者であることは間違いない。

しかし、本書ではほかにも大きな理由があったと考える。それはもちろん、スタート地点の坂である。

ゴールドシップといえば非常にズブい馬としても有名だった。ところが、連覇した宝塚記念に関しては、２年とも道中４番手から先行押し切り勝ちを飾っている。

どちらも出脚は遅く、直線の途中でようやく加速がついたかたちではあるが、１コーナーまでには先団に取りついている。内田博幸騎手がどれほど押しても、出ムチまで入れても、全然進んでいかないレースが少なくなかったことを思えば、相当にスムーズな競馬ができたほうだ。

ここで重要なのがコースレイアウトだ。阪神芝の３〜４コーナーからゴール板までのアップダウンに着目すると、内回り・外回りともに残り200ｍまで下りが続き、そこから急坂を駆け上がることになる。

宝塚記念が行なわれる阪神芝2200ｍは、外回りの４コーナー出口あたりにゲートが置かれる（注：阪神芝2200ｍ自体は内回り使用）。つまり、スタートから300ｍほど下りが続く「下りスタート」のコースだ。

非常にズブいゴールドシップにとっては、勢いがつくまで下り坂が自然と扶助になって走りやすいレイアウト。そのように考えることは、決して無理筋ではないはずだ。

「ゴールドシップ・下りスタート得意説」を裏付けるのは宝塚記念だけではない。

日本ダービーで４着に終わり、ジャパンＣでは10着と15着に大敗を喫したことから、東京が苦手だったという評価も定着している。しかし、３歳時の共同通信杯では、この馬にしてはずいぶんスムーズに先行して、のちのダービー馬ディープブリランテを２着に下し

ている。このレースが行なわれた東京芝1800mもまた、下りスタートなのである。

　となると、加速しづらい上りスタートのコースでゴールドシップはどうだったのか。これが気になってくるはずだ。

　結論からいえば【3・1・0・2】という成績で、菊花賞や天皇賞・春（6歳時）のGⅠ2勝も含まれる。さすがにGⅠ6勝馬だけあって、苦手そうな上りスタートでも十分な実績を収めていた。

　ただ、着順だけでなくレース内容を確認すると、上りスタートの6戦ではいずれも最初のコーナーを11番手以降で回っている。まったく先行できていないのだ。

　神戸新聞杯を含めた上りスタートの3勝は、向こう正面ないしは3〜4コーナーでマクり上げる競馬で勝利を収めている。付け加えるとすれば、この3勝で2着に入ったのはいずれも5番人気以下のダークホース。少しメンバーに恵まれたからこそ、力でねじ伏せる競馬が可能だったともいえるかもしれない。

スタート地点の坂で見えてくる好走・凡走劇の真相

　スタート地点の坂にスポットライトを当てることで新たな一面が見えてくる一流馬は、もちろんゴールドシップだけではない。

　たとえばジャックドールだ。3歳秋から連勝街道を突っ走った際には、あのサイレンススズカの再来と呼ばれ、快速の逃げ馬という見方をされることも多い。

　そんなジャックドールの、スタートの坂別成績が非常に興味深いのである。それぞれ、上りスタートで【5・1・0・1】、平坦スタートで【3・0・0・4】、下りスタートで【0・1・0・1】という成績（2023年末時点。海外戦は除く）。

　上りスタートで堅実な結果を残す一方で、平坦スタートでは1着か4着以下かと少し安定感を欠く。そして、下りスタートは出走が少ないこともあるが、勝ったことがない。

この成績をどう解釈すべきか。加速しづらい上りスタートでこそダッシュドールのダッシュ力が生きる、という見方がひとつ。あるいは、上りスタートではちょうどいいペースで先行できるが、平坦や下りスタートではオーバーペースに陥るリスクがある、という受け止め方もそう不自然ではない。

　いずれの解釈を採用するにしても、ジャックドールが上りスタートをもっとも得意にしているという事実は動かない。レコード勝ちを飾った金鯱賞の中京芝2000ｍ、ＧⅠに手が届いた大阪杯の阪神芝2000ｍは、いずれも上りスタートのコースである。

　似たタイプの馬としてレイパパレも挙げておこう。

　３歳末のチャレンジＣで重賞初制覇を飾り、同コースの大阪杯でＧⅠ勝ち。どちらも上りスタートの阪神芝2000ｍのレースである。

　しかし、次走の宝塚記念で連勝がストップすると、秋のオールカマーとエリザベス女王杯ではどちらも１番人気を裏切って、馬券にも絡めなかった。宝塚記念とエリザベス女王杯の阪神芝2200ｍ、オールカマーの中山芝2200ｍはいずれも下りスタートである。

　ちなみに、４歳最終戦の香港Ｃ（６着）は本書の対象外だが、アップダウンがないシャティン競馬場は平坦スタートで間違いない。

　年が明けて５歳になると、金鯱賞、大阪杯の連続２着。どちらも上りスタートのコースであることは前述した通りである。これでスランプ脱出かと思いきや、その後はヴィクトリアマイル、毎日王冠と下りスタートのコースを使って好走できず、香港Ｃ９着を最後に現役を引退した。

　こうして戦績を振り返ると、ついつい「上りスタートのコースを使い続けていれば……」という思いに駆られるのは無理もない。

　とはいえ、実際に走らせる厩舎や馬主サイドにしてみれば、現実的ではない。特にレイパパレのように所有馬の数が多い馬主にしてみれば、得意な距離のレースに使い分けるだけでも大変なのに、スタートの坂という条件まで考慮する余裕はないだろう。

ということは、レース選択のスタートの坂の得意不得意が明らか
な馬であっても、今後も同じようなミスマッチが発生する確率は高
い。ここに大きなチャンスが広がっていることは、改めて説明する
までもないだろう。

激走・凡走を見破る『コース替わりプラチナシート』

　こうした実例を見ていくと、坂の得意不得意というのは能力だけ
の問題ではなく、その馬の気性との関係も大きいようだ。

　ゴールドシップのようになかなか進んでくれない馬にとっては、
下りスタートで成績を収めやすく、上りスタートでは弱点を露呈し
やすい。これは多くの人にとって納得のいく話だろう。

　逆に、とにかく引っ掛かってしかたがないという馬にとっては、
加速がつきづらい上りスタートだと折り合いやすい。これも大いに
ありうる。

　どれほどヤンチャな馬でも、疲れる上り坂でわざわざ飛ばしてい
きたくはないはず。といっても、筆者は馬の心理がわかる超能力を
持っているわけではないので想像の範疇ではあるのだが、決してな
くはない話だと考えている。

　もっといえば、難しい気性の馬に限らず、穏やかな気性の馬であっ
ても、スタートの坂の影響は無視できないのではないか。

　たとえば、前走で上りスタート、今走で下りスタートのコースに
出走するケースを考えてみよう。

　この場合、前走に比べてゲートを出た直後から自然と進んでいき、
走りやすく感じるのではないか。逆に、前走が下りスタート、今走
が上りスタートだと、前回より進まないな、シンドいなという気持
ちになるのではないか。

　もはや妄想の域に達していると思われるかもしれないが、サラブ
レッドの記憶力は非常に優秀だと聞く。過去に経験した不快な出来
事は特によく覚えているようで、これは常に肉食動物に命を脅かさ

れてきた草食動物としての本能に基づいているのかもしれない。

　素人考えを開陳するのは、このぐらいにしよう。ここで重要なのは「前走で上りスタート、今走で下りスタート」といったコース替わりである。

　上りスタートのコースでは前半がスローペースになりやすく、下りスタートのコースではハイペースになりやすい。これは競走馬の気持ちとは関係なく、物理の法則によるもので動かしようがない。

　となれば、なるべく脚を溜めて末脚勝負に持ち込みたい馬にとっては、レース前半のペースが緩やかになりやすい上りスタートがいいはずだ。瞬発力勝負になると分が悪い持続力タイプの馬にとっては、前半からペースが流れる下りスタートが望ましい。

　となると、苦手の下りスタートでハイペースになった前走で惨敗した馬が、得意の上りスタートに替わって一変。そんな激走パターンが存在しても不思議はない。

　ときにコース替わりが激走を生むことはよく知られている。苦手なコースで惨敗した馬が、得意コースに替わって一変。「穴馬券の絶対的センター」といってもいいほどだ。そんなコース替わりをスタートの坂という視点から読み解いていくのは、本書のメインコンテンツのひとつとなる。

　しかも、考え方だけでなく、最終的には「コース替わりで激走する確率が高い馬」を、「前走の着順と４角通過順」をチェックするだけで自動的に見抜けるところまで落とし込んでいく。

　本書では、その「前走の着順と４角通過順による激走馬発見アイテム」を『コース替わりプラチナシート』（以下、プラチナシートと略す）と命名。詳しくはＰ36〜140をご覧いただきたいが、特定のコース替わりにおいて「前走の着順と４角通過順」が合致するかどうかを確認するだけなので、極論をいえば説明を読まずとも利用できる。

　手順を踏めば誰もが同じように再現できることが馬券術では重要

というのが筆者の考えで、プラチナシートならそれが可能だ。

　レースによっては、プラチナシートの狙い目に完璧に合致する馬がいないこともあるだろう。そんな場合でも、もう少しざっくりと、あるコース替わりにおける傾向を把握するだけでも十分役に立つはずだ。

　前走着順だけを見て、「このコース替わりでは、前走で１〜３着に入っていた馬が連続好走しやすい」や「前走で10着以下に大敗していた馬が、バンバン巻き返してくる」といった傾向がひと目でわかるようになっている。

　同様に前走４角通過順をチェックすることで「前走で後ろから行っていた馬でも、このコース替わりなら届く」や「前走で先行していた馬が、このコース替わりでは全然来ないじゃないか」といった脚質の有利不利が見えてくる。

　前走着順と前走４角通過順を組み合わせて「前走で先行して好走していた馬が、今走でも堅実に馬券に絡む」や「前走で差して不発だった馬でも、今走では差し届いて穴をあける」といった傾向をビジュアル的に理解することもできる。

　プラチナシートではこのような利用法を想定しているが、筆者にも思いつかない馬券の生かし方がきっとあるはず。もちろん、自由に活用してもらえればと思う。

馬券直結！坂道発進の得意・苦手な現役馬リストも装備

　スタートの坂というファクターが、馬券予想において有用だと考える理由はほかにもある。

　従来の競馬予想の文脈において「坂が得意（苦手）」といったとき、最後の直線に設けられた急な上り坂が得意（苦手）であることを意味するのが普通だ。

　しかし、である。よくよく考えてみると、最後の直線の坂でパッタリ止まったからといって、それが本当に坂が苦手であることを表

しているのかといえば、甚だ怪しいところがある。

　通常、直線の坂はゴールの直前に設けられる。中山、阪神の急坂は、どちらもゴール前200m地点から、だいたい100mの区間で2mほど駆け上がる。ということは、中山・阪神の距離設定でもっとも短い1200mでも、急坂に差し掛かるまでにすでに1000mほど走っていることになる。

　最後の200mの消耗度のほうが、そこまでの1000mより大きいとは、いくら急坂といっても考えにくい。だとすれば、急坂を上る以前にすでに消耗していたから、急坂で止まってしまった（ように見える）。そう考えるのが自然ではないだろうか。

　そもそもゴール直前に急坂がないコースであっても、レースラップを確認すると最後の1ハロン（＝200m）でガクッと遅くなることが多い。つまり、残り200m地点に差し掛かった時点で相当に消耗していて、そこからゴールまでは最後の気力、死力でなんとか走りきる。それが競馬のレースでは普通なのである。

　いくら上り坂が得意な馬でも、すでに消耗していては上れる坂も上れない。急坂を上れるかどうかは、そこまでにどれだけ余力を残せるかにかかっている。そう考えると、ゴール前の坂だけを見て、その馬が坂が得意かどうかを見極めることは不可能に思えてくる。

　だからこそ、スタートの坂なのだ。

　装鞍所やパドックで激しくイレ込み、返し馬で暴走し、ゲートに入ったときには完全に疲れきっていました……という馬でもない限り、スタート直後なら余力が十分に残っている。

　また、各馬の消耗度がまちまちである最後の直線より、スタート地点や直後のほうがイコールコンディションに近いのも間違いない。より公平な状態で走るスタートの坂のほうが、得意不得意を見極めるうえで適しているとも考えられるのではないだろうか。

　実際、スタートの坂が上りなのか、平坦なのか、下りなのかによって、成績やパフォーマンスが左右される馬が存在することは、すで

にゴールドシップやジャックドール、レイパパレの例を通じて確認済みである。特定の馬の得意不得意が明確になるのであれば、それに応じて馬券を狙っていけばいい。

本書の巻末には、現役馬（24年1月1日現在で収得賞金901万円以上の古馬）が、それぞれどの坂道を得意にしているかを一覧としてまとめているので、ぜひ活用していただきたい。

そのうえで、馬券に応用する範囲がもう少し広い作戦として、騎手と種牡馬を取り上げたい。

と、その前に。そろそろ、スタートの坂の分類を明確にしておく必要がある。ここまで「上りスタート」「平坦スタート」「下りスタート」と書いてきたが、もちろん基準を設けて中央競馬の各コースを3種類の分類している。

まず「スタート地点（および直後）」とは、各コースのゲートから最初の200m（＝1ハロン目）を指す。この区間のアップダウンに応じて「上りスタート」「平坦スタート」「下りスタート」に分類している。

最初の200m区間がすべて上りだけ、平坦だけ、下りだけになっているコースの分類は簡単だ。たとえば、中山芝1200mはゲートから200mがずっと下り。こうしたコースは、文句なく下りスタートに分類できる。

しかし、わかりやすいコースばかりならいいのだが、実際には最初の200mに上り、平坦、下りが混在していることも多い。

そうした場合は、レイアウトのアップダウンに加えて、データも参照しながら分類を進めていくことにした。

一例として中京芝1600m。大半は平坦になっているが、1ハロン目の終わり際に少しだけ上り坂が含まれる。そこでデータを参照したところ、上りスタートを得意とする種牡馬や騎手の多くが好成績を収め、苦手な種牡馬や騎手はその逆である傾向が見られた。実態がそうなっているのであれば、中京芝1600mは上りスタートに

分類するのが妥当と判断した。

　こうした作業を繰り返し、中央競馬の全平地コースの分類を進めていった。全コースの分類をP 34で一覧にしているので、そちらに目を通していただけると、本書の内容をよりよく理解できるようになるはずだ。

ハーツクライの坂道発進を徹底解剖！

　改めてここから。騎手・種牡馬について解説していきたい。

　なお、今後は「上りスタート」を「上りS」と略して表し、同様に「平坦S」「下りS」と表記することとする。

　先に種牡馬から取り上げたい。スタートの坂を理解するにあたって、格好の教材となりうる存在がいるからだ。

　ハーツクライである。

　ジャスタウェイ、シュヴァルグラン、スワーヴリチャード、リスグラシュー、ドゥデュースなど、数多くのGⅠ馬を送り出してきた名種牡馬であることは論を俟たない。そのため種牡馬としての特徴、産駒の傾向はファンのあいだに広く共有されている。

　適性面でいえば、スタミナがあって長距離戦に強いこと。2歳戦やクラシック路線で活躍する馬だけでなく、古馬になって大きな成長を見せる馬も多いこと。父と同様に腰の甘い産駒が目立つことなどが挙げられる。

　現役時代のハーツクライといえば、先行してディープインパクトに土をつけた有馬記念や、逃げて4馬身差の圧勝を飾ったドバイシーマクラシックが印象的だ。

　ただし、このGⅠ2勝は、いずれも腰の甘さが解消された4歳秋以降に挙げたもの。それまでは腰が甘さからスタートダッシュがつかず後手に回り、最終的に追い込んでくるものの2着までという競馬を繰り返していた。

　また、前脚のさばきがかなりのガニ股だったことも記憶に残る。

ハーツクライに関しては、ガニ股が致命傷にならなかったからこそ、あれほどの実績を残すことができたのだろう。

とはいえ、理想的なフォームとはいいがたい。人間がスポーツをするときに、力が外に逃げてしまうガニ股が有利になることは滅多にない。ガニ股のおかげでトリッキーな動きができるようなことはあるかもしれないが、それはセオリーから外れた話である。

競走馬に限ってガニ股が有利ということも、おそらくはないだろう。地面を蹴ったとき、ガニ股ではロスが生じやすく、前への推進力に変換されづらい。坂を駆け上がる場合にも、基本的にはガニ股だと不利に働くことが多いはずだ。

そして、こうした馬体的な特徴は産駒にも伝わっている。良くも悪くも、自身の傾向をしっかりと伝える能力を持っていたからこそ、ハーツクライは種牡馬として成功したともいえる。

では、実際のところ、ハーツ産駒のスタートの坂別成績はどうなっているのか。ハーツ産駒が主に走る芝の成績を見てみよう。

上りS　　勝率 7.4％、複勝率 22.6％、単回値 54 円、複回値 66 円
平坦S　　勝率 8.4％、複勝率 25.7％、単回値 58 円、複回値 69 円
下りS　　勝率 9.2％、複勝率 25.4％、単回値 73 円、複回値 73 円

この通り、概ねで下りSの数字がもっとも高く、上りSの数字はもっとも低いという傾向が表れている。

腰甘のハーツ産駒は、上りSの坂道発進が苦手。一方、自然と加速がつく下りSでは、地形の補助によって弱点を露呈せずにすんでいる。そんな様子がありありと見て取れるデータといえる。

実は、本当に面白いのはここからなのだ。このデータを芝 1400m以下に限定すると、様相が一変するのである。

上りS　　勝率 8.3％、複勝率 23.3％、単回値 62 円、複回値 62 円

平坦S　勝率 3.3%、複勝率 18.3%、単回値 13 円、複回値 61 円
下りS　勝率 7.3%、複勝率 14.5%、単回値 56 円、複回値 52 円

スタミナによさがあるハーツ産駒にとっては適性外の距離ではある。平坦Sや下りSで複勝率を大きく落としているように安定感が失われるのは仕方がないだろう。

ところがだ。上りSだけは、全体成績より勝率と複勝率を上げてくる。適性外の距離、苦手の上りSと、悪条件が重なっているにもかかわらず、である。

これが面白いところなのだ。ハーツ産駒にとって、芝 1400 m以下の距離は忙しい。しかし、上りSで加速がつきづらいのはどの馬も同じだから、レース全体のペースが少し緩む。距離不足のハーツ産駒でも多少は追走しやすくなって結果を残せる、という構図だ。

同様のデータを、ほかの距離でも見ていこう。

芝のマイル近辺（芝 1500 〜 1700 m）は次のようになっている。

上りS　勝率 2.8%、複勝率 19.4%、単回値 25 円、複回値 37 円
平坦S　勝率 9.3%、複勝率 25.6%、単回値 95 円、複回値 69 円
下りS　勝率 8.9%、複勝率 27.4%、単回値 63 円、複回値 61 円

芝のマイル前後になると、ハーツ産駒は上りSでは走れなくなってしまう。平坦Sや下りSとは勝率や複勝率が雲泥の差だ。

あるいは現在の芝マイルは、レースの質が中距離にかなり近づいてきているのかもしれない。2023 年の芝マイルGⅠ勝ち馬（2歳を除く）の父を見ても、キズナ、ドゥラメンテ、ハービンジャーと中距離と区別がつかない顔ぶれだった。

なお、芝 1500 〜 1700 mで上りSに該当する唯一のコースというのが中京芝 1600 m。先ほど坂の分類についての箇所で少し触れたコースだが、もちろんこのハーツ産駒のデータも大いに参考にして、

上りSに分類したという経緯がある。

　そして最後に、ハーツ産駒が主に走る芝1800 m以上のデータ。

　上りS　勝率7.8％、複勝率22.8％、単回値56円、複回値71円
　平坦S　勝率8.8％、複勝率26.7％、単回値57円、複回値70円
　下りS　勝率9.5％、複勝率26.0％、単回値78円、複回値79円

　勝率、単勝回収値、複勝回収値で下りSがトップの数値を記録。複勝率のみ平坦Sに逆転されているが、トータルで下りSの成績がもっとも優秀なのは明らかである。対して上りSは、下りSはもちろん平坦Sと比べても明らかに好走率がダウンする。

　現代競馬において、芝1800 m以上で前半からガンガン飛ばしていくような馬は稀。大抵はゆったりとした流れのレースになる。

　多くのハーツ産駒にとって適距離で、忙しくて追走ができないという心配はしなくていい。芝1800 m以上なら加速しやすい下りSのほうが、腰が甘いという弱点をカバーしやすく、ポジション取りでプラスに働くのである。

ハーツ産駒は下りS、ディープ産駒は上りS

　ハーツクライの分析をもう少し続けたい。

　ハーツ産駒とスタートの坂の関係で、非常に興味深い傾向が出ているのが中山の芝中距離だ。

　1800 m　勝率10.2％、複勝率23.7％、単回値71円、複回値64円
　2000 m　勝率14.2％、複勝率28.3％、単回値140円、複回値98円

　ここまで本書をお読みの皆さんなら、この成績差の理由に思い当たるフシがあるはずだ。

　そう、その通り。ハーツ産駒の数値がより高い2000 mは下りSで、

少し数字を落とす1800mは上りSなのである。

　中山芝の1800mと2000mは、どちらも内回りの使用。コース図を見ると、ゲート位置がホームストレッチで200m移動するだけのようにも思える。

　しかし、スタートの坂はまったく異なる。1800mでは急坂が始まるすぐ手前にゲートが置かれる。勢いがまったくついていないゼロ発進をして、すぐに急坂を迎えることになる。

　対して、2000mでは4コーナーの出口付近にゲートが置かれる。そして、中山の芝コースでは4コーナーの途中から急坂の少し手前まで、200mにわたって緩やかに下りが続く。2000mでも最初のホームストレッチで急坂を駆け上るのは同じだが、その手前の下りで勢いがついた状態になっている。これは大違いだ。

　腰が甘いハーツ産駒にとって、ゼロ発進から急坂を上るのはけっこうシンドい。しかし、十分に加速がついた状態になっていれば、スタート直後で余力が残っていることもあり、あまり問題にならない。前掲のデータはそんなことを物語っているのだ。

　もちろん、ハーツクライとは逆の傾向を示す種牡馬も存在する。その代表格がディープインパクトだ。

1800m　勝率13.3%、複勝率36.0%、単回値55円、複回値99円
2000m　勝率9.4%、複勝率33.3%、単回値50円、複回値69円

　ディープ産駒は、レース前半をゆっくり走ってなるべく脚を溜め、後半で爆発させるのが好走パターンだ。得意とする芝の中距離戦において、自然と加速がついてしまう下りSより、ペースが速くなりづらい上りSで数字を残せるのは当然だろう。

　そのほかの主な種牡馬で1800m型といえるのはドゥラメンテ、ロードカナロア、キズナなど。2000m型ではハービンジャー、エピファネイア、モーリス、ルーラーシップなどが挙げられる。

血統に興味がないと厳しいかもしれないが、このラインナップを見て納得した感じがするのではないだろうか。

　切れ味やスピードに優れたドゥラメンテやロードカナロアは、前半で脚を溜めやすい上りＳの1800ｍ型。これはディープインパクトと同じ理屈だ。

　一方、スタミナや持続力によさがあるハービンジャーやルーラーシップが下りＳの2000ｍ型になるのも、ハーツクライの事例を思えば大いにうなづける。

　以上、ハーツクライおよび中山の芝中距離（1800ｍと2000ｍ）を中心に解説してきた。ここには「種牡馬とスタートの坂」を考えるうえでの基本が詰まっている。

　よく競馬に絶対はないというように、例外が多いスポーツではあるのだが、だからこそ基本が重要だ。芯となる基本さえ押さえれば、さまざまな場面で応用がきく。しっかりとマスターしていただければと思う。

　ここで名前が出なかった有力種牡馬については、Ｐ155〜167にデータをまとめているので、そちらをご覧いただきたい。

　掲載したデータは「距離」「坂替わり」「４角通過順（≒脚質）」の３つ。このうち、「距離」と「４角通過順」は説明せずともイメージできると思うが、「坂替わり」というのは坂道グループならではの概念なので説明が必要だろう。

　一例として、前走が中山芝1800ｍ、今走が中山芝2000ｍに出走した場合は「上りＳ→下りＳ」の坂替わりがあったことになる。前走が中山芝2000ｍ、今走が中山芝1800ｍの逆パターンなら「下りＳ→上りＳ」となる。このように、前走と今走のスタートの坂が異なる場合に、その種牡馬がどんな成績を収めているのかをまとめたデータを掲載している。

　苦手な上りＳに出走したあと、次走で得意の下りＳに替わって激走。十分に考えられるシチュエーションだろう。スタートの坂だけ

に限ったコース替わりのデータというイメージである。

「坂替わり」に限らず、「距離」と「4角通過順」を含め、種牡馬とスタートの坂の関係をまとめたデータなど、これまでに見たことがない。ライバルに差をつける新兵器として絶大な威力を発揮してくれるものと確信している。

ジョッキーの坂道発進にも要注意！

続いては騎手だ。

当たり前の話だが、どんな騎手にも得手不得手がある。すべての条件で完璧に乗れる騎手は存在しない。各ジョッキーの騎乗スタイルに合う条件、合わない条件があるからだ。

だとすれば、スタートの坂に得意不得意があったとしても、まったく不思議はないだろう。

本書の集計期間3年で最多勝を挙げたC・ルメール騎手。押しも押されもしない当代の第一人者である。そのルメール騎手をもってしても、得手不得手は見られる。

じっくり構えて乗るのがルメール騎手のスタイルだ。

その影響が端的に表れているのが距離別成績で、好走率に明らかな差が見られる。本書の集計期間において、芝2400mでは勝率37.5%と驚異的だが、芝1200mでは勝率18.1%と半減以下になってしまう。

得意の長距離戦ではより優秀な馬が集まり、短距離戦ではそこまでの馬が集まらないという事情はあるのだが、それもルメール騎手の得手不得手が関係者に知れ渡っているからである。

そんなルメール騎手の、持ち味が生きない芝におけるスタートの坂別成績は次のようになっている。

上りS　勝率19.7%、複勝率48.3%、単回値58円、複回値73円
平坦S　勝率27.2%、複勝率59.2%、単回値87円、複回値87円

下りＳ　勝率24.8％、複勝率55.6％、単回値69円、複回値80円

　けっこうな差がついていることがわかるだろう。
　勝率、複勝率ともに平坦Ｓの数値がもっとも高く、単複ともに87円という回収値も、常に馬券が売れるルメール騎手にしては優秀だ。
　しかし、上りＳでは明らかに数値を落とす。ルメール騎手のじっくり乗るスタイルだと、上りＳでは想定以上にダッシュがつかず、位置取りを悪くしてしまっているのではないか。
　ただし、上りＳでも京都芝3000ｍや3200ｍでは抜群の成績を残している。そもそも菊花賞や天皇賞・春でルメール騎手を無視できるわけもないのだが、3000ｍ級の長丁場なら多少位置取りが後ろになっても挽回が可能ということだろう。
　となると、上りＳの短距離が危険なのでは、ということになるのだが、まさしくその通り。上りＳの芝1200ｍでは勝率6.7％という目を疑うような数字が残っている。該当する京都と函館の芝1200ｍでは、ルメール騎手を過信しないように気をつけたい。
　一方、ダートのルメール騎手は次の通り。

上りＳ　勝率21.6％、複勝率48.7％、単回値63円、複回値79円
平坦Ｓ　勝率19.0％、複勝率44.3％、単回値57円、複回値76円
下りＳ　勝率22.1％、複勝率45.8％、単回値66円、複回値70円

　芝ほどの成績差は見られず、単複の回収値の差もそこまで大きくない。ダートの場合は極端な得手不得手はないようだ。
　とはいえ、注意事項は存在する。それは平坦Ｓについてで、前述したように芝では得意だったが、ダートの坂道グループでは数字がもっとも悪い。「ルメール騎手は平坦Ｓが得意だったよな……」と、うろ覚えで芝・ダートかまわず買っていると、馬券の収益をじわじ

わと悪化させていく要因になりかねない。

　現役日本人ナンバーワンの川田将雅騎手のデータも見ておこう。まずは芝から。

上りＳ　勝率 28.1％、複勝率 59.6％、単回値 85 円、複回値 92 円
平坦Ｓ　勝率 29.2％、複勝率 59.0％、単回値 84 円、複回値 84 円
下りＳ　勝率 26.7％、複勝率 52.5％、単回値 104 円、複回値 80 円

　騎乗馬を厳選している関係もあり、全体的に好走率が非常に高い。強いていえば下りＳが比較的苦手とはいえるが、単回値 104 円を記録しており、馬券的にはまったく軽視できない。

　続いてはダート。

上りＳ　勝率 27.5％、複勝率 60.4％、単回値 75 円、複回値 87 円
平坦Ｓ　勝率 29.2％、複勝率 56.6％、単回値 90 円、複回値 81 円
下りＳ　勝率 25.3％、複勝率 48.5％、単回値 80 円、複回値 74 円

　この通り、ダートでも下りＳの勝率と複勝率がもっとも低い。低いといっても勝率 25％強、複勝率 50％弱だから迂闊に消すことはできないのだが、芝・ダートともに下りＳで数字を落とす傾向が見られるのは間違いない。

　テンで出していって先団に取りつき、4 コーナーまでじっと我慢。直線を向いたら激しく追っていく。これが川田騎手の基本スタイルで、ややワンパターンのきらいはあるが、安定感は抜群だ。

　ただし、自然に勢いがつく下りＳでは、テンでわずかに出しすぎて結果的に末が甘くなってしまうケースが増える。芝・ダートともに下りＳで少し好走率を落とすデータからは、そんな様子も見て取れる。

　以上、ルメール騎手と川田騎手をお手本に、騎手の坂道データの

読み方を解説した。これを踏まえて、Ｐ142 〜 154にまとめた騎手別の坂道データをご覧いただければ、ジョッキーたちの新たな側面が見えてくることだろう。

ＪＲＡ10場の坂道事情

　最後に、中央競馬10場の坂道事情および注意点について解説しておきたい。各競馬場のスタートの坂の特徴を頭に入れておくことで、本書のメインコンテンツである第2章「プラチナシート」の理解が深まることは間違いない。騎手や種牡馬のデータについても同様のことがいえる。

●東京競馬場

（芝）1400 m、1600 m、1800 mはバックストレッチからスタートするコーナー2回のコース。ただし、1400 mは上りＳ、1600 mと1800 mは下りＳという違いがある。1400 mと1600 mの両方を走る馬は少なくないが、ゲートの位置が200 m違うだけではない。

　ＧＩの舞台としてもおなじみの2000 mと2400 mはいずれも平坦Ｓ。厳密にいえば、2400 mのゲートは直線の上り坂の終わり際に位置するが、データ傾向的に平坦Ｓに分類するのが妥当と判断した。

　2500 mは上りＳになる。2400 mから100 mゲートが後退するだけのコースと思いきや、グッとタフさを増す。3400 mも上りＳだ。
（ダ）向こう正面スタートの1300 mと1400 mはゲートの位置が絶妙で、1300 mは上りＳ、1400 mは下りＳの分類となる。

　ＧＩコースでもある1600 mは下りＳ。なおかつ芝スタートでもあり、前半からハイペースになることが多い。2100 mは平坦Ｓ。

●中山競馬場

（芝）1200 mは下りＳ。坂道グループでは最初の200 mが対象だが、このコースは最初の500 mがずっと下りでハイペース必至。

1600 mは2コーナーの引き込み線にゲートがある、コーナー3回のコース。緩やかながらも下りSとなっている。

ホームストレッチからスタートする1800 m、2000 m、2200 mはコーナー4回のコース。1800 mは上りS、2000 mは下りSと異なる点が急所であることは、ハーツクライを題材に前述した通りである。バックストレッチで外回りを使う2200 mも下りS。

有馬記念でおなじみの2500 mは平坦Sの分類となる。

（ダ）1200 mは下りS。芝スタートでもあり、前半はハイペース、最後は急坂でどこまで我慢できるかのレースになる。

1800 mは上りS。スタート直後に急坂を上り、最後にもう1回急坂という非常にタフなコースだ。

●京都競馬場

坂の解説の前にひと言。集計期間のうち2年以上が改修による休止期間と重なり、完全にデータ不足で「プラチナシート」を作成できなかった。どうしようもないが、申し訳なさで一杯である。

スタートの坂は大半が平坦。ゲートから3コーナー付近の丘までの距離が短いコースは上りSで、芝では1200 m、3000 m、3200 m、ダートでは1200 mが該当する。

●阪神競馬場

（芝）コーナー2回の1200 m、1400 m、1600 m、1800 mは、内回り・外回りを問わず平坦S。3000 mも同様だ。

ホームストレッチにゲートが置かれるコースは、急坂との位置関係で決まる。2000 mと2400 mは、ゲート自体は下り部分に位置するが、直後に急坂を迎えるため上りSの分類。2200 mと2600 mはゲートが後退し、最初の200 mが完全に下り坂になるため下りSとなる。

（ダ）要領としては芝と同じ。バックストレッチにゲートが置か

れる 1200 m と 1400 m は平坦Ｓ。ホームストレッチですぐ急坂の
1800 m は上りＳで、ゲートが後退する 2000 m は下りＳとなる。

　ただし、1400 m と 2000 m はスタート地点が芝。特に 2000 m は
下りＳということもあり、この距離のダートとしては前半のペース
が速くなりやすい。

●中京競馬場

（芝）中京は向こう正面に山の頂点がある。ここから３〜４コーナー
を経て、ホームストレッチの急坂まではずっと下り。ここからは逆
に、山の頂上まで上りが続く。急坂の区間は 160 m ほど。これを上
りきったあとは、ゴール板を過ぎ、１〜２コーナーを経て、山の頂
上まで緩やかに登り続ける。こんなアップダウンになっている。

　1200 m のゲートは山の頂上の手前に置かれ、最初の 100 m が緩
い上りで、次の 100 m が緩い下り。坂道グループの分類にはかなり
悩んだが、「行って来いで平坦Ｓ」に分類した（実際には、データ
から平坦Ｓの傾向にもっとも近いと判断）。

　1400 m と 1600 m は上りＳで、コーナー４つの 2000 m も急坂の
途中にゲートが置かれるため上りＳ。しかし、４コーナー付近にゲー
トが置かれる 2200 m は下りＳとなる。

　レース数の多い距離では最短の 1200 m が平坦Ｓ、最長の 2200 m
が下りＳで、その中間の距離は平坦Ｓとすると覚えやすい。

（ダ）通常使用される 1200 m、1400 m、1800 m、1900 m はすべて
上りＳの分類。ダートは簡単に覚えられる。

●新潟競馬場

（芝・ダ）芝・ダートを通じて、１コースを除いて平坦Ｓ。そして、
平坦Ｓではない唯一のコースというのが名物の芝直線 1000 m なの
で覚えやすい。

　芝 1000 m の坂道グループは上りＳ。究極のスピード勝負という

イメージだけに、意外な印象を受けるかもしれない。このコースで
ダート血統が強いのも、ゼロ発進での上りSでかなりのパワーを要
求されるからではないかとみている。

●福島競馬場

（芝）典型的な平坦コースという印象の福島だが、実際にはそれな
りに起伏が設けられているので注意が必要だ。

　芝1200mは上りS。実のところ、平坦Sの可能性もあったと思
われるほど最初の200mの勾配は緩やかだ。しかし、その終わり際
から勾配がグッと険しくなり、高低差1.3mを一気に上ることにな
る。本来は、最初の200m区間を過ぎたら坂道グループの分類から
は対象外だが、この高低差1.3mの坂によってレースの質が上りS
に近いものになっている影響は否定できない。

　1800mと2000mの関係は要注意。福島のホームストレッチには
高低差1.2mの上りが設けられ、その直前からスタートする1800
mは上りSの分類。しかし、4コーナーの引き込み線にゲートが置
かれ、下りが続く2000mは下りSとなる。決してゲートが200m
後退するだけではない。

　2600mは、バックストレッチの高低差1.3mの上り区間にゲー
トが置かれ、当然ながら上りSとなる。

（ダ）1150mは上りS。ただし、芝スタートのため、純粋なダート
短距離の上りSに比べると走りやすい部分はある。1700mはホー
ムストレッチの坂の途中にゲートが置かれ、上りS。

●小倉競馬場

（芝）福島同様、平坦といわれる小倉だが、実際にはけっこうな起
伏がある。芝は、ゴール板を過ぎてから1〜2コーナーの中間地点
まで3mほど上りが続き、そこから4コーナーにかけて平坦部分を
挟みながら下っていく。

もっとも、坂道グループに関しては、1200 mだけが下りS、あとの芝コースは平坦と覚えればいいのではないか。

（ダ）小倉ダートは4コーナーからゴール板にかけての区間が上りになっている。ただし、約400 mで高低差0.6 mというかなり緩やかな勾配で、1700 mは平坦Sに分類している。

　バックストレッチにゲートが置かれる1000 mは下りS。2400 mも近い位置にゲートがあるのだが、ここはすでに下りが終わっているため平坦Sとなる。

● 札幌競馬場

（芝・ダ）全コースが平坦S。特記事項はない。

● 函館競馬場

（芝）函館ほど坂だらけの競馬場はない。芝で平坦なのは3〜4コーナー中間の短い区間と、ゴール板手前の100 mあまり。あとは延々と上ったり下ったりしながら走ることになる。

　バックストレッチはずっと上り続けるレイアウトで、1200 mと2600 mはもちろん上りS。4コーナーから直線にかけては下りが続くから、4コーナーの引き込み線からスタートする2000 mは下りSとなる。唯一、1800 mだけが平坦Sだ。

（ダ）ダートはもっと平坦な箇所が少ない。平坦なのはゴール板の付近と3〜4コーナー中間地点だけで、どちらも100 mほどの短い区間である。

　最後の直線ですらほぼ下りで、4コーナーの出口あたりからスタートする1700 mは下りS。バックストレッチは芝と同じくずっと上りで、1000 mは上りSとなる。

第2章

【坂道グループ】
主要コース別攻略
プラチナシート
67

JRA平地全コース【坂道グループ】一覧

東京	スタート
芝1400m	上り
芝1600m	下り
芝1800m	下り
芝2000m	平坦
芝2300m	平坦
芝2400m	平坦
芝2500m	上り
芝3400m	上り
ダ1300m	上り
ダ1400m	下り
ダ1600m	下り
ダ2100m	平坦
ダ2400m	上り

中山	スタート
芝1200m	下り
芝1600m	下り
芝1800m	上り
芝2000m	下り
芝2200m	下り
芝2500m	平坦
芝3600m	上り
ダ1200m	下り
ダ1800m	上り
ダ2400m	下り
ダ2500m	下り

新潟	スタート
芝1000m	上り
芝1200m	平坦
芝1400m	平坦
芝1600m	平坦
芝1800m	平坦
芝2000m内	平坦
芝2000m外	平坦
芝2200m	平坦
芝2400m	平坦
ダ1200m	平坦
ダ1800m	平坦
ダ2500m	平坦

京都	スタート
芝1200m	上り
芝1400m内	平坦
芝1400m外	平坦
芝1600m内	平坦
芝1600m外	平坦
芝1800m	平坦
芝2000m	平坦
芝2200m	平坦
芝2400m	平坦
芝3000m	上り
芝3200m	上り
ダ1200m	上り
ダ1400m	平坦
ダ1800m	平坦
ダ1900m	平坦

阪神	スタート
芝1200m	平坦
芝1400m	平坦
芝1600m	平坦
芝1800m	平坦
芝2000m	上り
芝2200m	下り
芝2400m	上り
芝2600m	下り
芝3000m	平坦
芝3200m	平坦
ダ1200m	平坦
ダ1400m	平坦
ダ1800m	上り
ダ2000m	下り

福島	スタート
芝1200m	上り
芝1800m	上り
芝2000m	下り
芝2600m	上り
ダ1150m	上り
ダ1700m	上り
ダ2400m	上り

中京	スタート
芝1200m	平坦
芝1400m	上り
芝1600m	上り
芝2000m	上り
芝2200m	下り
芝3000m	上り
ダ1200m	上り
ダ1400m	上り
ダ1800m	上り
ダ1900m	上り

小倉	スタート
芝1200m	下り
芝1700m	平坦
芝1800m	平坦
芝2000m	平坦
芝2600m	平坦
ダ1000m	下り
ダ1700m	平坦
ダ2400m	平坦

札幌	スタート
芝1000m	平坦
芝1200m	平坦
芝1500m	平坦
芝1800m	平坦
芝2000m	平坦
芝2600m	平坦
ダ1000m	平坦
ダ1700m	平坦
ダ2400m	平坦

函館	スタート
芝1000m	上り
芝1200m	上り
芝1800m	平坦
芝2000m	下り
芝2600m	上り
ダ1000m	上り
ダ1700m	下り
ダ2400m	上り

※プラチナシート(P36〜140)の掲載がないコースを含む

プラチナシートの見方

❶コース替わりにおいて①出走数が多い前走コース②好成績の前走コースをピックアップしている。見本の東京芝1400mへのコース替わりでは「前走中山芝1600m」が最多出走となっている。各コースの後ろに付いている（　）は、そのコースの坂道グループを表す。「中山芝1600m（下り）」は、中山芝1600mのスタート地点から最初の200mの区間が下り坂という意味。東京芝1400mは上りスタートだから、「前走中山芝1600m→今走東京芝1400m」のコース替わりは「下りスタート→上りスタート」と、スタートの坂の性格が正反対になるコース替わり、ということになる。

❷それぞれのコース替わりにおける「前走着順別」の成績を掲載。「昇級1着」は「前走で1着に入り、今走が昇級戦」の意味。「同級1〜3着」は「前走で1〜3着に入り、今走も同クラス」の意味。「同級4〜5着」「同級6〜9着」「同級10着以下」も同様。「同級1〜3着」が好成績なら、連続好走を期待できる直結度の高いコース替わり。「同級6着以下」や「同級10着以下」が好成績なら、巻き返しを期待できるコース替わりと判断できる。「同級4〜5着」はケースバイケース。また、それぞれの前走着順において、平均的な成績より優秀な成績を収めている場合は色を付けて表している。この「前走東京芝1600m→今走東京芝1400m」では「同級1着」「同級1〜3着」「同級4〜5着」が狙えるという意味になる。

❸それぞれの数字は「前走4角通過順」を表している。好走率もしくは回収値が高い前走4角通過順別は色を付けて表している。この「前走中京芝1400m→今走東京芝1400m」のコース替わりにおいては、前走（中京芝1400m）の4角を1〜14番手で回っていれば、今走（東京芝1400m）の好走率もしくは回収値が高いという意味だ。それぞれのコース替わりにおいて、前走でどんな競馬をしていた馬が結果を残しやすいかを、視覚的に把握することができる。

■東京芝1400m（上りスタート）　　プラチナシート1

前走コース(スタート)	前走	1着	2着	3着	4着〜	勝率	連対率	複勝率	単回値	複回値
中山芝1600m(下り)	全体	16	18	13	171	7.3%	15.6%	21.6%	117	61
	昇級1着	2	1	0	11	14.3%	21.4%	21.4%	315	72
	同級1〜3着	4	3	5	17	13.8%	24.1%	41.4%	39	72
	同級4〜5着	4	4	1	26	11.4%	22.9%	25.7%	50	56
	同級6〜9着	3	5	6	48	4.8%	12.9%	22.6%	25	65
	同級10着〜	2	2	1	57	3.2%	6.5%	8.1%	263	58
	4角通過	1	2	3	4	5	6	7	8	9	10	11	12	13	14	15	16
中山芝1200m(下り)	全体	6	6	13	123	4.1%	8.1%	16.9%	108	74
	昇級1着	0	0	2	9	0.0%	0.0%	18.2%	0	45
	同級1〜3着	1	2	4	17	4.2%	12.5%	29.2%	28	55
	同級4〜5着	2	2	7	23	5.9%	11.8%	32.4%	69	90
	同級6〜9着	1	1	0	34	2.8%	5.6%	5.6%	39	70
	同級10着〜	1	2	0	44	2.1%	6.4%	6.4%	227	67
	4角通過	1	2	3	4	5	6	7	8	9	10	11	12	13	14	15	16
東京芝1600m(下り)	全体	13	15	10	108	8.9%	19.2%	26.0%	50	73
	昇級1着	0	1	2	0	0.0%	33.3%	100.0%	0	326
	同級1〜3着	5	5	0	10	25.0%	50.0%	50.0%	110	80
	同級4〜5着	6	5	2	17	21.4%	39.3%	46.4%	75	93
	同級6〜9着	2	3	0	39	2.3%	5.9%	9.3%	30	31
	同級10着〜	1	0	2	41	2.2%	2.2%	6.7%	37	65
	4角通過	1	2	3	4	5	6	7	8	9	10	11	12	13	14	15	16
新潟芝1400m(平坦)	全体	10	12	5	80	9.3%	20.6%	25.2%	166	80
	昇級1着	3	3	1	7	21.4%	42.9%	50.0%	218	120
	同級1〜3着	3	3	1	16	13.0%	26.1%	30.4%	84	58
	同級4〜5着	1	3	3	14	4.8%	19.0%	33.3%	28	113
	同級6〜9着	1	2	0	21	4.2%	12.5%	12.5%	336	70
	同級10着〜	1	1	0	20	4.5%	9.1%	9.1%	119	49
	4角通過	1	2	3	4	5	6	7	8	9	10	11	12	13	14	15	16
中京芝1400m(上り)	全体	6	10	11	55	7.3%	19.5%	32.9%	118	119
	昇級1着	1	2	2	8	7.7%	23.1%	38.5%	392	148
	同級1〜3着	1	1	4	9	6.7%	13.3%	40.0%	134	76
	同級4〜5着	2	0	0	6	25.0%	25.0%	25.0%	112	37
	同級6〜9着	1	5	3	16	4.0%	24.0%	36.0%	42	186
	同級10着〜	0	1	1	11	0.0%	7.7%	15.4%	0	80
	4角通過	1	2	3	4	5	6	7	8	9	10	11	12	13	14	15	16

東京芝1400m（上りスタート）

【狙い目】前走東京芝1600mで4角1～3番手＆1～5着

●前走中山芝1600m：下りS→上りS、200m短縮、右→左回り、直線の長さなど、スタートの坂以外に共通性がなく直結しない。しかも巻き返しも少ない。前走着順では狙い目がないが、前走4角5～7番手は【6.4.4.32】、勝率13.0%、単回値390円と、好位差しタイプは買える。

●前走中山芝1200m：下りS→上りS、200m延長、右→左回り、直線の長さと共通性に乏しい。上記の前走中山1600mの逆バージョンとでもいうべき内容で、直結度はさらに下がり、巻き返しも期待できない。

●前走東京芝1600m：下りS→上りS。同場の200m短縮だが、下りSの1600m、上りSの1400mでペースが噛み合う。前走の好走が直結しやすく、昇級馬も通用する。しかし、直結するだけに巻き返しは難しい。

●前走新潟芝1400m：平坦S→上りS。ローカル→中央場で相手関係が強化され、同級1～3着の好走率は低め。しかし、意外にも昇級1着は通用するので要注意。全体にナメられがちで、穴党にはオススメだ。

●前走中京芝1400m：上りS→上りS、同距離、左回りと共通項が多いコース替わり。そのわりに同級1～3着の好走率はボチボチのレベルだが、昇級馬が通用し、同級4着以下からの巻き返しにも気をつけたい。

東京芝1400m■馬番別成績（複勝率）

馬番	1	2	3	4	5	6	7	8	9	10	11	12	13	14	15	16	17	18
複勝率	14.6%	16.5%	23.4%	18.4%	19.6%	19.0%	20.3%	24.7%	23.0%	22.2%	16.9%	22.9%	21.5%	18.8%	18.6%	29.0%	20.0%	10.4%

東京芝1400m■騎手・種牡馬ベスト7＋1

	順位	名前	1着	2着	3着	4着～	勝率	連対率	複勝率	単回値	複回値
騎手	1	ルメール	22	17	13	43	23.2%	41.1%	54.7%	70	84
	2	戸崎圭太	17	15	11	62	16.2%	30.5%	41.0%	101	124
	3	横山武史	10	9	14	47	12.5%	23.8%	41.3%	129	95
	4	田辺裕信	9	6	6	51	12.5%	20.8%	29.2%	247	82
	5	M・デムーロ	8	10	12	35	12.3%	27.7%	46.2%	68	101
	6	菅原明良	8	9	7	58	9.8%	20.7%	29.3%	79	64
	7	横山和生	7	4	1	23	20.0%	31.4%	34.3%	74	84
	注	三浦皇成	6	11	4	59	7.3%	20.7%	28.0%	127	98
種牡馬	1	ロードカナロア	21	14	9	109	13.7%	22.9%	28.8%	116	102
	2	エピファネイア	7	16	4	53	8.6%	28.4%	34.6%	76	87
	3	イスラボニータ	7	3	2	26	18.4%	26.3%	31.6%	231	80
	4	ディープインパクト	6	7	9	39	9.8%	21.3%	36.1%	48	97
	5	リオンディーズ	6	4	4	30	13.6%	22.7%	31.8%	71	66
	6	モーリス	5	5	4	46	8.3%	16.7%	23.3%	57	50
	7	ハーツクライ	5	4	2	37	10.4%	18.8%	22.9%	57	49
	注	ダイワメジャー	4	10	7	42	6.3%	22.2%	33.3%	236	180

前走コース（スタート）	前走	1着	2着	3着	4着～	勝率	連対率	複勝率	単回値	複回値
中山芝1600m（下り）	全体	16	18	13	171	7.3%	15.6%	21.6%	117	61
	昇級1着	2	1	0	11	14.3%	21.4%	21.4%	315	72
	同級1～3着	4	3	5	17	13.8%	24.1%	41.4%	39	72
	同級4～5着	4	4	1	26	11.4%	22.9%	25.7%	50	56
	同級6～9着	3	5	6	48	4.8%	12.9%	22.6%	25	65
	同級10着～	2	2	1	57	3.2%	6.5%	8.1%	263	58
	4角通過	1　2　3　4　5　6　7　8　9　10　11　12　13　14　15　16								
中山芝1200m（下り）	全体	6	6	13	123	4.1%	8.1%	16.9%	108	74
	昇級1着	0	0	2	9	0.0%	0.0%	18.2%	0	45
	同級1～3着	1	2	4	17	4.2%	12.5%	29.2%	28	55
	同級4～5着	2	2	7	23	5.9%	11.8%	32.4%	69	90
	同級6～9着	1	1	0	34	2.8%	5.6%	5.6%	39	70
	同級10着～	1	2	0	44	2.1%	6.4%	6.4%	227	67
	4角通過	1　2　3　4　5　6　7　8　9　10　11　12　13　14　15　16								
東京芝1600m（下り）	全体	13	15	10	108	8.9%	19.2%	26.0%	50	73
	昇級1着	0	2	4	0	0.0%	33.3%	100.0%	0	326
	同級1～3着	5	5	0	10	25.0%	50.0%	50.0%	110	80
	同級4～5着	6	5	2	15	21.4%	39.3%	46.4%	75	93
	同級6～9着	1	0	3	39	2.3%	2.3%	9.3%	30	31
	同級10着～	1	2	1	41	2.2%	6.7%	8.9%	37	65
	4角通過	1　2　3　4　5　6　7　8　9　10　11　12　13　14　15　16　17　18								
新潟芝1400m（平坦）	全体	10	12	5	80	9.3%	20.6%	25.2%	166	80
	昇級1着	3	3	1	7	21.4%	42.9%	50.0%	218	120
	同級1～3着	3	3	1	16	13.0%	26.1%	30.4%	84	58
	同級4～5着	1	3	3	14	4.8%	19.0%	33.3%	28	113
	同級6～9着	1	2	0	21	4.2%	12.5%	12.5%	336	70
	同級10着～	1	1	0	20	4.5%	9.1%	9.1%	119	49
	4角通過	1　2　3　4　5　6　7　8　9　10　11　12　13　14　15　16　17　18								
中京芝1400m（上り）	全体	6	10	11	55	7.3%	19.5%	32.9%	118	119
	昇級1着	1	2	2	8	7.7%	23.1%	38.5%	392	148
	同級1～3着	1	1	4	9	6.7%	13.3%	40.0%	134	76
	同級4～5着	2	0	0	6	25.0%	25.0%	25.0%	112	37
	同級6～9着	1	5	3	16	4.0%	24.0%	36.0%	42	186
	同級10着～	0	1	1	11	0.0%	7.7%	15.4%	0	80
	4角通過	1　2　3　4　5　6　7　8　9　10　11　12　13　14　15　16　17　18								

【狙い目】前走東京芝1800mで4角4〜10番手＆1〜3着

●前走中山芝 1600 m：下り S →下り S だが、右→左回り、直線の長さなどレイアウトの共通性は低く、同級 1 〜 3 着の連続好走はあまり期待できない。前走 6 〜 9 着や 10 着以下の好走率は水準級で、巻き返しはありうるのだが、今走でちゃんと人気になっている場合が多く、妙味は薄い。

●前走東京芝 1400 m：上り S →下り S。同級 4 〜 5 着の成績が若干よく、同級 1 〜 3 着と 6 〜 9 着の好走率は標準級。同級 10 着以下からの巻き返しは滅多にない。全体に強調する点が見当たらないコース替わりである。

●前走東京芝 1800 m：下り S →下り S。200 m 短縮するだけで、前走の結果がそのまま直結する。同級 1 〜 3 着の連続好走率は高いが、人気になりやすく妙味はない。前走 4 着以下は水準レベルかそれ以下にとどまる。

●前走阪神芝 1600 m：平坦 S →下り S。前走より進みやすく、飛ばしすぎるリスクがあるのだろう、前走 4 角 1 〜 6 番手の好走率があまりよくない点に注意。全体的にイメージより直結しないコース替わりだ。

●前走中京芝 1600 m：上り S →下り S だが、同級 1 〜 3 着はまずまず直結し、巻き返しは少ない。坂の変化によって先行タイプは飛ばしすぎのリスクがあり、前走 4 角 1 番手や 3 〜 4 番手の成績が悪い点に注意。

東京芝1600m■馬番別成績（複勝率）

馬番	1	2	3	4	5	6	7	8	9	10	11	12	13	14	15	16	17	18
複勝率	22.0%	22.9%	21.7%	21.7%	15.0%	21.0%	25.5%	27.0%	25.7%	26.1%	22.2%	21.8%	19.6%	19.8%	15.8%	11.5%	25.6%	21.1%

東京芝1600m■騎手・種牡馬ベスト7＋1

	順位	名前	1着	2着	3着	4着〜	勝率	連対率	複勝率	単回値	複回値
騎手	1	ルメール	41	30	22	52	28.3%	49.0%	64.1%	68	89
	2	戸崎圭太	17	15	21	89	12.0%	22.5%	37.3%	49	78
	3	川田将雅	13	8	6	31	22.4%	36.2%	46.6%	180	80
	4	横山武史	12	17	13	85	9.4%	22.8%	33.1%	45	59
	5	田辺裕信	11	9	15	62	11.3%	20.6%	36.1%	56	110
	6	菅原明良	10	6	8	78	9.8%	15.7%	23.5%	81	116
	7	M・デムーロ	8	9	6	66	9.0%	19.1%	25.8%	55	59
	注	津村明秀	4	4	7	62	5.2%	10.4%	19.5%	345	125
種牡馬	1	ディープインパクト	24	11	10	114	15.1%	22.0%	28.3%	97	58
	2	ロードカナロア	19	21	15	116	11.1%	23.4%	32.2%	69	67
	3	エピファネイア	17	10	8	79	14.9%	23.7%	30.7%	102	72
	4	ドゥラメンテ	14	9	10	69	13.7%	22.5%	32.4%	72	56
	5	モーリス	11	11	13	85	9.2%	18.3%	29.2%	42	57
	6	キタサンブラック	9	6	3	29	19.1%	31.9%	38.3%	80	73
	7	ハーツクライ	7	11	11	55	8.3%	21.4%	34.5%	57	74
	注	ハービンジャー	7	10	6	44	10.4%	25.4%	34.3%	35	102

■東京芝1600m（下りスタート）

前走コース（スタート）	前走	1着	2着	3着	4着～	勝率	連対率	複勝率	単回値	複回値
中山芝1600m（下り）	全体	21	34	31	302	5.4%	14.2%	22.2%	46	59
	昇級1着	5	2	3	28	13.2%	18.4%	26.3%	122	53
	同級1～3着	10	14	11	68	9.7%	23.3%	34.0%	77	67
	同級4～5着	0	7	7	57	0.0%	9.9%	19.7%	0	57
	同級6～9着	2	7	6	70	2.4%	10.6%	17.6%	28	45
	同級10着～	2	2	3	60	3.0%	6.0%	10.4%	29	72
	4角通過	1 2 3 4 5 6 7 8 9 10 11 12 13 14 15 16								
東京芝1400m（上り）	全体	8	12	8	122	5.3%	13.3%	18.7%	34	61
	昇級1着	0	0	1	6	0.0%	0.0%	14.3%	0	132
	同級1～3着	3	3	2	11	15.8%	31.6%	42.1%	79	110
	同級4～5着	1	3	3	12	5.3%	21.1%	36.8%	12	150
	同級6～9着	2	5	2	44	3.8%	13.2%	17.0%	24	37
	同級10着～	1	1	0	47	2.0%	4.1%	4.1%	22	19
	4角通過	1 2 3 4 5 6 7 8 9 10 11 12 13 14 15 16 17 18								
東京芝1800m（下り）	全体	14	7	9	83	12.4%	18.6%	26.5%	81	106
	昇級1着	1	0	1	6	12.5%	12.5%	25.0%	66	33
	同級1～3着	7	3	2	10	31.8%	45.5%	54.5%	72	66
	同級4～5着	1	2	1	13	5.9%	17.6%	23.5%	25	40
	同級6～9着	2	2	2	28	5.9%	11.8%	17.6%	63	202
	同級10着～	0	0	2	18	0.0%	0.0%	10.0%	0	83
	4角通過	1 2 3 4 5 6 7 8 9 10 11 12 13 14 15 16 17 18								
阪神芝1600m（平坦）	全体	9	6	11	87	8.0%	13.3%	23.0%	56	89
	昇級1着	3	0	0	8	27.3%	27.3%	27.3%	209	58
	同級1～3着	2	3	4	23	6.3%	15.6%	28.1%	32	51
	同級4～5着	0	1	1	15	0.0%	5.9%	11.8%	0	32
	同級6～9着	2	0	1	26	6.9%	6.9%	10.3%	51	23
	同級10着～	1	1	2	12	6.3%	12.5%	25.0%	59	350
	4角通過	1 2 3 4 5 6 7 8 9 10 11 12 13 14 15 16 17 18								
中京芝1600m（上り）	全体	7	7	7	59	8.8%	17.5%	26.3%	43	53
	昇級1着	1	3	1	11	6.3%	25.0%	31.3%	50	68
	同級1～3着	4	0	3	9	25.0%	25.0%	43.8%	93	87
	同級4～5着	0	1	2	7	0.0%	10.0%	30.0%	0	56
	同級6～9着	1	3	0	18	4.5%	18.2%	18.2%	51	43
	同級10着～	0	0	0	13	0.0%	0.0%	0.0%	0	0
	4角通過	1 2 3 4 5 6 7 8 9 10 11 12 13 14 15 16								

東京芝1800m（下りスタート）

【狙い目】前走東京芝2000mで4角1〜8番手&1〜5着

●前走東京芝1600m：下りS→下りS。200m延長するだけのコース替わりで、直結度は高く、連続好走する確率は高い。なお、前走4角1〜4番手は単回値38円、複回値52円。今走上位人気ならあまり心配ないが、マイルで前に行けるスピードタイプだと200m延長が堪える可能性はある。

●前走東京芝2000m：平坦S→下りS。前走で掲示板に載っていれば期待できるが、6着以下からの巻き返しは難しい。200m短縮と平坦S→下りSでペースが上がり、前走4角9番手以降だと位置取り悪化の恐れ。

●前走中山芝2000m：下りS→下りS。一般に適性が違うと思われている中山→東京だが、このコース替わりはどちらも下りS。着順が連動し、同級1〜3着の連続好走率は高く、前走10着以下は絶望的。

●前走中山芝1800m：上りS→下りS。これが上記の前走中山芝2000mとの大きな違いで、こちらは着順が連動しない。同級1〜3着で来るのは今走1、2番人気ぐらいで、前走4着以下からの巻き返しが多発する。

●前走阪神芝1800m：平坦S→下りS。出走数はそこまで多くないが、全体で単回値171円、複回値136円という絶好のコース替わり。昇級馬および同級1〜3着の好走率は非常に高く、見つけたら即座に重い印を。

東京芝1800m■馬番別成績（複勝率）

馬番	1	2	3	4	5	6	7	8	9	10	11	12	13	14	15	16	17	18
複勝率	27.4%	23.2%	23.2%	23.4%	31.5%	28.6%	27.3%	27.0%	22.5%	19.1%	16.2%	16.2%	17.4%	18.3%	22.7%	22.2%	5.9%	9.1%

東京芝1800m■騎手・種牡馬ベスト7+1

	順位	名前	1着	2着	3着	4着〜	勝率	連対率	複勝率	単回値	複回値
騎手	1	ルメール	29	26	19	40	25.4%	48.2%	64.9%	68	87
	2	戸崎圭太	13	13	15	62	12.6%	25.2%	39.8%	48	71
	3	横山武史	11	11	9	56	12.9%	25.9%	34.1%	52	55
	4	M・デムーロ	10	7	7	45	14.5%	24.6%	34.8%	75	70
	5	レーン	10	3	3	11	37.0%	48.1%	59.3%	165	86
	6	石橋脩	8	4	5	41	13.8%	20.7%	29.3%	84	64
	7	田辺裕信	8	4	4	51	11.9%	17.9%	23.9%	34	44
	注	松山弘平	7	4	3	25	17.9%	28.2%	35.9%	148	127
種牡馬	1	ディープインパクト	21	16	14	110	13.0%	23.0%	31.7%	53	55
	2	モーリス	15	9	7	34	23.1%	36.9%	47.7%	90	97
	3	ロードカナロア	13	9	13	63	13.3%	22.4%	35.7%	42	53
	4	エピファネイア	12	12	8	80	10.6%	21.2%	29.2%	58	67
	5	ドゥラメンテ	10	13	11	70	9.6%	22.1%	32.7%	40	58
	6	ハーツクライ	9	17	12	70	8.3%	24.1%	35.2%	30	77
	7	ハービンジャー	7	9	5	63	8.3%	19.0%	25.0%	55	49
	注	キタサンブラック	7	2	2	18	24.1%	31.0%	37.9%	129	97

■東京芝1800m（下りスタート）

前走コース（スタート）	前走	1着	2着	3着	4着～	勝率	連対率	複勝率	単回値	複回値
東京芝1600m（下り）	全体	16	14	14	121	9.7%	18.2%	26.7%	76	53
	昇級1着	3	2	0	7	25.0%	41.7%	41.7%	45	59
	同級1～3着	6	7	4	10	22.2%	48.1%	63.0%	68	87
	同級4～5着	1	3	4	20	3.6%	14.3%	28.6%	11	56
	同級6～9着	2	1	4	52	3.4%	5.1%	11.9%	68	30
	同級10着～	3	1	1	30	8.6%	11.4%	14.3%	155	56
	4角通過	1 2 3 4 5 6 7 8 9 10 11 12 13 14 15 16 17 18								
東京芝2000m（平坦）	全体	15	10	11	93	11.6%	19.4%	27.9%	53	62
	昇級1着	4	2	3	11	20.0%	30.0%	45.0%	99	72
	同級1～3着	6	2	4	15	22.2%	29.6%	44.4%	93	120
	同級4～5着	2	2	2	16	16.7%	25.0%	33.3%	95	83
	同級6～9着	0	2	2	32	0.0%	5.6%	11.1%	0	29
	同級10着～	0	1	0	14	0.0%	6.7%	6.7%	0	10
	4角通過	1 2 3 4 5 6 7 8 9 10 11 12 13 14 15 16 17 18								
中山芝2000m（下り）	全体	14	13	8	109	9.7%	18.8%	24.3%	41	66
	昇級1着	0	1	1	4	0.0%	16.7%	33.3%	0	158
	同級1～3着	7	7	2	14	23.3%	46.7%	53.3%	64	78
	同級4～5着	3	2	1	22	10.7%	17.9%	21.4%	35	94
	同級6～9着	2	3	2	34	4.9%	12.2%	17.1%	23	65
	同級10着～	0	0	1	25	0.0%	0.0%	3.8%	0	10
	4角通過	1 2 3 4 5 6 7 8 9 10 11 12 13 14 15 16 17 18								
中山芝1800m（上り）	全体	13	11	15	88	10.2%	18.9%	30.7%	35	95
	昇級1着	2	1	1	8	16.7%	25.0%	33.3%	39	56
	同級1～3着	4	4	2	18	14.3%	28.6%	35.7%	22	42
	同級4～5着	4	1	0	10	26.7%	33.3%	33.3%	144	50
	同級6～9着	1	0	11	26	2.6%	2.6%	31.6%	13	167
	同級10着～	0	5	1	18	0.0%	20.8%	25.0%	0	120
	4角通過	1 2 3 4 5 6 7 8 9 10 11 12 13 14 15 16								
阪神芝1800m（平坦）	全体	5	4	6	20	14.3%	25.7%	42.9%	171	136
	昇級1着	2	2	3	5	16.7%	33.3%	58.3%	314	212
	同級1～3着	2	1	2	1	33.3%	50.0%	83.3%	291	156
	同級4～5着	1	0	0	5	16.7%	16.7%	16.7%	80	35
	同級6～9着	0	0	1	5	0.0%	0.0%	16.7%	0	155
	同級10着～	0	0	0	3	0.0%	0.0%	0.0%	0	0
	4角通過	1 2 3 4 5 6 7 8 9 10 11 12 13 14 15 16 17 18								

東京芝2000m（平坦スタート）

【狙い目】前走中山芝2000mで4角1～13番手＆着順不問

●前走東京芝1800 m：下りS→平坦S。200 m延長するだけと考えると危うい。スタートの坂の変化もあり、直結度は思いのほか低い。前走10着以下は、この前走着順としては好走率がかなり高く、前走6～9着も単回値101円を記録。馬券的には巻き返しを狙ってみたいコース替わりだ。

●前走中山芝2000 m：下りS→平坦S。勝ち切れるのは今走上位人気馬だけだが、どの前走着順も複勝率ベースの数字は水準以上で、意外なほど相性がいい。前走が極端に後ろからの競馬でなければ狙う価値がある。

●前走中山芝1800 m：上りS→平坦S。上りSの1800 mと平坦Sの2000 mでペースが噛み合い直結する。同級1～3着、4～5着の好走率が高く、特に高回収値の後者は狙い目。前走6着以下からの巻き返しは困難。

●前走東京2400 m：平坦S→平坦S。このコース替わりで前走1～5着なら大チャンス。他方、前走6着以下からの巻き返しは期待できない。なお、前走4角1～2番手は400 m短縮の今回も前に行けるとは限らない。

●前走中山芝2200 m：下りS→平坦S。下りSの2200 m、平坦Sの2000 mでペースが合い、着順が連動する。同級1～3着の好走率が抜群で、昇級馬も好成績。同級4着以下の巻き返し1着はなく、好走率も低い。

東京芝2000m■馬番別成績（複勝率）

馬番	1	2	3	4	5	6	7	8	9	10	11	12	13	14	15	16	17	18
複勝率	23.1%	26.7%	24.4%	24.4%	30.5%	35.1%	26.7%	33.9%	23.5%	20.8%	19.7%	20.7%	21.6%	20.0%	11.1%	25.0%	0.0%	0.0%

東京芝2000m■騎手・種牡馬ベスト7＋1

	順位	名前	1着	2着	3着	4着～	勝率	連対率	複勝率	単回値	複回値
騎手	1	ルメール	31	15	12	24	37.8%	56.1%	70.7%	100	90
	2	横山武史	12	7	6	42	17.9%	28.4%	37.3%	133	82
	3	戸崎圭太	11	6	10	50	14.3%	22.1%	35.1%	58	56
	4	菅原明良	7	5	3	40	12.7%	21.8%	27.3%	138	53
	5	田辺裕信	6	7	5	43	9.8%	21.3%	29.5%	73	75
	6	川田将雅	5	4	3	13	20.0%	36.0%	48.0%	44	70
	7	M・デムーロ	4	5	13	38	6.7%	15.0%	36.7%	45	82
	注	北村宏司	4	0	2	22	14.3%	14.3%	21.4%	208	75
種牡馬	1	ディープインパクト	11	16	13	88	8.6%	21.1%	31.3%	39	55
	2	キズナ	10	7	3	26	21.7%	37.0%	43.5%	274	176
	3	エピファネイア	10	4	9	41	15.6%	21.9%	35.9%	129	65
	4	ハーツクライ	9	12	13	74	8.3%	19.4%	31.5%	38	56
	5	モーリス	9	4	4	35	17.3%	25.0%	32.7%	70	73
	6	ドゥラメンテ	8	4	4	42	13.8%	20.7%	27.6%	47	83
	7	キングカメハメハ	7	8	1	27	16.3%	34.9%	37.2%	114	80
	注	シルバーステート	4	2	1	9	25.0%	37.5%	43.8%	137	85

■東京芝2000m（平坦スタート）

プラチナシート**4**

前走コース（スタート）	前走	1着	2着	3着	4着～	勝率	連対率	複勝率	単回値	複回値
東京芝1800m（下り）	全体	16	12	8	116	10.5%	18.4%	23.7%	96	67
	昇級1着	4	0	1	13	22.2%	22.2%	27.8%	37	31
	同級1～3着	4	6	2	18	13.3%	33.3%	40.0%	25	68
	同級4～5着	1	3	3	25	3.1%	12.5%	21.9%	4	50
	同級6～9着	4	1	1	39	8.9%	11.1%	13.3%	101	75
	同級10着～	2	2	1	18	8.7%	17.4%	21.7%	346	106
	4角通過	1 2 3 4 5 6 7 8 9 10 11 12 13 14 15 16 17 18								
中山芝2000m（下り）	全体	14	16	21	92	9.8%	21.0%	35.7%	48	110
	昇級1着	3	3	0	11	17.6%	35.3%	35.3%	64	44
	同級1～3着	7	7	4	13	22.6%	45.2%	58.1%	62	84
	同級4～5着	1	3	6	11	4.8%	19.0%	47.6%	21	59
	同級6～9着	2	2	6	24	5.9%	11.8%	29.4%	28	87
	同級10着～	1	1	3	18	4.3%	8.7%	21.7%	108	202
	4角通過	1 2 3 4 5 6 7 8 9 10 11 12 13 14 15 16 17 18								
中山芝1800m（上り）	全体	11	6	6	70	11.8%	18.3%	24.7%	65	53
	昇級1着	1	0	2	6	11.1%	11.1%	33.3%	42	45
	同級1～3着	5	2	2	10	26.3%	36.8%	47.4%	51	51
	同級4～5着	4	1	1	6	33.3%	41.7%	50.0%	287	139
	同級6～9着	0	2	1	31	0.0%	5.9%	8.8%	0	12
	同級10着～	1	0	0	15	6.3%	6.3%	6.3%	81	22
	4角通過	1 2 3 4 5 6 7 8 9 10 11 12 13 14 15 16								
東京芝2400m（平坦）	全体	8	8	5	38	13.6%	27.1%	35.6%	43	63
	昇級1着	1	2	1	3	14.3%	42.9%	57.1%	40	94
	同級1～3着	4	0	2	1	57.1%	57.1%	85.7%	160	122
	同級4～5着	1	1	2	4	12.5%	25.0%	50.0%	106	140
	同級6～9着	0	2	0	12	0.0%	14.3%	14.3%	0	23
	同級10着～	0	1	0	15	0.0%	6.3%	6.3%	0	20
	4角通過	1 2 3 4 5 6 7 8 9 10 11 12 13 14 15 16 17 18								
中山芝2200m（下り）	全体	5	4	2	19	16.7%	30.0%	36.7%	132	87
	昇級1着	2	2	0	3	28.6%	57.1%	57.1%	38	131
	同級1～3着	3	0	1	1	60.0%	60.0%	80.0%	232	78
	同級4～5着	0	0	1	4	0.0%	0.0%	20.0%	0	24
	同級6～9着	0	1	1	8	0.0%	10.0%	20.0%	0	38
	同級10着～	0	0	0	12	0.0%	0.0%	0.0%	0	0
	4角通過	1 2 3 4 5 6 7 8 9 10 11 12 13 14 15 16 17 18								

第2章●プラチナシート67～**東京**　43

東京芝2400m（平坦スタート）

【狙い目】前走中山芝2000mで4角1〜4番手＆1〜5着

●前走中山芝2000 m：下り→平坦S。このコース替わりでは皐月賞→日本ダービーを浮かべる人も多いだろう。実際、集計期間の21〜23年、ダービー好走の皐月賞組7頭中6頭は前走1〜3着で、残る1頭は前走4〜5着に該当。プラチナシート通りの結果としかいいようがない。

●前走東京芝2000 m：平坦S→平坦S。秋天→ＪＣでおなじみのローテ。昇級馬や同級1〜3着の単回値が高く、盲点となっている馬がいないか気をつけたい。前走4角1〜2番手が【1.0.1.12】という点にも注意。

●前走中山芝2200 m：下りS→平坦S。全体で単回値15円は衝撃的。好走率が水準以上の同級6〜9着でも回収値が低い。前走4角3〜4番手が【3.1.2.6】、同12〜14番手が【0.3.2.7】と、狙うならここか。

●前走中山芝2500 m：平坦S→平坦S。前走で掲示板に載っていた馬の好走率が水準にまったく届かない。逆に同級6〜9着や10着以下の好走率は水準以上。前走着順が連動せず、完全に巻き返し型のコース替わり。

●前走阪神芝2400 m：上りS→平坦S。テンに進みやすくなり、前走4角1〜4番手だった先行力ある馬は若干行き過ぎてしまうことがあるので注意。全体的に好走率が高く、前走着順は何でも狙える。

東京芝2400m■馬番別成績（複勝率）

馬番	1	2	3	4	5	6	7	8	9	10	11	12	13	14	15	16	17	18
複勝率	18.9%	24.4%	30.0%	25.6%	20.5%	29.2%	28.7%	31.8%	21.6%	23.9%	35.1%	15.2%	14.3%	24.2%	14.8%	4.3%	15.8%	28.6%

東京芝2400m■騎手・種牡馬ベスト7＋1

	順位	名前	1着	2着	3着	4着〜	勝率	連対率	複勝率	単回値	複回値
騎手	1	ルメール	25	16	4	19	39.1%	64.1%	70.3%	121	101
	2	田辺裕信	7	11	6	22	15.2%	39.1%	52.2%	117	116
	3	レーン	7	3	5	12	25.9%	37.0%	55.6%	99	107
	4	戸崎圭太	4	9	3	44	6.7%	21.7%	26.7%	59	64
	5	三浦皇成	4	4	6	26	10.0%	20.0%	35.0%	65	91
	6	横山武史	4	4	3	29	10.0%	20.0%	27.5%	29	46
	7	M・デムーロ	4	2	5	25	10.8%	16.2%	32.4%	43	65
	注	菅原明良	3	3	4	30	7.5%	15.0%	25.0%	132	77
種牡馬	1	ディープインパクト	15	15	13	85	11.7%	23.4%	33.6%	111	92
	2	ドゥラメンテ	9	7	7	28	17.6%	31.4%	45.1%	57	93
	3	ハーツクライ	9	4	6	77	9.4%	13.5%	19.8%	65	42
	4	ハービンジャー	8	10	4	47	11.8%	26.5%	30.9%	139	67
	5	キングカメハメハ	7	6	2	31	15.2%	28.3%	32.6%	103	86
	6	ルーラーシップ	4	8	4	48	6.3%	18.8%	25.0%	25	49
	7	モーリス	4	0	2	18	16.7%	16.7%	25.0%	220	45
	注	ドレフォン	3	0	1	5	33.3%	33.3%	44.4%	196	103

■東京芝2400m（平坦スタート）

前走コース（スタート）	前走	1着	2着	3着	4着～	勝率	連対率	複勝率	単回値	複回値
中山芝2000m（下り）	全体	8	13	10	84	7.0%	18.3%	27.0%	30	76
	昇級1着	0	1	1	10	0.0%	8.3%	16.7%	0	52
	同級1～3着	6	5	3	4	33.3%	61.1%	77.8%	126	144
	同級4～5着	1	5	2	13	4.8%	28.6%	38.1%	32	105
	同級6～9着	0	0	3	23	0.0%	0.0%	11.5%	0	63
	同級10着～	1	1	0	29	3.2%	6.5%	6.5%	18	44
	4角通過	1 2 3 4 5 6 7 8 9 10 11 12 13 14 15 16 17 18								
東京芝2000m（平坦）	全体	15	4	5	71	15.8%	20.0%	25.3%	96	54
	昇級1着	2	0	1	6	22.2%	22.2%	33.3%	243	57
	同級1～3着	7	0	1	14	31.8%	31.8%	36.4%	135	58
	同級4～5着	2	1	1	15	10.5%	15.8%	21.1%	25	36
	同級6～9着	3	3	1	25	9.4%	18.8%	21.9%	105	70
	同級10着～	0	0	0	9	0.0%	0.0%	0.0%	0	0
	4角通過	1 2 3 4 5 6 7 8 9 10 11 12 13 14 15 16 17 18								
中山芝2200m（下り）	全体	4	8	7	64	4.8%	14.5%	22.9%	15	46
	昇級1着	0	1	1	7	0.0%	11.1%	22.2%	0	68
	同級1～3着	2	0	2	10	14.3%	14.3%	28.6%	30	39
	同級4～5着	2	1	1	10	14.3%	21.4%	28.6%	62	56
	同級6～9着	0	4	1	17	0.0%	18.2%	22.7%	0	52
	同級10着～	0	0	1	18	0.0%	0.0%	5.3%	0	14
	4角通過	1 2 3 4 5 6 7 8 9 10 11 12 13 14 15 16 17 18								
中山芝2500m（平坦）	全体	2	5	6	44	3.5%	12.3%	22.8%	122	112
	昇級1着	0	0	1	4	0.0%	0.0%	20.0%	0	22
	同級1～3着	0	2	3	12	0.0%	11.8%	29.4%	0	45
	同級4～5着	0	0	0	5	0.0%	16.7%	16.7%	0	76
	同級6～9着	1	1	2	12	6.3%	12.5%	25.0%	40	195
	同級10着～	1	1	0	9	9.1%	18.2%	18.2%	573	179
	4角通過	1 2 3 4 5 6 7 8 9 10 11 12 13 14 15 16								
阪神芝2400m（上り）	全体	5	4	8	33	10.0%	18.0%	34.0%	117	62
	昇級1着	2	0	2	7	18.2%	18.2%	36.4%	88	76
	同級1～3着	2	2	3	6	15.4%	30.8%	53.8%	45	59
	同級4～5着	0	0	3	2	0.0%	0.0%	60.0%	0	112
	同級6～9着	1	1	0	10	8.3%	16.7%	16.7%	358	52
	同級10着～	0	1	0	4	0.0%	20.0%	20.0%	0	60
	4角通過	1 2 3 4 5 6 7 8 9 10 11 12 13 14 15 16 17 18								

東京ダート1300m（上りスタート）

【狙い目】前走新潟ダ1200mで4角3〜7番手＆着順不問

●前走中山ダ1200m：下りS→上りS、スタート地点が芝→ダに替わり、だいぶ前に進まなくなる。前走4角1〜3番手だった馬なら安心で、単回値90円、複回値107円となかなかの成績。前走着順では同級1〜3着や4〜5着の回収値が意外に高く、どうもナメられる傾向が見え隠れする。

●前走東京ダ1400m：下りS→上りS。100m短縮するだけかと思いきや、スタートの坂が大違い。適性がズレるため2、3着どまりのケースも多いのだが、あまり気にせず買う人も多く、全体に単勝は過剰人気の傾向。

●前走新潟ダ1200m：平坦S→上りS。スタートが芝→ダと条件が替わるのだが、思いのほか走る。ローカル→中央場のメンバー強化で人気落ちの恩恵も。前残りの新潟で不発だった差しタイプが狙い目だ。

●前走東京ダ1600m：下りS→上りS。出走馬の大半が前走6着以下で、変化を求める馬が出走している気配を感じるコース替わり。実際、前走10着以下の数字がいいから侮れない。もっとも、同級1〜3着も2戦2勝。

●前走中山ダ1400m：上りS→上りS。ただしスタート地点が芝→ダで、完全には直結しない。そのズレがあるので同級1〜3着より4〜5着のほうが狙いやすい。前走6〜9着や10着以下からの巻き返しは少ない。

東京ダート1300m■馬番別成績（複勝率）

馬番	1	2	3	4	5	6	7	8	9	10	11	12	13	14	15	16
複勝率	19.4%	23.6%	22.2%	22.9%	18.1%	12.7%	22.2%	17.4%	13.9%	25.4%	22.9%	19.7%	15.7%	19.1%	7.7%	26.2%

東京ダート1300m■騎手・種牡馬ベスト7＋1

	順位	名前	1着	2着	3着	4着〜	勝率	連対率	複勝率	単回値	複回値
騎手	1	戸崎圭太	7	6	7	28	14.6%	27.1%	41.7%	57	88
	2	ルメール	5	2	4	10	23.8%	33.3%	52.4%	97	97
	3	三浦皇成	4	5	3	19	12.9%	29.0%	38.7%	77	84
	4	内田博幸	4	2	3	32	9.8%	14.6%	22.0%	120	105
	5	横山武史	3	5	4	32	6.8%	18.2%	27.3%	17	54
	6	菅原明良	3	2	2	28	8.6%	14.3%	20.0%	171	75
	7	石橋脩	3	2	2	9	18.8%	31.3%	43.8%	137	126
	注	松山弘平	3	0	0	6	27.3%	27.3%	45.5%	180	110
種牡馬	1	ダノンレジェンド	6	0	0	12	33.3%	33.3%	33.3%	182	55
	2	ヘニーヒューズ	5	3	5	34	10.6%	17.0%	27.7%	36	73
	3	アジアエクスプレス	5	3	0	20	17.9%	28.6%	28.6%	216	162
	4	トゥザワールド	4	0	1	7	33.3%	33.3%	41.7%	694	208
	5	パイロ	3	5	0	16	12.0%	32.0%	36.0%	48	112
	6	イスラボニータ	3	3	0	12	16.7%	33.3%	33.3%	171	90
	7	ロードカナロア	3	1	1	14	15.8%	21.1%	26.3%	105	56
	注	ベストウォーリア	2	0	2	4	25.0%	25.0%	50.0%	246	111

前走コース（スタート）	前走	1着	2着	3着	4着～	勝率	連対率	複勝率	単回値	複回値
中山ダ1200m（下り）	全体	22	23	22	250	6.9%	14.2%	21.1%	76	75
	昇級1着	1	0	1	5	14.3%	14.3%	28.6%	90	71
	同級1～3着	14	6	6	45	19.7%	28.2%	36.6%	97	69
	同級4～5着	2	7	3	40	3.8%	17.3%	23.1%	123	103
	同級6～9着	4	7	11	78	4.0%	11.0%	22.0%	79	91
	同級10着～	1	3	1	80	1.2%	4.7%	5.9%	25	47
	4角通過	1 2 3 4 5 6 7 8 9 10 11 12 13 14 15 16								
東京ダ1400m（下り）	全体	10	13	13	108	6.9%	16.0%	25.0%	42	81
	昇級1着	1	0	0	3	25.0%	25.0%	25.0%	87	45
	同級1～3着	5	5	8	15	15.2%	30.3%	54.5%	48	83
	同級4～5着	1	3	3	17	4.2%	16.7%	29.2%	65	56
	同級6～9着	1	2	1	32	2.7%	10.8%	13.5%	28	48
	同級10着～	2	2	1	41	4.3%	8.7%	10.9%	34	121
	4角通過	1 2 3 4 5 6 7 8 9 10 11 12 13 14 15 16								
新潟ダ1200m（平坦）	全体	10	8	6	63	11.5%	20.7%	27.6%	226	160
	昇級1着	0	1	0	2	0.0%	33.3%	33.3%	0	60
	同級1～3着	5	2	0	7	35.7%	50.0%	50.0%	104	74
	同級4～5着	3	0	1	10	21.4%	21.4%	28.6%	199	72
	同級6～9着	0	4	4	20	0.0%	14.3%	28.6%	0	344
	同級10着～	2	1	1	24	7.1%	10.7%	14.3%	552	137
	4角通過	1 2 3 4 5 6 7 8 9 10 11 12 13 14 15								
東京ダ1600m（下り）	全体	4	1	2	29	11.1%	13.9%	19.4%	128	60
	昇級1着	0	0	0	0	–	–	–	–	–
	同級1～3着	2	0	0	0	100.0%	100.0%	100.0%	255	130
	同級4～5着	0	0	0	1	0.0%	0.0%	0.0%	0	0
	同級6～9着	0	1	1	9	0.0%	9.1%	18.2%	0	38
	同級10着～	2	0	1	18	9.5%	9.5%	14.3%	196	70
	4角通過	1 2 3 4 5 6 7 8 9 10 11 12 13 14 15 16								
中京ダ1400m（上り）	全体	2	1	2	25	6.7%	10.0%	16.7%	22	56
	昇級1着	0	0	0	2	0.0%	0.0%	0.0%	0	0
	同級1～3着	1	0	0	3	25.0%	25.0%	25.0%	57	35
	同級4～5着	1	1	0	1	33.3%	66.7%	66.7%	146	160
	同級6～9着	0	0	1	7	0.0%	0.0%	12.5%	0	83
	同級10着～	0	0	1	12	0.0%	0.0%	7.7%	0	30
	4角通過	1 2 3 4 5 6 7 8 9 10 11 12 13 14 15 16								

東京ダート1400m（下りスタート）

【狙い目】前走中山ダ1800mで4角1～7番手＆1～5着

●前走中山ダ1200m：下りS→下りSだが、200m延長、スタート地点が芝→ダ。テンの環境が異なり、直結度はいまひとつ。巻き返しもそこまでだが、来たらデカい傾向はある。前走4角9番手以降が単回値145円。中山ダ1200mで不発の差し・追い込み馬が激走するパターンはありうる。

●前走東京ダ1600m：下りS→下りSだが、スタート地点が芝→ダで直結度は低め。基本的には前走である程度前に行きたいが、芝スタートが合わず、前走4角15～16番手になった馬の巻き返しが時折見られる。

●前走中京ダ1400m：上りS→下りS、スタート地点が芝→ダと、テンの環境が激変。同級4～5着や6～9着から巻き返しを果たす馬が多い。ただし、同級1～3着も水準以上の好走率。妙味はないが普通に来る。

●前走中山ダ1800m：上りS→下りS。自然と前に進み、400m短縮のわりに追走に苦しまず、同級1～3着や4～5着がしっかり走る。とはいえ、前走4角8番手以降だった馬ではさすがにスピード不足の懸念大。

●前走東京ダ1300m：上りS→下りS。同級4着以下は大苦戦。同級1～3着の好走率は高いが、該当馬の半数以上が今走1～3番人気、8割以上が1～5番人気。能力の高い馬しか来ないコース替わりといえる。

東京ダート1400m■馬番別成績（複勝率）

馬番	1	2	3	4	5	6	7	8	9	10	11	12	13	14	15	16
複勝率	20.6%	12.3%	19.2%	18.9%	18.8%	18.5%	19.1%	20.2%	15.2%	18.8%	20.9%	21.6%	21.9%	22.2%	16.8%	22.9%

東京ダート1400m■騎手・種牡馬ベスト7＋1

	順位	名前	1着	2着	3着	4着～	勝率	連対率	複勝率	単回値	複回値
騎手	1	戸崎圭太	26	18	12	97	17.0%	28.8%	36.6%	94	72
	2	ルメール	25	10	12	60	23.4%	32.7%	43.9%	71	66
	3	三浦皇成	17	12	9	100	12.3%	21.0%	27.5%	93	62
	4	横山武史	14	18	16	88	10.4%	22.4%	34.3%	32	75
	5	菅原明良	11	14	11	102	8.0%	18.1%	26.1%	84	85
	6	内田博幸	11	11	16	128	6.6%	13.3%	22.9%	54	69
	7	M・デムーロ	10	10	12	59	11.0%	22.0%	35.2%	44	90
	注	石川裕紀人	8	19	8	107	5.6%	19.0%	24.6%	188	171
種牡馬	1	ヘニーヒューズ	23	21	18	169	10.0%	19.0%	26.8%	62	77
	2	シニスターミニスター	17	11	14	67	15.6%	25.7%	38.5%	168	114
	3	ロードカナロア	12	7	8	95	9.4%	19.5%	25.8%	61	80
	4	ドレフォン	12	5	6	58	14.8%	21.0%	28.4%	68	52
	5	ドゥラメンテ	10	7	2	51	14.3%	24.3%	27.1%	560	185
	6	キンシャサノキセキ	8	7	9	101	6.3%	13.4%	20.5%	42	151
	7	エスポワールシチー	7	4	3	38	13.5%	21.2%	26.9%	75	65
	注	ハーツクライ	7	2	2	25	19.4%	25.0%	30.6%	159	84

前走コース（スタート）	前走	1着	2着	3着	4着～	勝率	連対率	複勝率	単回値	複回値
中山ダ1200m（下り）	全体	29	40	38	578	4.2%	10.1%	15.6%	81	73
	昇級1着	2	2	4	59	3.0%	6.0%	11.9%	12	46
	同級1～3着	16	10	4	52	19.5%	31.7%	36.6%	73	59
	同級4～5着	3	17	10	100	2.3%	15.4%	23.1%	60	69
	同級6～9着	2	6	12	162	1.1%	4.4%	11.0%	11	48
	同級10着～	6	5	8	205	2.7%	4.9%	8.5%	174	109
	4角通過	1 2 3 4 5 6 7 8 **9 10 11 12 13 14 15 16**								
東京ダ1600m（下り）	全体	18	27	27	221	6.1%	15.4%	24.6%	43	107
	昇級1着	3	2	0	10	20.0%	33.3%	33.3%	293	99
	同級1～3着	6	4	5	22	16.2%	27.0%	40.5%	41	75
	同級4～5着	3	7	5	33	6.3%	20.8%	31.3%	52	87
	同級6～9着	4	7	10	70	4.4%	12.1%	23.1%	28	65
	同級10着～	1	7	6	80	1.1%	8.5%	14.9%	21	177
	4角通過	**1 2 3 4 5 6** 7 8 9 10 11 12 13 14 **15 16**								
中京ダ1400m（上り）	全体	26	18	19	183	10.6%	17.9%	25.6%	57	61
	昇級1着	4	3	1	31	10.3%	17.9%	20.5%	26	41
	同級1～3着	9	6	6	24	20.0%	33.3%	46.7%	58	80
	同級4～5着	6	5	4	29	13.6%	25.0%	34.1%	84	86
	同級6～9着	5	2	4	50	8.2%	11.5%	18.0%	84	60
	同級10着～	1	2	4	47	1.9%	5.6%	13.0%	26	43
	4角通過	**1 2 3 4 5 6** 7 8 **9 10** 11 12 13 14 15 16								
中山ダ1800m（上り）	全体	16	12	8	157	8.3%	14.5%	18.7%	68	58
	昇級1着	0	1	0	3	0.0%	25.0%	25.0%	0	82
	同級1～3着	5	1	1	5	41.7%	50.0%	58.3%	256	116
	同級4～5着	5	2	3	12	22.7%	31.8%	45.5%	157	100
	同級6～9着	3	5	3	44	5.5%	14.5%	20.0%	64	89
	同級10着～	3	3	1	91	3.1%	6.1%	7.1%	32	24
	4角通過	**1 2 3 4 5 6 7** 8 9 10 11 12 13 14 15 16								
東京ダ1300m（上り）	全体	12	11	9	152	6.5%	12.5%	17.4%	32	44
	昇級1着	2	0	0	24	7.7%	7.7%	7.7%	25	10
	同級1～3着	7	7	4	17	20.0%	40.0%	51.4%	60	96
	同級4～5着	2	2	2	43	4.1%	8.2%	12.2%	24	30
	同級6～9着	1	1	1	34	2.7%	5.4%	8.1%	52	59
	同級10着～	0	1	2	34	0.0%	2.7%	8.1%	0	23
	4角通過	1 **2** 3 **4** 5 6 7 8 9 10 11 12 13 14 15 16								

東京ダート1600m（下りスタート）

【狙い目】前走新潟ダ1800mで4角1〜3番手&1〜9着

●前走中山ダ1800m：上りS→下りS。200m短縮で、スタート地点がダ→芝。テンのペースが前走よりかなり速く、追走に苦労。しかも右→左回り。苦戦するのも道理だ。前走4角1〜3番手の先行力を持つ馬なら対応の可能性があり、【28.27.24.172】、勝率11.2%、単回値100円。

●前走東京ダ1400m：下りS→下りSではあるのだが、全体成績がかなり悪い。前走掲示板でも苦戦し、6着以下からの巻き返しはさらに困難だ。前走4角6〜8番手が単回値146円、複回値108円と唯一の狙い目に。

●前走新潟ダ1800m：平坦S→下りS。坂の関係で前走より進みやすくなり、200m短縮にも意外と対応可能。ただし、対応できるのは前走でも好走していた力のある馬が中心。もちろん、芝スタートの適性も必須だ。

●前走中京ダ1800m：上りS→下りS。上記の前走中山ダ1800mと条件が似ているが、こちらには左回りという共通点はある。どちらかといえば巻き返し型のコース替わりで、同級6着以下馬がヒモ穴に食い込む。

●前走中京ダ1400m：上りS→下りS。昇級馬が【0.1.0.8】、同級1〜3着馬が【0.0.0.9】とまったく前走と着順が連動しない。一方、同級4〜5着、6〜9着、10着以下はすべて複回値が高く、ヒモ穴を連発。

東京ダート1600m■馬番別成績（複勝率）

馬番	1	2	3	4	5	6	7	8	9	10	11	12	13	14	15	16
複勝率	13.5%	21.2%	18.6%	20.8%	17.3%	17.0%	20.8%	19.1%	19.2%	21.5%	21.3%	26.1%	20.5%	23.4%	22.1%	25.2%

東京ダート1600m■騎手・種牡馬ベスト7+1

	順位	名前	1着	2着	3着	4着〜	勝率	連対率	複勝率	単回値	複回値
騎手	1	ルメール	37	23	24	85	21.9%	35.5%	49.7%	69	74
	2	戸崎圭太	26	21	17	133	13.2%	23.9%	32.5%	50	73
	3	横山武史	22	16	16	95	14.8%	25.5%	36.2%	110	73
	4	田辺裕信	19	19	14	117	11.2%	22.5%	30.8%	111	84
	5	菅原明良	14	18	13	131	8.0%	18.2%	25.6%	51	75
	6	三浦皇成	13	24	15	119	7.6%	21.6%	30.4%	82	79
	7	横山和生	13	5	7	59	15.5%	21.4%	29.8%	182	85
	注	石川裕紀人	9	8	11	133	5.6%	10.6%	17.4%	130	112
種牡馬	1	ヘニーヒューズ	26	27	31	153	11.0%	22.4%	35.4%	47	96
	2	ドゥラメンテ	16	10	10	84	13.3%	21.7%	30.0%	56	58
	3	ドレフォン	15	12	9	95	11.5%	20.6%	27.5%	68	98
	4	ロードカナロア	12	8	14	106	8.6%	14.3%	24.3%	85	73
	5	ホッコータルマエ	10	7	11	81	9.2%	15.6%	25.7%	220	104
	6	ジャスタウェイ	10	7	8	59	11.9%	20.2%	29.8%	143	92
	7	ディスクリートキャット	9	5	12	68	9.6%	14.9%	27.7%	119	90
	注	パイロ	5	7	8	80	5.0%	12.0%	20.0%	582	147

■東京ダート1600m（下りスタート）

前走コース（スタート）	前走	1着	2着	3着	4着～	勝率	連対率	複勝率	単回値	複回値
中山ダ1800m（上り）	全体	59	61	56	649	7.2%	14.5%	21.3%	58	64
	昇級1着	7	7	6	51	9.9%	19.7%	28.2%	155	86
	同級1～3着	25	21	18	81	17.2%	31.7%	44.1%	68	71
	同級4～5着	15	12	11	118	9.6%	17.3%	24.4%	45	60
	同級6～9着	11	14	19	202	4.5%	10.2%	17.9%	74	86
	同級10着～	1	6	2	193	0.5%	3.5%	4.5%	11	27
	4角通過	1 2 3 4 5 6 7 8 9 10 11 12 13 14 15 16								
東京ダ1400m（下り）	全体	11	14	22	288	3.3%	7.5%	14.0%	36	59
	昇級1着	0	1	2	23	0.0%	3.8%	11.5%	0	50
	同級1～3着	4	6	5	24	10.3%	25.6%	38.5%	31	78
	同級4～5着	4	1	7	37	8.2%	10.2%	24.5%	58	63
	同級6～9着	1	3	6	100	0.9%	3.6%	9.1%	52	33
	同級10着～	2	3	2	103	1.8%	4.5%	6.4%	21	81
	4角通過	1 2 3 4 5 6 7 8 9 10 11 12 13 14 15 16								
新潟ダ1800m（平坦）	全体	22	19	14	170	9.8%	18.2%	24.4%	46	60
	昇級1着	5	3	1	19	17.9%	28.6%	32.1%	35	63
	同級1～3着	10	5	5	19	25.6%	38.5%	51.3%	96	90
	同級4～5着	2	5	2	27	5.3%	18.4%	28.9%	40	90
	同級6～9着	2	5	2	53	3.2%	11.3%	14.5%	43	56
	同級10着～	2	0	1	45	4.2%	4.2%	6.3%	23	14
	4角通過	1 2 3 4 5 6 7 8 9 10 11 12 13 14 15								
中京ダ1800m（上り）	全体	11	8	8	93	9.2%	15.8%	22.5%	55	110
	昇級1着	1	1	1	12	6.7%	13.3%	20.0%	58	76
	同級1～3着	3	3	2	9	17.6%	35.3%	47.1%	66	61
	同級4～5着	2	1	1	9	15.4%	23.1%	30.8%	62	60
	同級6～9着	3	2	1	26	9.4%	15.6%	18.8%	94	129
	同級10着～	1	1	3	35	2.5%	5.0%	12.5%	12	147
	4角通過	1 2 3 4 5 6 7 8 9 10 11 12 13 14 15 16								
中京ダ1400m（上り）	全体	5	13	7	79	4.8%	17.3%	24.0%	557	207
	昇級1着	0	1	0	8	0.0%	11.1%	11.1%	0	103
	同級1～3着	0	0	0	9	0.0%	0.0%	0.0%	0	0
	同級4～5着	0	2	0	10	0.0%	15.4%	23.1%	0	143
	同級6～9着	2	8	4	22	5.6%	27.8%	38.9%	42	207
	同級10着～	2	1	1	29	6.1%	9.1%	12.1%	1690	310
	4角通過	1 2 3 4 5 6 7 8 9 10 11 12 13 14 15 16								

東京ダート2100m（平坦スタート）

【狙い目】前走中山ダ2400mで4角1〜3番手＆1〜9着

●前走中山ダ1800m：上りS→平坦S。前走より進みやすく、300m延長もあって追走は楽なのだが、直結しないし、巻き返しもあまり期待できない。求められる適性が違いすぎるのだろう。前走4角1〜4番手だと【9.10.8.48】、勝率12.0％、単回値115円。買うなら先行力のある馬だ。

●前走新潟ダ1800m：平坦S→平坦S。全体に直結せず、巻き返しも困難。ただし、前走4角5〜8番手＆4〜9着だった馬が【4.1.1.14】、勝率20.0％、単回値236円。不発の差し馬を東京替わりで狙う手はある。

●前走中山ダ2400m：下りS→平坦S。ダ2400mに出走する鈍足馬の東京替わり。直感的には狙いづらいが、まさかの絶好調。真の鈍足馬である同級10着以下を除き、昇級馬や同級1〜9着なら狙ってみる価値大だ。

●前走東京ダ1600m：下りS→平坦Sでブレーキがかかるとはいえ、500mも延長すればペースが合わないのは当然。どちらかといえば、同級6〜9着や10着以下から巻き返すパターンのほうが狙いやすいか。

●前走中京ダ1800m：上りS→平坦S。好走率は低いが、来たら穴という激走傾向。このコース替わりの好走12回中8回は、前走4角10番手以降だった馬。特にダートでは手を出しづらい追込馬にも要注意だ。

東京ダート2100m■馬番別成績（複勝率）

馬番	1	2	3	4	5	6	7	8	9	10	11	12	13	14	15	16
複勝率	15.8%	16.7%	21.1%	22.8%	23.7%	21.1%	22.1%	24.6%	22.3%	26.8%	20.7%	20.4%	14.7%	14.5%	17.6%	20.0%

東京ダート2100m■騎手・種牡馬ベスト7＋1

	順位	名前	1着	2着	3着	4着〜	勝率	連対率	複勝率	単回値	複回値
騎手	1	ルメール	13	8	6	26	24.5%	39.6%	50.9%	80	90
	2	戸崎圭太	11	12	3	49	14.7%	30.7%	34.7%	63	66
	3	菅原明良	8	5	3	41	14.0%	22.8%	28.1%	91	68
	4	大野拓弥	5	7	7	48	7.5%	17.9%	28.4%	94	98
	5	横山武史	5	6	6	36	9.4%	20.8%	32.1%	34	57
	6	M・デムーロ	5	3	1	18	18.5%	29.6%	33.3%	81	69
	7	田辺裕信	4	6	3	39	7.7%	19.2%	25.0%	47	55
	注	武藤雅	3	4	1	19	11.1%	25.9%	29.6%	788	168
種牡馬	1	キングカメハメハ	16	11	8	55	17.8%	30.0%	38.9%	462	153
	2	ディープインパクト	7	8	2	42	11.9%	25.4%	28.8%	74	65
	3	キズナ	7	4	8	45	10.9%	17.2%	29.7%	141	83
	4	ホッコータルマエ	4	3	8	42	7.0%	12.3%	26.3%	78	67
	5	オルフェーヴル	3	4	5	32	6.8%	15.9%	27.3%	52	81
	6	ドゥラメンテ	3	3	2	21	10.3%	20.7%	27.6%	53	65
	7	キタサンブラック	3	2	3	11	15.8%	26.3%	42.1%	117	87
	注	サトノクラウン	3	1	2	3	33.3%	44.4%	66.7%	183	104

■東京ダート 2100 m（平坦スタート）

前走コース（スタート）	前走	1着	2着	3着	4着～	勝率	連対率	複勝率	単回値	複回値
中山ダ1800m（上り）	全体	21	24	20	296	5.8%	12.5%	18.0%	64	52
	昇級1着	1	1	1	17	5.0%	10.0%	15.0%	272	95
	同級1～3着	9	8	3	31	17.6%	33.3%	39.2%	72	66
	同級4～5着	4	5	8	39	7.1%	16.1%	30.4%	103	73
	同級6～9着	5	8	4	109	4.0%	10.3%	13.5%	28	52
	同級10着～	2	1	4	97	1.9%	2.9%	6.7%	44	25
	4角通過	1 2 3 4	5 6	7 8	9 10	11 12	13 14	15 16		
新潟ダ1800m（平坦）	全体	8	4	5	90	7.5%	11.2%	15.9%	72	44
	昇級1着	1	2	2	14	5.3%	15.8%	26.3%	106	80
	同級1～3着	1	0	1	6	12.5%	12.5%	25.0%	37	50
	同級4～5着	3	0	1	15	15.8%	15.8%	21.1%	211	72
	同級6～9着	2	2	0	33	5.4%	10.8%	10.8%	32	21
	同級10着～	0	0	1	20	0.0%	0.0%	4.8%	0	25
	4角通過	1 2 3 4	5 6	7 8	9 10	11 12	13 14	15 16		
中山ダ2400m（下り）	全体	8	9	8	81	7.5%	16.0%	23.6%	353	120
	昇級1着	0	2	2	6	0.0%	20.0%	40.0%	0	160
	同級1～3着	4	3	1	11	21.1%	36.8%	42.1%	91	80
	同級4～5着	2	3	3	12	10.0%	25.0%	40.0%	102	106
	同級6～9着	2	1	1	24	7.1%	10.7%	14.3%	1203	264
	同級10着～	0	0	1	28	0.0%	0.0%	3.4%	0	5
	4角通過	1 2 3 4	5 6	7 8	9 10	11 12	13 14	15 16		
東京ダ1600m（下り）	全体	4	4	8	77	4.3%	8.6%	17.2%	165	74
	昇級1着	0	0	0	4	0.0%	0.0%	0.0%	0	0
	同級1～3着	1	2	1	3	14.3%	42.9%	57.1%	38	88
	同級4～5着	1	1	1	12	6.7%	13.3%	20.0%	46	36
	同級6～9着	1	1	4	21	3.7%	7.4%	22.2%	28	121
	同級10着～	1	0	2	37	2.5%	2.5%	7.5%	340	62
	4角通過	1 2 3 4	5 6	7 8	9 10	11 12	13 14	15 16		
中京ダ1800m（上り）	全体	6	3	3	56	8.8%	13.2%	17.6%	166	79
	昇級1着	0	0	0	5	0.0%	0.0%	0.0%	0	0
	同級1～3着	1	0	2	5	12.5%	12.5%	37.5%	18	127
	同級4～5着	3	2	1	15	14.3%	23.8%	28.6%	177	93
	同級6～9着	1	1	0	21	4.3%	8.7%	8.7%	45	40
	同級10着～	1	0	0	10	9.1%	9.1%	9.1%	579	131
	4角通過	1 2 3 4	5 6	7 8	9 10	11 12	13 14	15 16		

中山芝1200m（下りスタート）

【狙い目】前走福島芝1200mで4角1～6番手＆1～9着

●前走福島芝1200m：上りS→下りS。前走より進みやすくなるコース替わりで、直線の短さなど全体的なレイアウトも似ている。ただし、求められる適性が近いだけに、ローカル→中央場のメンバー強化に直面してしまう側面もある。好走率は悪くないが、ヒモ穴までのことも多い。

●前走小倉芝1200m：下りS→下りS。最後の急坂の有無はあるが、4角まで下りが続く前半のレイアウトが共通。昇級馬が勢いに乗って連続好走するパターンや、同級10着以下からの巻き返しに注意したい。

●前走東京芝1400m：上りS→下りS、200m短縮で、前半かなり速く感じるコース替わり。適性差での巻き返しも容易でない。先行力は必須だが、前走4角1～2番手だった馬は今回すんなり位置を取れないリスク。

●前走札幌芝1200m：平坦S→下りS。昇級馬や同級1～3着馬の連続好走率は高いが、同級4着以下からの巻き返しは少ない。前走の着順が直結するコース替わり。前走4角8番手以降は【0.1.1.32】と大苦戦。

●前走中山芝1600m：下りS→下りS。同級6～9着や10着以下の激走が多発。しかも、巻き返しだけでなく直結度も高く、同級1～3着も好成績。400m短縮にもかかわらず、かなり好相性のコース替わりだ。

中山芝1200m■馬番別成績（複勝率）

馬番	1	2	3	4	5	6	7	8	9	10	11	12	13	14	15	16
複勝率	27.9%	26.9%	26.2%	23.3%	20.2%	29.1%	22.3%	21.2%	18.3%	17.6%	19.1%	11.5%	15.9%	22.4%	5.6%	14.5%

中山芝1200m■騎手・種牡馬ベスト7+1

	順位	名前	1着	2着	3着	4着～	勝率	連対率	複勝率	単回値	複回値
騎手	1	横山武史	8	10	6	36	13.3%	30.0%	40.0%	55	76
	2	戸崎圭太	6	6	5	40	10.5%	21.1%	29.8%	37	56
	3	横山和生	6	5	2	14	22.2%	40.7%	48.1%	140	104
	4	ルメール	6	3	2	14	24.0%	36.0%	44.0%	109	77
	5	M・デムーロ	6	1	2	18	22.2%	25.9%	33.3%	122	69
	6	石川裕紀人	5	2	3	25	14.3%	20.0%	28.6%	154	182
	7	丹内祐次	4	5	6	43	6.9%	15.5%	25.9%	47	88
	注	丸田恭介	3	3	2	14	13.6%	27.3%	36.4%	315	175
種牡馬	1	ロードカナロア	10	8	6	69	10.8%	19.4%	25.8%	49	65
	2	シルバーステート	5	1	1	20	18.5%	22.2%	25.9%	169	96
	3	アドマイヤムーン	3	8	5	28	6.8%	25.0%	36.4%	17	135
	4	ダイワメジャー	3	5	6	49	4.8%	12.7%	22.2%	24	61
	5	モーリス	3	4	0	13	15.0%	35.0%	35.0%	94	89
	6	ビッグアーサー	3	1	2	31	8.1%	10.8%	16.2%	46	25
	7	アメリカンペイトリオット	3	0	1	12	18.8%	18.8%	25.0%	93	65
	注	ディープインパクト	2	2	5	18	7.4%	14.8%	33.3%	243	106

前走コース（スタート）	前走	1着	2着	3着	4着～	勝率	連対率	複勝率	単回値	複回値
福島芝1200m（上り）	全体	7	12	12	104	5.2%	14.1%	23.0%	56	118
	昇級1着	1	3	3	15	4.5%	18.2%	31.8%	156	157
	同級1～3着	3	2	2	19	11.5%	19.2%	26.9%	98	70
	同級4～5着	0	2	3	13	0.0%	11.1%	27.8%	0	113
	同級6～9着	1	3	4	21	3.4%	13.8%	27.6%	29	128
	同級10着～	1	1	0	23	4.0%	8.0%	8.0%	18	168
	4角通過	1	2	3	4	5	6	7	8	9	10	11	12	13	14	15	16
小倉芝1200m（下り）	全体	13	6	7	94	10.8%	15.8%	21.7%	98	62
	昇級1着	5	2	0	13	25.0%	35.0%	35.0%	166	97
	同級1～3着	3	1	2	12	16.7%	22.2%	33.3%	48	53
	同級4～5着	1	1	2	12	6.3%	12.5%	25.0%	29	61
	同級6～9着	1	2	2	24	3.4%	10.3%	17.2%	49	71
	同級10着～	3	0	1	30	8.8%	8.8%	11.8%	168	44
	4角通過	1	2	3	4	5	6	7	8	9	10	11	12	13	14	15	16	17	18
東京芝1400m（上り）	全体	5	5	10	76	5.2%	10.4%	20.8%	31	71
	昇級1着	0	0	1	3	0.0%	0.0%	25.0%	0	32
	同級1～3着	0	2	0	11	0.0%	15.4%	15.4%	0	55
	同級4～5着	0	1	3	8	0.0%	8.3%	33.3%	0	136
	同級6～9着	2	1	1	24	7.1%	10.7%	14.3%	43	48
	同級10着～	0	1	3	27	0.0%	3.2%	12.9%	0	34
	4角通過	1	2	3	4	5	6	7	8	9	10	11	12	13	14	15	16	17	18
札幌芝1200m（平坦）	全体	2	9	6	58	2.7%	14.7%	22.7%	13	59
	昇級1着	0	2	1	5	0.0%	25.0%	37.5%	0	93
	同級1～3着	2	5	2	10	10.5%	36.8%	47.4%	52	109
	同級4～5着	0	1	1	8	0.0%	10.0%	20.0%	0	76
	同級6～9着	0	0	2	15	0.0%	0.0%	11.8%	0	41
	同級10着～	0	0	0	17	0.0%	0.0%	0.0%	0	0
	4角通過	1	2	3	4	5	6	7	8	9	10	11	12	13	14	15	16
中山芝1600m（下り）	全体	5	6	3	25	12.8%	28.2%	35.9%	197	184
	昇級1着	0	0	0	1	0.0%	0.0%	0.0%	0	0
	同級1～3着	1	2	0	1	25.0%	75.0%	75.0%	75	95
	同級4～5着	0	0	0	3	0.0%	0.0%	0.0%	0	0
	同級6～9着	2	0	0	6	25.0%	25.0%	25.0%	372	91
	同級10着～	1	3	2	10	6.3%	25.0%	37.5%	266	351
	4角通過	1	2	3	4	5	6	7	8	9	10	11	12	13	14	15	16

中山芝1600m（下りスタート）

【狙い目】前走東京芝1600mで4角7〜14番手＆6着以下

●前走東京芝1600m：下りS→下りS。東京→中山は世間的なイメージ以上にメンバーが楽になる。どの前走着順でも水準級かそれ以上の好走率を記録。スタートの坂を除いてレイアウトの共通性はなく、適性の違いで巻き返しは可能。前走6〜9着や10着以下からアタマ突き抜けも。

●前走東京芝1400m：上りS→下りS。前半から走りやすくはなるのだが、200m延長で最後に急坂が待つ。スタミナがちょっと足りなくなり、連続好走はしても2着までのパターンが多い。巻き返しは難しい。

●前走東京芝1800m：下りS→下りS。前走着順が連動しやすいが、同級1〜3着だとだいぶ人気になってしまう。同級4〜5着に妙味のある馬が隠れている。同級6着以下からの巻き返しは難しい。

●前走札幌芝1500m：平坦S→下りS。どちらも2コーナー奥のポケットでスタートし、コーナー3つの右回り。中央では数少ないレイアウトで、連動するのは当然だろう。昇級馬も即通用どころか抜群の好成績。

●前走阪神芝1600m：平坦S→下りS。好相性とまではいえないが、勝率や単勝回収値が高いコース替わり。参考にすべきは前走着順より4角通過順。全7勝を前走4角1〜5番手だった馬が挙げ、単回値225円だ。

中山芝1600m■馬番別成績（複勝率）

馬番	1	2	3	4	5	6	7	8	9	10	11	12	13	14	15	16	
複勝率	28.4%	24.0%	23.0%	24.0%	23.7%	27.6%	19.3%	18.0%	26.1%	15.3%	16.2%	15.7%	14.0%	14.2%	25.2%	18.2%	

中山芝1600m■騎手・種牡馬ベスト7＋1

	順位	名前	1着	2着	3着	4着〜	勝率	連対率	複勝率	単回値	複回値
騎手	1	横山武史	20	12	5	81	16.9%	27.1%	31.4%	56	68
	2	戸崎圭太	15	14	12	67	13.9%	26.9%	38.0%	104	84
	3	M・デムーロ	15	7	11	43	19.7%	28.9%	43.4%	114	117
	4	ルメール	13	11	3	43	18.6%	34.3%	38.6%	62	63
	5	田辺裕信	10	11	5	75	9.9%	20.8%	25.7%	83	60
	6	横山和生	10	6	5	45	15.2%	24.2%	31.8%	136	107
	7	大野拓弥	9	8	8	81	8.4%	16.8%	24.3%	106	99
	注	内田博幸	4	4	5	54	6.0%	11.9%	19.4%	221	100
種牡馬	1	ディープインパクト	16	9	4	61	17.8%	27.8%	32.2%	160	103
	2	ロードカナロア	12	16	10	89	9.4%	22.0%	29.9%	51	80
	3	シルバーステート	11	6	7	37	18.0%	27.9%	39.3%	123	138
	4	エピファネイア	10	5	6	89	9.1%	13.6%	19.1%	58	54
	5	ルーラーシップ	9	10	4	48	12.7%	26.8%	32.4%	39	77
	6	キズナ	8	8	5	51	11.1%	22.2%	29.2%	88	130
	7	リオンディーズ	8	5	3	38	14.8%	24.1%	29.6%	75	64
	注	ドレフォン	7	3	5	35	14.0%	20.0%	30.0%	113	97

■中山芝1600m（下りスタート） プラチナシート11

前走コース（スタート）	前走	1着	2着	3着	4着～	勝率	連対率	複勝率	単回値	複回値
東京芝1600m（下り）	全体	33	33	22	242	10.0%	20.0%	26.7%	97	76
	昇級1着	5	5	2	23	14.3%	28.6%	34.3%	64	71
	同級1～3着	12	12	8	34	18.2%	36.4%	48.5%	55	85
	同級4～5着	7	6	4	52	10.1%	18.8%	24.6%	76	89
	同級6～9着	7	6	5	75	7.5%	14.0%	19.4%	151	65
	同級10着～	2	2	3	46	3.8%	7.5%	13.2%	133	82
	4角通過	1 2 3 4 5 6 **7** 8 9 10 11 12 **13** **14** 15 16 17 18								
東京芝1400m（上り）	全体	7	13	14	131	4.2%	12.1%	20.6%	42	69
	昇級1着	2	6	3	13	8.3%	33.3%	45.8%	41	135
	同級1～3着	1	5	3	14	4.3%	26.1%	39.1%	15	126
	同級4～5着	2	0	2	21	8.0%	8.0%	16.0%	32	32
	同級6～9着	1	2	3	39	2.2%	6.7%	13.3%	48	78
	同級10着～	1	0	1	38	2.5%	2.5%	5.0%	68	20
	4角通過	**1** **2** 3 4 **5** **6** 7 8 9 **10** 11 12 13 14 15 16 17 18								
東京芝1800m（下り）	全体	11	5	5	68	12.4%	18.0%	23.6%	71	60
	昇級1着	1	1	0	2	25.0%	50.0%	50.0%	77	70
	同級1～3着	2	3	1	7	15.4%	38.5%	46.2%	31	79
	同級4～5着	3	0	0	8	27.3%	27.3%	27.3%	296	129
	同級6～9着	1	0	2	27	3.3%	3.3%	10.0%	20	17
	同級10着～	1	0	1	18	5.0%	5.0%	10.0%	34	71
	4角通過	**1** **2** **3** 4 5 6 7 **8** 9 10 11 12 13 14 15 16 17 18								
札幌芝1500m（平坦）	全体	8	5	5	43	13.1%	21.3%	29.5%	109	120
	昇級1着	5	1	1	7	35.7%	42.9%	50.0%	333	140
	同級1～3着	2	1	3	6	16.7%	25.0%	50.0%	70	91
	同級4～5着	1	1	0	5	14.3%	28.6%	28.6%	168	321
	同級6～9着	0	1	1	16	0.0%	5.6%	11.1%	0	56
	同級10着～	0	0	0	8	0.0%	0.0%	0.0%	0	0
	4角通過	**1** **2** **3** **4** **5** **6** 7 8 9 10 11 12 13 14								
阪神芝1600m（平坦）	全体	7	3	4	46	11.7%	16.7%	23.3%	112	63
	昇級1着	1	0	1	7	11.1%	11.1%	22.2%	35	34
	同級1～3着	3	1	1	9	21.4%	28.6%	35.7%	161	65
	同級4～5着	2	1	0	10	15.4%	23.1%	23.1%	46	82
	同級6～9着	0	0	0	10	0.0%	0.0%	0.0%	0	0
	同級10着～	1	0	1	8	10.0%	10.0%	20.0%	358	126
	4角通過	1 **2** **3** **4** **5** 6 7 8 9 10 11 12 13 14 15 16 17 18								

中山芝1800m（上りスタート）

【狙い目】前走東京芝1800mで4角1～4番手＆1～5着

●前走東京芝1800m：下りS→上りS、左→右回り、直線の長さとレイアウトの共通性はない。それでも、メンバーが揃う東京芝1800mから中山に替わると自然と好走できてしまう。前走で掲示板に乗っていた馬の勝率は高く、昇級馬も通用する。同級6着以下の巻き返しは平均的。

●前走中山芝2000m：下りS→上りS。いかにも有利そうな前走4角1～3番手の好走率が平均レベルで要注意。前走の下りSですんなり先行でも、200m短縮で上りSの今走も同じ競馬ができるとは限らない。

●前走中山芝1600m：下りS→上りS。テンの負荷がグッと重くなり、前走好走でもアテにできない。一方、ペースが遅くなり、前走で後ろからの競馬になった馬の位置取りがよくなり、好走につながるケースも。

●前走東京芝1600m：下りS→上りS。テンで進みづらくなり、最後には急坂。東京→中山でメンバーが軽くなったとしても、同級6着以下からの巻き返しは難しい。同級10着以下だった馬に至っては好走ゼロだ。

●前走東京芝2000m：平坦S→上りS。押さえておきたいのが、前走4角8番手以降が【0.0.1.21】と大苦戦していること。前走よりテンで進みづらいコース替わりで、さらに後ろからの競馬になる恐れがある。

中山芝1800m■馬番別成績（複勝率）

馬番	1	2	3	4	5	6	7	8	9	10	11	12	13	14	15	16	
複勝率	25.0%	33.3%	19.4%	25.9%	27.8%	25.0%	23.6%	21.7%	17.5%	23.2%	17.0%	20.0%	24.3%	17.2%	8.2%	7.5%	

中山芝1800m■騎手・種牡馬ベスト7＋1

	順位	名前	1着	2着	3着	4着～	勝率	連対率	複勝率	単回値	複回値
騎手	1	戸崎圭太	13	4	5	46	19.1%	25.0%	32.4%	71	58
	2	横山武史	10	12	14	31	14.9%	32.8%	53.7%	67	96
	3	ルメール	8	9	2	19	21.1%	44.7%	50.0%	59	67
	4	菅原明良	4	8	6	44	6.5%	19.4%	29.0%	46	75
	5	三浦皇成	4	5	7	42	6.9%	15.5%	27.6%	28	63
	6	津村明秀	4	3	5	40	7.7%	13.5%	23.1%	40	63
	7	丹内祐次	4	2	5	45	7.1%	10.7%	19.6%	86	72
	注	川田将雅	3	1	1	4	33.3%	44.4%	55.6%	220	131
種牡馬	1	ドゥラメンテ	14	6	6	47	19.2%	27.4%	35.6%	140	94
	2	ディープインパクト	10	8	9	48	13.3%	24.0%	36.0%	55	99
	3	ロードカナロア	7	10	2	38	12.3%	29.8%	33.3%	52	57
	4	エピファネイア	7	6	4	64	8.6%	16.0%	21.0%	134	63
	5	ハーツクライ	6	3	5	45	10.2%	15.3%	23.7%	71	64
	6	ヴィクトワールピサ	5	1	1	19	19.2%	23.1%	26.9%	343	113
	7	ルーラーシップ	4	8	6	53	5.6%	16.9%	25.4%	28	61
	注	サトノダイヤモンド	3	0	1	4	37.5%	37.5%	50.0%	160	100

■中山芝1800m（上りスタート）

前走コース（スタート）	前走	1着	2着	3着	4着～	勝率	連対率	複勝率	単回値	複回値
東京芝1800m（下り）	全体	18	15	8	84	14.4%	26.4%	32.8%	74	76
	昇級1着	3	0	3	5	27.3%	27.3%	54.5%	66	88
	同級1～3着	8	5	3	14	26.7%	43.3%	53.3%	121	84
	同級4～5着	6	2	2	25	17.1%	22.9%	28.6%	88	50
	同級6～9着	0	4	0	19	0.0%	17.4%	17.4%	0	105
	同級10着～	1	1	0	19	4.8%	9.5%	9.5%	85	65
	4角通過	1 2 3 4 5 6 7 8 9 10 11 12 13 14 15 16 17 18								
中山芝2000m（下り）	全体	8	13	8	84	7.1%	18.6%	25.7%	43	73
	昇級1着	3	2	1	11	17.6%	29.4%	35.3%	88	84
	同級1～3着	3	5	1	8	17.6%	47.1%	52.9%	87	132
	同級4～5着	0	3	2	15	0.0%	15.0%	25.0%	0	54
	同級6～9着	2	2	3	24	6.5%	12.9%	22.6%	61	83
	同級10着～	0	0	1	20	0.0%	0.0%	4.8%	0	17
	4角通過	1 2 3 4 5 6 7 8 9 10 11 12 13 14 15 16 17 18								
中山芝1600m（下り）	全体	4	6	10	79	4.0%	10.1%	20.2%	72	56
	昇級1着	0	0	3	3	0.0%	0.0%	50.0%	0	125
	同級1～3着	1	1	3	8	7.7%	15.4%	38.5%	71	70
	同級4～5着	0	3	1	10	0.0%	21.4%	28.6%	0	45
	同級6～9着	2	1	2	23	7.1%	10.7%	17.9%	188	90
	同級10着～	1	1	1	24	3.7%	7.4%	11.1%	37	30
	4角通過	1 2 3 4 5 6 7 8 9 10 11 12 13 14 15 16								
東京芝1600m（下り）	全体	7	10	2	79	7.1%	17.3%	19.4%	57	49
	昇級1着	1	0	1	4	16.7%	16.7%	33.3%	38	76
	同級1～3着	0	5	0	7	0.0%	41.7%	41.7%	0	69
	同級4～5着	3	3	0	12	16.7%	33.3%	33.3%	222	86
	同級6～9着	1	2	1	22	3.8%	11.5%	15.4%	15	63
	同級10着～	0	0	0	28	0.0%	0.0%	0.0%	0	0
	4角通過	1 2 3 4 5 6 7 8 9 10 11 12 13 14 15 16 17 18								
東京芝2000m（平坦）	全体	5	10	6	62	6.0%	18.1%	25.3%	33	62
	昇級1着	0	2	0	1	0.0%	66.7%	66.7%	0	106
	同級1～3着	1	4	2	8	6.7%	33.3%	46.7%	30	83
	同級4～5着	2	1	1	14	11.1%	16.7%	22.2%	26	52
	同級6～9着	0	1	3	27	0.0%	3.2%	12.9%	0	44
	同級10着～	2	2	0	9	15.4%	30.8%	30.8%	140	100
	4角通過	1 2 3 4 5 6 7 8 9 10 11 12 13 14 15 16 17 18								

中山芝2000m（下りスタート）

【狙い目】前走東京芝1800mで4角1～6番手＆1～5着

●前走東京芝 1800 m：下り S →下り S。関東屈指のメンバーが揃う前走東京芝 1800 m で掲示板に載っていたらチャンス十分。同級 1 ～ 3 着の回収値も高いが、それ以上に同級 4 ～ 5 着が絶品だ。しかし、同級 6 着以下からの巻き返しは思ったほど期待できず、同級 10 着以下は相当厳しい。

●前走中山芝 1800 m：上り S →下り S。ゲートが後ろになるだけでなく、テンの下りで勢いをつけて最初の急坂を迎えるのが大きな違い。これが巻き返しを生み、回収値が高め。だが、同級 10 着以下だった馬は絶望的。

●前走東京芝 2000 m：平坦 S →下り S。同級 1 ～ 3 着や 4 ～ 5 着は好走率が水準に届かないうえ、過剰人気のことも。掲示板外からの巻き返しも難しい。しかし、昇級馬の成績がやたらよく、これは見逃し禁物だ。

●前走福島芝 1800 m：上り S →下り S。とにかく同級 1 ～ 3 着の好走率が抜群。しかも、ローカル→中央場でナメられ、人気を落としてくれるのだから堪らない。なお、前走福島芝 2000 m でも似た傾向が見られる。

●前走中京芝 2000 m：上り S →下り S、左→右回りのコース替わり。どちらも直線急坂ではあるが、テンの流れが異なり、同級でも前走着順が連動しない。かと思いきや昇級馬は通用しており、難解な傾向を示す。

中山芝2000m■馬番別成績（複勝率）

馬番	1	2	3	4	5	6	7	8	9	10	11	12	13	14	15	16	17	18
複勝率	18.9%	20.8%	24.8%	17.4%	24.8%	17.6%	24.7%	27.6%	22.1%	22.1%	26.1%	26.9%	21.6%	20.7%	13.0%	17.4%	13.0%	3.4%

中山芝2000m■騎手・種牡馬ベスト7＋1

	順位	名前	1着	2着	3着	4着～	勝率	連対率	複勝率	単回値	複回値
騎手	1	ルメール	18	9	10	31	26.5%	39.7%	54.4%	60	80
	2	横山武史	17	14	14	58	17.2%	31.3%	41.4%	82	66
	3	戸崎圭太	13	13	10	60	13.5%	27.1%	37.5%	120	95
	4	田辺裕信	9	7	7	51	11.8%	21.1%	32.9%	139	125
	5	菅原明良	8	10	9	61	9.1%	20.5%	30.7%	112	89
	6	大野拓弥	6	7	2	51	9.1%	19.7%	22.7%	63	53
	7	M・デムーロ	5	7	8	41	8.2%	19.7%	32.8%	29	70
	注	松山弘平	4	2	0	15	19.0%	28.6%	28.6%	80	56
種牡馬	1	ハーツクライ	16	9	7	81	14.2%	22.1%	28.3%	140	98
	2	ハービンジャー	11	6	7	81	10.5%	16.2%	22.9%	104	53
	3	エピファネイア	10	8	10	56	11.9%	21.4%	33.3%	46	93
	4	ディープインパクト	9	14	9	64	9.4%	24.0%	33.3%	50	69
	5	ドゥラメンテ	7	11	11	62	7.7%	19.8%	31.9%	166	90
	6	モーリス	7	6	6	36	12.7%	23.6%	34.5%	53	97
	7	ルーラーシップ	7	4	10	76	7.2%	11.3%	21.6%	73	51
	注	エイシンフラッシュ	6	5	1	28	15.0%	27.5%	30.0%	273	91

■中山芝2000m（下りスタート）

前走コース（スタート）	前走	1着	2着	3着	4着～	勝率	連対率	複勝率	単回値	複回値
東京芝1800m（下り）	全体	22	11	17	121	12.9%	19.3%	29.2%	103	75
	昇級1着	2	0	3	9	14.3%	14.3%	35.7%	31	39
	同級1～3着	12	4	7	18	29.3%	39.0%	56.1%	126	90
	同級4～5着	6	1	4	16	22.2%	25.9%	40.7%	425	167
	同級6～9着	1	4	2	37	2.3%	11.4%	15.9%	8	68
	同級10着～	0	1	0	34	0.0%	2.9%	2.9%	0	20
	4角通過	1 2 3 4 5 6 7 8 9 10 11 12 13 14 15 16 17 18								
中山芝1800m（上り）	全体	9	14	14	119	5.8%	14.7%	23.7%	99	82
	昇級1着	0	1	2	6	0.0%	11.1%	33.3%	0	98
	同級1～3着	4	7	4	21	11.1%	30.6%	41.7%	104	74
	同級4～5着	2	5	5	21	6.1%	21.2%	36.4%	50	105
	同級6～9着	3	1	2	30	8.3%	11.1%	16.7%	280	88
	同級10着～	0	0	1	36	0.0%	0.0%	2.7%	0	72
	4角通過	1 2 3 4 5 6 7 8 9 10 11 12 13 14 15 16								
東京芝2000m（平坦）	全体	12	13	11	106	8.5%	17.6%	25.4%	45	57
	昇級1着	8	1	2	14	32.0%	36.0%	44.0%	165	97
	同級1～3着	2	5	4	22	6.1%	21.2%	33.3%	19	50
	同級4～5着	2	2	2	20	7.7%	15.4%	23.1%	65	52
	同級6～9着	0	3	1	29	0.0%	9.1%	12.1%	0	32
	同級10着～	0	1	2	16	0.0%	5.3%	15.8%	0	75
	4角通過	1 2 3 4 5 6 7 8 9 10 11 12 13 14 15 16 17 18								
福島芝1800m（上り）	全体	7	6	3	55	9.9%	18.3%	22.5%	85	78
	昇級1着	0	1	1	12	0.0%	7.1%	14.3%	0	39
	同級1～3着	5	1	1	4	45.5%	54.5%	63.6%	403	156
	同級4～5着	1	1	0	7	11.1%	22.2%	22.2%	76	44
	同級6～9着	1	2	0	20	4.3%	13.0%	13.0%	40	99
	同級10着～	0	1	1	11	0.0%	7.7%	15.4%	0	47
	4角通過	1 2 3 4 5 6 7 8 9 10 11 12 13 14 15 16								
中京芝2000m（上り）	全体	5	2	6	50	7.9%	11.1%	20.6%	109	55
	昇級1着	1	1	1	5	12.5%	25.0%	37.5%	65	102
	同級1～3着	1	0	1	14	6.3%	6.3%	12.5%	23	17
	同級4～5着	1	1	1	8	9.1%	18.2%	27.3%	47	53
	同級6～9着	1	0	3	10	7.1%	7.1%	28.6%	381	119
	同級10着～	0	0	0	12	0.0%	0.0%	0.0%	0	0
	4角通過	1 2 3 4 5 6 7 8 9 10 11 12 13 14 15 16 17 18								

中山芝2200m（下りスタート）

【狙い目】前走中山芝2000mで4角1～7番手＆着順不問

●前走中山芝2000ｍ：下りＳ→下りＳ。向こう正面が内→外回りに替わるが、流れは類似する。前走着順と連動しやすく、しかも同級６着以下からの巻き返しも少なくない。基本的に相性のいいコース替わりだ。

●前走東京芝2400ｍ：平坦Ｓ→下りＳ。同級１～３着と６～９着の成績が抜群で、同級４～５着と10着以下は全然来ないという珍しい傾向。前走４角10番手以降が【0.1.1.11】を覚えておいたほうが楽ではある。

中山芝2200m■馬番別成績（複勝率）

馬番	1	2	3	4	5	6	7	8	9	10	11	12	13	14	15	16	17	18
複勝率	31.4%	29.4%	11.8%	30.6%	13.7%	29.4%	18.0%	22.0%	20.4%	15.2%	11.1%	24.3%	25.7%	25.8%	18.5%	20.0%	18.2%	0.0%

中山芝2200m■騎手・種牡馬ベスト3＋1

	順位	名前	1着	2着	3着	4着～	勝率	連対率	複勝率	単回値	複回値
騎手	1	横山武史	8	6	3	21	21.1%	36.8%	44.7%	119	83
	2	田辺裕信	7	2	1	15	28.0%	36.0%	40.0%	483	131
	3	戸崎圭太	5	4	3	17	17.2%	31.0%	41.4%	108	76
	注	石橋脩	4	1	2	12	21.1%	26.3%	36.8%	212	78
種牡馬	1	ディープインパクト	6	4	4	29	14.0%	23.3%	32.6%	171	86
	2	キングカメハメハ	5	0	1	14	25.0%	25.0%	30.0%	169	71
	3	ゴールドシップ	4	11	6	47	5.9%	22.1%	30.9%	92	135
	注	モーリス	4	3	4	23	11.8%	20.6%	32.4%	109	92

■中山芝 2200 m（下りスタート）　　　　プラチナシート14

前走コース（スタート）	前走	1着	2着	3着	4着～	勝率	連対率	複勝率	単回値	複回値
中山芝2000m（下り）	全体	10	10	15	95	7.7%	15.4%	26.9%	87	112
	昇級1着	0	1	2	4	0.0%	14.3%	42.9%	0	101
	同級1～3着	6	3	4	16	20.7%	31.0%	44.8%	81	77
	同級4～5着	1	2	3	11	5.9%	17.6%	35.3%	78	83
	同級6～9着	2	1	2	31	5.6%	8.3%	13.9%	206	76
	同級10着～	0	2	2	29	0.0%	6.1%	12.1%	0	215
	4角通過	1 2 3 4 5 6 7 8 9 10 11 12 13 14 15 16 17 18								
東京芝2400m（平坦）	全体	2	7	5	40	3.7%	16.7%	25.9%	47	137
	昇級1着	1	1	0	3	20.0%	40.0%	40.0%	70	54
	同級1～3着	0	4	1	2	0.0%	57.1%	71.4%	0	165
	同級4～5着	0	0	0	11	0.0%	0.0%	0.0%	0	0
	同級6～9着	1	2	2	13	5.3%	15.8%	31.6%	116	301
	同級10着～	0	0	1	10	0.0%	0.0%	9.1%	0	24
	4角通過	1 2 3 4 5 6 7 8 9 10 11 12 13 14 15 16 17 18								

中山芝2500m（平坦スタート）

【狙い目】前走東京芝2400mで4角4〜9番手＆1〜5着

●前走東京芝2400m：平坦S→平坦Sを除いてレイアウトの共通点はないに等しいが、東京芝2400mの出走メンバーの質は極上。同級10着以下や前走4着10番手以降でさえなければ、好走の確率はかなり高い。

●前走中山芝2200m：下りS→平坦S。全体的な好走率は悪くないが、若干のミスマッチがあって今走2着が多い。前走4角1〜3番手だった馬が【0.0.1.8】で、前走の下りSを利しての先行を過信すると危ない。

中山芝2500m■馬番別成績（複勝率）

馬番	1	2	3	4	5	6	7	8	9	10	11	12	13	14	15	16		
複勝率	16.1%	21.9%	18.8%	25.0%	37.5%	35.5%	37.5%	25.8%	22.2%	33.3%	16.0%	8.7%	13.3%	25.0%	0.0%	14.3%		

中山芝2500m■騎手・種牡馬ベスト3＋1

	順位	名前	1着	2着	3着	4着〜	勝率	連対率	複勝率	単回値	複回値
騎手	1	ルメール	5	1	3	3	41.7%	50.0%	75.0%	140	120
	2	大野拓弥	4	0	0	10	28.6%	28.6%	28.6%	90	38
	3	横山和生	3	2	2	6	23.1%	38.5%	53.8%	216	124
	注	永野猛蔵	2	2	1	8	15.4%	30.8%	38.5%	227	113
種牡馬	1	ハーツクライ	4	3	5	29	9.8%	17.1%	29.3%	172	208
	2	エピファネイア	4	1	0	8	30.8%	38.5%	38.5%	95	54
	3	ディープインパクト	2	3	7	34	4.3%	10.9%	26.1%	10	48
	注	ブラックタイド	0	4	0	5	0.0%	44.4%	44.4%	0	106

■中山芝2500m（平坦スタート）　　　　　　　　　　　　　　プラチナシート15

前走コース（スタート）	前走	1着	2着	3着	4着〜	勝率	連対率	複勝率	単回値	複回値
東京芝2400m（平坦）	全体	6	8	4	33	11.8%	27.5%	35.3%	41	76
	昇級1着	2	0	0	1	66.7%	66.7%	66.7%	333	126
	同級1〜3着	2	1	2	3	25.0%	37.5%	62.5%	50	93
	同級4〜5着	1	1	1	5	12.5%	25.0%	37.5%	65	100
	同級6〜9着	1	5	1	15	4.5%	27.3%	31.8%	8	82
	同級10着〜	0	0	0	8	0.0%	0.0%	0.0%	0	0
	4角通過	1	2	3	4	5	6	7	8	9	10	11	12	13	14	15	16	17	18
中山芝2200m（下り）	全体	1	5	2	20	3.6%	21.4%	28.6%	30	62
	昇級1着	0	1	1	2		25.0%	50.0%	0	87
	同級1〜3着	0	1	0	3	0.0%	25.0%	25.0%	0	52
	同級4〜5着	0	1	0	1	0.0%	50.0%	50.0%	0	160
	同級6〜9着	1	0	1	10	8.3%	8.3%	16.7%	70	35
	同級10着〜	0	1	0	4	0.0%	25.0%	25.0%	0	75
	4角通過	1	2	3	4	5	6	7	8	9	10	11	12	13	14	15	16	17	18

中山ダート1200m（下りスタート）

【狙い目】前走東京ダ1400mで4角1～11番手＆1～5着

●前走東京ダ1400ｍ：下りS→下りS。レイアウトの共通点が少ないコース替わりだが、前走着順が連動する。なお、逆のコース替わりは全体的に好走率が低いため、連動の理由は適性というより、東京→中山のメンバー差にありそう。激走傾向がある同級6～9着にも注意は必要だ。

●前走新潟ダ1200ｍ：平坦S→下りS。芝スタートも共通。前走よりテンで進み、ポジションを取りやすい。ただし最後に急坂。前半のリードをゴール板まで維持するためには、前走掲示板ぐらいの能力は欲しい。

●前走福島ダ1150ｍ：上りS→下りSだが、芝スタート、右回り、直線の短さなど共通点は多い。ローカル→中央場だが、同級1～3着の連続好走は十分可能。人気が落ちやすい傾向も見られ、妙味も兼ね備える。

●前走中京ダ1200ｍ：上りS→下りSだが、スタートがダ→芝に替わるため、単純に勢いがつくともいいづらい。芝スタートに替わって同級10着以下から激変も。前走4角1～2番手は複勝率35.3％、複回値164円。

●前走中京ダ1400ｍ：上りS→下りS。芝スタート、最後の直線の急坂は共通する。テンで勢いがつき、200ｍ短縮でスタミナに余裕があるため我慢も利く。全体に好成績で、特に巻き返しが面白いコース替わりだ。

中山ダート1200m ■馬番別成績（複勝率）

馬番	1	2	3	4	5	6	7	8	9	10	11	12	13	14	15	16
複勝率	18.6%	17.5%	17.5%	17.2%	18.8%	19.8%	18.0%	20.9%	21.0%	19.4%	17.3%	23.7%	19.9%	21.1%	19.4%	18.0%

中山ダート1200m ■騎手・種牡馬ベスト7＋1

	順位	名前	1着	2着	3着	4着～	勝率	連対率	複勝率	単回値	複回値
騎手	1	横山武史	31	13	22	111	17.5%	24.9%	37.3%	91	88
	2	戸崎圭太	24	18	15	104	14.9%	26.1%	35.4%	77	68
	3	三浦皇成	18	19	19	105	11.2%	23.0%	34.8%	44	86
	4	田辺裕信	18	14	10	88	13.8%	24.6%	32.3%	57	66
	5	ルメール	17	5	8	46	22.4%	28.9%	39.5%	69	65
	6	津村明秀	15	13	18	99	10.3%	19.3%	31.7%	187	112
	7	永野猛蔵	14	11	9	172	6.8%	12.1%	16.5%	32	39
	注	M・デムーロ	13	4	10	57	13.8%	28.7%	39.4%	124	99
種牡馬	1	ヘニーヒューズ	39	15	24	182	15.0%	20.8%	30.0%	83	69
	2	ロードカナロア	19	11	12	115	12.0%	19.6%	27.2%	147	90
	3	キンシャサノキセキ	17	10	19	151	8.6%	13.7%	23.4%	102	81
	4	アジアエクスプレス	16	20	12	121	9.5%	21.3%	28.4%	60	79
	5	ディスクリートキャット	14	9	6	86	12.2%	20.0%	25.2%	70	57
	6	リオンディーズ	13	6	5	58	15.9%	23.2%	29.3%	231	95
	7	カレンブラックヒル	11	6	5	83	10.2%	18.5%	23.1%	175	78
	注	ダノンレジェンド	8	6	5	49	11.8%	20.6%	27.9%	192	94

■中山ダート1200m（下りスタート）

前走コース（スタート）	前走	1着	2着	3着	4着～	勝率	連対率	複勝率	単回値	複回値
東京ダ1400m（下り）	全体	42	35	33	415	8.0%	14.7%	21.0%	96	74
	昇級1着	0	1	2	12	0.0%	6.7%	20.0%	0	54
	同級1～3着	17	7	8	27	28.8%	40.7%	54.2%	86	80
	同級4～5着	12	10	3	41	18.2%	33.3%	37.9%	158	84
	同級6～9着	8	8	12	139	4.8%	9.6%	16.8%	176	68
	同級10着～	5	9	7	194	2.3%	6.5%	9.8%	27	73
	4角通過	1 2 3 4 5 6 7 8 9 10 11 12 13 14 15 16								
新潟ダ1200m（平坦）	全体	20	27	23	267	5.9%	13.9%	20.8%	41	59
	昇級1着	3	4	1	23	9.7%	22.6%	25.8%	109	71
	同級1～3着	9	9	2	15	25.7%	51.4%	57.1%	136	92
	同級4～5着	4	4	7	28	9.3%	18.6%	34.9%	54	95
	同級6～9着	2	7	13	90	1.8%	8.0%	19.6%	20	69
	同級10着～	2	3	0	109	1.8%	4.4%	4.4%	9	24
	4角通過	1 2 3 4 5 6 7 8 9 10 11 12 13 14 15								
福島ダ1150m（上り）	全体	18	16	13	170	8.3%	15.7%	21.7%	195	86
	昇級1着	1	2	2	11	6.3%	18.8%	31.3%	130	81
	同級1～3着	9	3	5	19	25.0%	33.3%	47.2%	231	105
	同級4～5着	1	0	2	16	5.0%	10.0%	20.0%	32	63
	同級6～9着	4	5	4	59	5.6%	12.5%	18.1%	71	61
	同級10着～	2	5	0	62	2.9%	10.1%	10.1%	377	113
	4角通過	1 2 3 4 5 6 7 8 9 10 11 12 13 14 15 16								
中京ダ1200m（上り）	全体	13	8	20	171	6.1%	9.9%	19.3%	68	82
	昇級1着	1	2	3	16	4.5%	13.6%	27.3%	19	171
	同級1～3着	5	3	6	20	14.7%	23.5%	41.2%	74	104
	同級4～5着	3	1	4	26	8.8%	11.8%	23.5%	56	48
	同級6～9着	1	1	4	49	1.8%	3.6%	10.9%	3	35
	同級10着～	3	1	3	59	4.5%	6.1%	10.6%	143	98
	4角通過	1 2 3 4 5 6 7 8 9 10 11 12 13 14 15 16								
中京ダ1400m（上り）	全体	8	8	15	100	6.1%	12.2%	23.7%	187	126
	昇級1着	1	0	1	1	33.3%	33.3%	66.7%	210	156
	同級1～3着	2	1	1	5	22.2%	33.3%	44.4%	51	82
	同級4～5着	0	2	3	9	0.0%	14.3%	35.7%	0	79
	同級6～9着	4	1	6	30	9.8%	12.2%	26.8%	539	175
	同級10着～	1	4	4	55	1.6%	7.8%	14.1%	21	110
	4角通過	1 2 3 4 5 6 7 8 9 10 11 12 13 14 15 16								

中山ダート1800m（上りスタート）

【狙い目】前走東京ダ1600mで4角2～7番手＆着順不問

●前走東京ダ1600m：下りS→上りS、左→右回り、スタート地点が芝→ダ、直線の長さ、200m延長。共通点は皆無だが、全体的に好成績。東京と中山のメンバー格差は、思った以上に大きい。前走4角1番手が単回値19円しかなく、前走で下りの芝を利して逃げた馬に危険が潜む。

●前走新潟ダ1800m：平坦S→上りS。同級1～3着は安定。同級4～5着や10着以下も水準以上で、ローカル→中央場にしては好走率が高い。テンで進みづらく、少し番手を落として2着どまりが多い点には注意。

●前走福島ダ1700m：上りS→上りS、右回り、短い直線とレイアウトに共通性が多いコース替わりだが、前走着順があまり連動しない。同級1～3着より4～5着の好走率が高く、同級6～9着の巻き返しも多発。

●前走東京ダ2100m：平坦S→上りSでテンに進みづらく、300m短縮でペースも速くなる。位置取りが悪くなりやすく、2、3着が多い傾向。同級4～5着や6～9着の好走率は水準以上も、妙味が伴っていない。

●前走中京ダ1800m：上りS→上りS。左右の回りの違いはあるが、同距離、最後の直線に急坂があり、求められる適性が似通う。妙味には欠けるものの、昇級馬を含め、前走で掲示板に載った馬の好走率は高い。

中山ダート1800m■馬番別成績（複勝率）

馬番	1	2	3	4	5	6	7	8	9	10	11	12	13	14	15	16	
複勝率	18.4%	20.6%	22.0%	20.5%	20.3%	20.5%	17.6%	26.0%	18.9%	25.2%	17.8%	21.9%	20.9%	18.5%	21.0%	20.6%	

中山ダート1800m■騎手・種牡馬ベスト7＋1

	順位	名前	1着	2着	3着	4着～	勝率	連対率	複勝率	単回値	複回値
騎手	1	横山武史	40	30	18	132	18.2%	31.8%	40.0%	70	65
	2	三浦皇成	25	22	18	118	13.7%	25.7%	35.5%	85	70
	3	戸崎圭太	25	19	22	109	14.3%	25.1%	37.7%	70	68
	4	ルメール	24	20	10	47	23.8%	43.6%	53.5%	68	83
	5	田辺裕信	22	26	18	118	12.0%	26.1%	35.9%	71	74
	6	大野拓弥	15	13	14	169	7.1%	13.3%	19.9%	75	76
	7	津村明秀	14	14	11	126	8.5%	17.0%	23.6%	54	68
	注	横山和生	12	14	14	84	9.8%	21.1%	31.7%	215	104
種牡馬	1	ホッコータルマエ	19	10	13	117	11.9%	18.2%	26.4%	73	87
	2	ドレフォン	17	6	6	81	15.5%	20.9%	26.4%	139	89
	3	シニスターミニスター	14	21	11	84	10.8%	26.9%	35.4%	123	129
	4	ドゥラメンテ	14	11	7	90	11.5%	20.5%	26.2%	59	57
	5	ヘニーヒューズ	13	17	13	101	9.0%	20.8%	29.9%	63	60
	6	パイロ	12	10	8	64	12.8%	23.4%	31.9%	87	71
	7	スクリーンヒーロー	11	11	10	56	12.5%	25.0%	36.4%	48	69
	注	ミッキーアイル	7	6	5	15	21.2%	39.4%	54.5%	91	110

■中山ダート1800m（上りスタート）

前走コース（スタート）	前走	1着	2着	3着	4着～	勝率	連対率	複勝率	単回値	複回値
東京ダ1600m（下り）	全体	61	54	50	530	8.8%	16.5%	23.7%	72	79
	昇級1着	5	5	5	30	11.1%	22.2%	33.3%	30	81
	同級1～3着	24	13	10	55	23.5%	36.3%	46.1%	70	68
	同級4～5着	12	11	13	68	11.5%	22.1%	34.6%	118	70
	同級6～9着	12	17	14	166	5.7%	13.9%	20.6%	76	79
	同級10着～	7	8	6	199	3.2%	6.8%	9.5%	51	91
	4角通過	1	2	3	4	5	6	7	8	9 10 11 12 13 14 15 16
新潟ダ1800m（平坦）	全体	21	30	24	236	6.8%	16.4%	24.1%	54	106
	昇級1着	1	2	2	20	4.0%	12.0%	20.0%	11	92
	同級1～3着	6	12	5	20	14.0%	41.9%	53.5%	71	90
	同級4～5着	6	7	3	28	13.6%	29.5%	36.4%	71	80
	同級6～9着	5	6	6	84	5.0%	10.9%	16.8%	31	48
	同級10着～	3	1	7	78	3.4%	4.5%	12.4%	81	201
	4角通過	1	2	3	4	5	6	7	8	9 10 11 12 13 14 15
福島ダ1700m（上り）	全体	18	17	12	183	7.8%	15.2%	20.4%	82	67
	昇級1着	2	1	1	17	9.5%	14.3%	19.0%	30	59
	同級1～3着	4	4	3	25	11.1%	22.2%	30.6%	45	50
	同級4～5着	6	4	2	26	15.8%	26.3%	31.6%	64	56
	同級6～9着	5	5	2	51	7.9%	15.9%	19.0%	148	106
	同級10着～	1	3	3	63	1.4%	5.7%	10.0%	70	48
	4角通過	1	2	3	4	5	6	7	8	9 10 11 12 13 14 15
東京ダ2100m（平坦）	全体	11	15	17	146	5.8%	13.8%	22.8%	38	77
	昇級1着	1	1	1	9	8.3%	16.7%	25.0%	58	56
	同級1～3着	3	3	1	11	16.7%	33.3%	38.9%	62	61
	同級4～5着	1	6	3	18	3.6%	25.0%	35.7%	15	81
	同級6～9着	5	2	8	38	9.4%	13.2%	28.3%	79	84
	同級10着～	1	2	4	70	1.3%	3.9%	9.1%	11	73
	4角通過	1	2	3	4	5	6	7	8	9 10 11 12 13 14 15 16
中京ダ1800m（上り）	全体	13	9	20	136	7.3%	12.4%	23.6%	169	84
	昇級1着	2	1	3	10	12.5%	18.8%	37.5%	103	76
	同級1～3着	3	3	7	15	10.7%	21.4%	46.4%	53	100
	同級4～5着	5	2	5	28	12.5%	17.5%	30.0%	44	69
	同級6～9着	2	3	4	44	3.8%	9.4%	17.0%	23	85
	同級10着～	1	0	1	38	2.5%	2.5%	5.0%	598	92
	4角通過	1	2	3	4	5	6	7	8	9 10 11 12 13 14 15 16

【狙い目】前走小倉芝1200mで4角1〜4番手＆着順不問

●前走小倉芝1200ｍ：下りＳ→平坦Ｓ。ローカル→中央場で、同級1〜3着が苦戦するのは珍しくないパターン。ただし、メンバーがもっと厳しいはずの昇級馬はバンバン走ってくる。相手関係では説明できないが、夏の小倉→秋の阪神で昇級馬が勢いで圧倒するケースが多いようだ。

●前走中京芝1200ｍ：平坦Ｓ→平坦Ｓ。左→右回りだが、平坦Ｓで最後の直線に急坂という構成は同じ。同級1〜3着はやや人気になりやすいが堅実に走る。前走4角9番手以降は【1.2.2.25】と苦戦が否めない。

●前走中山芝1200ｍ：下りＳ→平坦Ｓ。前走4角1番手はいいが、2〜3番手が【0.1.0.14】と大苦戦している点に要注意。全体で1勝しかしておらず、同級1〜3着も馬券にはなるが3着までの傾向が強い。

●前走阪神芝1400ｍ：平坦Ｓ→平坦Ｓ。ゲートが200ｍに移るだけのコース替わり。前走10着以下では能力不足だが、ひとケタ着順に収まっていれば期待値は高い。ただし、2、3着が多めで、買い目には工夫が必要。

●前走福島芝1200ｍ：上りＳ→平坦Ｓ。テンで進みやすくなる効果が大きいのか、思いのほか好成績。関東ローカル→関西中央場で軽視されがちで、前走が同級10着以下の大敗でなければ狙ってみる価値が高い。

阪神芝1200m■馬番別成績（複勝率）

馬番	1	2	3	4	5	6	7	8	9	10	11	12	13	14	15	16
複勝率	23.6%	36.1%	33.3%	26.8%	29.2%	29.2%	22.2%	23.6%	29.4%	17.5%	15.8%	10.0%	4.4%	11.1%	3.4%	15.4%

阪神芝1200m■騎手・種牡馬ベスト7＋1

	順位	名前	1着	2着	3着	4着〜	勝率	連対率	複勝率	単回値	複回値
騎手	1	岩田望来	8	4	7	18	21.6%	32.4%	51.4%	84	101
	2	藤岡康太	5	6	1	30	11.9%	26.2%	28.6%	62	68
	3	武豊	5	3	3	11	22.7%	36.4%	50.0%	124	109
	4	坂井瑠星	5	1	3	15	20.8%	25.0%	37.5%	200	82
	5	岩田康誠	4	4	0	9	23.5%	47.1%	47.1%	200	107
	6	和田竜二	3	4	5	30	7.1%	16.7%	28.6%	106	70
	7	幸英明	3	3	3	27	8.3%	16.7%	25.0%	27	91
	注	富田暁	2	2	1	11	12.5%	25.0%	31.3%	729	161
種牡馬	1	ロードカナロア	11	15	5	64	11.6%	27.4%	32.6%	89	89
	2	ビッグアーサー	5	3	5	24	13.5%	21.6%	35.1%	74	80
	3	ダイワメジャー	5	2	2	39	10.4%	14.6%	18.8%	465	116
	4	キズナ	3	4	2	33	7.1%	16.7%	21.4%	38	84
	5	モーリス	3	1	3	26	9.1%	12.1%	21.2%	21	32
	6	ミッキーアイル	3	1	3	21	10.7%	14.3%	25.0%	96	52
	7	ジャスタウェイ	3	1	0	14	16.7%	22.2%	22.2%	87	42
	注	アメリカンペイトリオット	3	0	0	8	27.3%	27.3%	27.3%	211	64

前走コース（スタート）	前走	1着	2着	3着	4着〜	勝率	連対率	複勝率	単回値	複回値
小倉芝1200m（下り）	全体	10	11	8	108	7.3%	15.3%	21.2%	135	76
	昇級1着	6	3	0	13	27.3%	40.9%	40.9%	161	105
	同級1～3着	1	2	2	10	6.7%	20.0%	33.3%	18	48
	同級4～5着	1	4	3	17	4.0%	20.0%	32.0%	44	138
	同級6～9着	0	1	1	27	0.0%	3.4%	6.9%	0	14
	同級10着～	2	1	1	36	5.0%	7.5%	10.0%	339	81
	4角通過	1 2 3 4 5 6 7 8 9 10 11 12 13 14 15 16 17 18								
中京芝1200m（平坦）	全体	11	4	5	55	14.7%	20.0%	26.7%	89	58
	昇級1着	0	1	0	2	0.0%	33.3%	33.3%	0	56
	同級1～3着	6	1	3	14	25.0%	29.2%	41.7%	70	69
	同級4～5着	1	0	1	8	10.0%	10.0%	20.0%	112	48
	同級6～9着	2	0	1	8	18.2%	18.2%	27.3%	275	108
	同級10着～	1	1	0	22	4.2%	8.3%	8.3%	20	22
	4角通過	1 2 3 4 5 6 7 8 9 10 11 12 13 14 15 16 17 18								
中山芝1200m（下り）	全体	1	4	9	46	1.7%	8.3%	23.3%	37	80
	昇級1着	0	1	0	4	0.0%	20.0%	20.0%	0	88
	同級1～3着	0	1	3	3	0.0%	14.3%	57.1%	0	95
	同級4～5着	0	0	1	5	0.0%	0.0%	16.7%	0	38
	同級6～9着	0	1	0	17	0.0%	5.6%	5.6%	0	53
	同級10着～	1	1	3	17	4.5%	9.1%	22.7%	102	96
	4角通過	1 2 3 4 5 6 7 8 9 10 11 12 13 14 15 16								
阪神芝1400m（平坦）	全体	3	5	8	38	5.6%	14.8%	29.6%	28	83
	昇級1着	0	0	1	0	0.0%	0.0%	100.0%	0	120
	同級1～3着	1	2	0	2	20.0%	60.0%	60.0%	36	104
	同級4～5着	0	1	2	5	0.0%	12.5%	37.5%	0	82
	同級6～9着	2	2	4	18	7.7%	15.4%	30.8%	52	116
	同級10着～	0	0	0	11	0.0%	0.0%	0.0%	0	0
	4角通過	1 2 3 4 5 6 7 8 9 10 11 12 13 14 15 16 17 18								
福島芝1200m（上り）	全体	5	1	5	34	11.1%	13.3%	24.4%	369	133
	昇級1着	3	0	0	7	30.0%	30.0%	30.0%	348	87
	同級1～3着	0	1	2	3	0.0%	16.7%	50.0%	0	98
	同級4～5着	1	0	0	4	20.0%	20.0%	20.0%	2506	540
	同級6～9着	1	0	2	7	10.0%	10.0%	30.0%	60	173
	同級10着～	0	0	0	11	0.0%	0.0%	0.0%	0	0
	4角通過	1 2 3 4 5 6 7 8 9 10 11 12 13 14 15 16								

阪神芝1400m（平坦スタート）

【狙い目】前走阪神芝1600mで4角1～5番手＆着順不問

●前走中京芝1400m：上りS→平坦S。人気になりがちだが、好走率は水準を上回る程度にとどまり、単複の回収値が低迷するのは当然。なのに出走数が最多で、好走数は多いという厄介なコース替わり。ひとまず、前走10着以下や前走4角9番手以降を割引するだけでも効果はある。

●前走阪神芝1600m：平坦S→平坦S。同場の200m短縮で好走率が高いパターンだが、外→内回りでテンの流れはだいぶ速くなる。前走4角6番手以降は【1.3.2.44】。予想外に後ろからの競馬になるリスクが大だ。

●前走東京芝1400m：上りS→平坦S。全体的に好相性のコース替わりで、同級1～3着が連続好走し、同級6着以下からの巻き返しも狙える。前走4角1～5番手なら複勝率40.5％と非常に安定感がある。

●前走中京芝1600m：上りS→平坦S。200m短縮で忙しくなるが、坂の関係で前走よりテンに進みやすく対応可能。前走が同級10着以下でなければ好走を期待できる。前走4角通過順はさほど神経質にならなくても。

●前走新潟芝1400m：平坦S→平坦S。どちらも内回り使用で直線距離が約350m。左右の回りの違いや最後の直線の坂の有無はあるが、テンのペースが似通う。思った以上に好相性のコース替わりで幅広く狙える。

阪神芝1400m■馬番別成績（複勝率）

馬番	1	2	3	4	5	6	7	8	9	10	11	12	13	14	15	16	17	18
複勝率	25.2%	30.6%	28.8%	28.8%	25.6%	29.0%	25.4%	15.3%	27.1%	18.2%	15.7%	18.9%	10.5%	13.0%	11.1%	6.7%	0.0%	20.7%

阪神芝1400m■騎手・種牡馬ベスト7＋1

	順位	名前	1着	2着	3着	4着～	勝率	連対率	複勝率	単回値	複回値
騎手	1	岩田望来	10	9	12	48	12.7%	24.1%	39.2%	171	120
	2	川田将雅	10	6	7	16	25.6%	41.0%	59.0%	74	86
	3	C・デムーロ	9	2	0	5	56.3%	68.8%	68.8%	270	116
	4	坂井瑠星	7	2	2	42	13.2%	17.0%	20.8%	129	47
	5	団野大成	6	8	5	36	10.9%	25.5%	34.5%	41	87
	6	松山弘平	6	7	3	41	10.5%	22.8%	28.1%	58	59
	7	武豊	5	3	5	28	12.2%	19.5%	31.7%	55	77
	注	松若風馬	4	6	4	43	7.0%	17.5%	24.6%	156	151
種牡馬	1	ロードカナロア	15	8	5	101	11.6%	17.8%	21.7%	57	49
	2	モーリス	9	4	3	55	12.7%	18.3%	22.5%	110	66
	3	ディープインパクト	8	3	7	42	13.3%	18.3%	30.0%	79	89
	4	ダイワメジャー	7	7	4	48	10.6%	21.2%	27.3%	64	83
	5	キズナ	5	6	7	45	7.9%	17.5%	28.6%	51	105
	6	ルーラーシップ	5	4	2	42	9.4%	17.0%	20.8%	47	45
	7	エピファネイア	4	8	4	38	7.4%	22.2%	29.6%	139	117
	注	ミッキーアイル	4	3	2	20	13.3%	23.3%	33.3%	109	108

■阪神芝1400m（平坦スタート）

前走コース（スタート）	前走	1着	2着	3着	4着～	勝率	連対率	複勝率	単回値	複回値
中京芝1400m（上り）	全体	10	9	14	109	7.0%	13.4%	23.2%	31	51
	昇級1着	3	3	3	18	11.1%	22.2%	33.3%	38	90
	同級1～3着	4	3	4	19	13.3%	23.3%	36.7%	42	74
	同級4～5着	2	1	4	17	8.3%	12.5%	29.2%	64	51
	同級6～9着	1	2	3	23	3.4%	10.3%	20.7%	20	46
	同級10着～	0	0	0	23	0.0%	0.0%	0.0%	0	0
	4角通過	1 2 3 4 5 6 7 8 9 10 11 12 13 14 15 16 17 18								
阪神芝1600m（平坦）	全体	16	12	8	91	12.6%	22.0%	28.3%	67	65
	昇級1着	0	0	1	3	0.0%	0.0%	25.0%	0	102
	同級1～3着	5	1	2	6	35.7%	42.9%	57.1%	56	70
	同級4～5着	1	5	3	12	4.8%	28.6%	42.9%	31	99
	同級6～9着	3	1	2	31	8.1%	10.8%	16.2%	50	48
	同級10着～	4	4	0	30	10.5%	21.1%	21.1%	99	60
	4角通過	1 2 3 4 5 6 7 8 9 10 11 12 13 14 15 16 17 18								
東京芝1400m（上り）	全体	10	9	5	63	11.5%	21.8%	27.6%	88	82
	昇級1着	1	2	0	8	9.1%	27.3%	27.3%	11	40
	同級1～3着	4	2	2	8	25.0%	37.5%	50.0%	82	104
	同級4～5着	1	0	1	12	7.1%	7.1%	14.3%	147	44
	同級6～9着	2	2	1	15	10.0%	20.0%	25.0%	67	59
	同級10着～	2	2	1	18	8.7%	17.4%	21.7%	123	136
	4角通過	1 2 3 4 5 6 7 8 9 10 11 12 13 14 15 16 17 18								
中京芝1600m（上り）	全体	10	9	6	59	11.9%	22.6%	29.8%	68	76
	昇級1着	2	0	0	5	28.6%	28.6%	28.6%	271	77
	同級1～3着	4	2	0	4	40.0%	60.0%	60.0%	168	107
	同級4～5着	2	1	3	11	11.8%	17.6%	35.3%	68	88
	同級6～9着	0	4	2	16	0.0%	18.2%	27.3%	0	95
	同級10着～	1	2	0	18	4.8%	14.3%	14.3%	42	35
	4角通過	1 2 3 4 5 6 7 8 9 10 11 12 13 14 15 16								
新潟芝1400m（平坦）	全体	4	5	4	25	10.5%	23.7%	34.2%	64	136
	昇級1着	1	1	0	4	16.7%	33.3%	33.3%	100	65
	同級1～3着	2	2	3	6	15.4%	30.8%	53.8%	92	199
	同級4～5着	1	1	0	6	12.5%	25.0%	25.0%	81	38
	同級6～9着	0	0	1	6	0.0%	0.0%	14.3%	0	145
	同級10着～	0	1	0	2	0.0%	33.3%	33.3%	0	286
	4角通過	1 2 3 4 5 6 7 8 9 10 11 12 13 14 15 16 17 18								

阪神芝1600m（平坦スタート）

【狙い目】前走新潟芝1600mで4角5〜14番手＆1〜9着

●前走中京芝1600ｍ：上りＳ→平坦Ｓ。テンで少し進みやすくなり、最後の直線の急坂も前走で経験済みで、基本的に走りやすいコース替わり。同級6〜9着や10着以下からの巻き返しが好成績で、同級1〜3着の好走率も水準級。前走4角14番手以降が複勝率31.3%とまったく侮れない。

●前走阪神芝1400ｍ：平坦Ｓ→平坦Ｓ。スタートの坂こそ同じだが、内→外回り、200ｍ延長になかなか対応できず、全体的に好走率が低調。逆パターンの阪神芝1600ｍ→1400ｍは好相性なので、混同に注意が必要だ。

●前走阪神芝1800ｍ：平坦Ｓ→平坦Ｓ。同場かつ同じ坂道グループの200ｍ短縮は成績を残しやすく、このコース替わりも例外ではない。着順が連動し、巻き返しは少なく、妙味もないが、前走好走なら手堅い。

●前走東京芝1600ｍ：下りＳ→平坦Ｓ。テンで少し進みづらくなるが、好メンバーの東京マイルで揉まれ、阪神外回りなら挽回も可能。とはいえ、前走4角12番手以降だった馬は複勝率8.3%となかなか届かない。

●前走新潟芝1600ｍ：平坦Ｓ→平坦Ｓで、最後の直線が長いレイアウトが共通し、同級1〜3着が勝ち切ってくる。注意点は前走4角1番手や3〜4番手の不振。新潟外回りほど楽に先行できない可能性がある。

阪神芝1600m■馬番別成績（複勝率）

馬番	1	2	3	4	5	6	7	8	9	10	11	12	13	14	15	16	17	18
複勝率	29.6%	31.9%	25.5%	22.6%	20.9%	29.7%	22.3%	24.6%	22.5%	22.6%	17.6%	17.5%	15.0%	20.4%	5.0%	14.1%	10.3%	7.5%

阪神芝1600m■騎手・種牡馬ベスト7＋1

	順位	名前	1着	2着	3着	4着〜	勝率	連対率	複勝率	単回値	複回値
騎手	1	川田将雅	20	8	11	29	29.4%	41.2%	57.4%	94	86
	2	岩田望来	12	13	13	78	10.3%	21.6%	32.8%	38	133
	3	坂井瑠星	11	14	5	46	14.5%	32.9%	39.5%	129	101
	4	藤岡佑介	9	6	1	42	15.5%	25.9%	27.6%	107	60
	5	鮫島克駿	8	8	9	56	9.9%	19.8%	30.9%	132	104
	6	武豊	7	12	4	48	9.9%	26.8%	32.4%	56	73
	7	松山弘平	7	10	7	66	7.8%	18.9%	26.7%	25	46
	注	吉田隼人	5	6	4	44	8.5%	18.6%	25.4%	225	105
種牡馬	1	ロードカナロア	15	19	13	120	9.0%	20.4%	28.1%	42	79
	2	モーリス	12	8	14	81	10.4%	17.4%	29.6%	104	73
	3	エピファネイア	11	12	12	100	8.1%	17.0%	25.9%	57	82
	4	ルーラーシップ	10	5	4	60	12.7%	19.0%	24.1%	110	90
	5	ドゥラメンテ	10	3	3	74	11.1%	14.4%	17.8%	56	42
	6	キングカメハメハ	10	2	2	24	26.3%	31.6%	36.8%	126	56
	7	ディープインパクト	9	18	12	97	6.6%	19.9%	28.7%	20	50
	注	キタサンブラック	3	6	2	22	9.1%	27.3%	33.3%	384	128

■阪神芝1600m（平坦スタート）　　　　　　　　　プラチナシート20

前走コース（スタート）	前走	1着	2着	3着	4着～	勝率	連対率	複勝率	単回値	複回値
中京芝1600m（上り）	全体	28	38	22	195	9.9%	23.3%	31.1%	80	79
	昇級1着	6	10	1	13	20.0%	53.3%	56.7%	65	100
	同級1〜3着	10	14	9	47	12.5%	30.0%	41.3%	55	70
	同級4〜5着	3	6	3	38	6.0%	18.0%	24.0%	56	68
	同級6〜9着	5	4	8	50	7.5%	13.4%	25.4%	57	95
	同級10着〜	3	2	0	33	7.9%	13.2%	13.2%	254	85
	4角通過	1 2 3 4 5 6 7 8 9 10 11 12 13 14 15 16								
阪神芝1400m（平坦）	全体	3	10	7	126	2.1%	8.9%	13.7%	15	58
	昇級1着	0	2	1	13	0.0%	12.5%	18.8%	0	160
	同級1〜3着	2	0	5	28	5.7%	5.7%	20.0%	49	52
	同級4〜5着	0	3	1	15	0.0%	15.8%	21.1%	0	62
	同級6〜9着	0	3	0	21	0.0%	12.5%	12.5%	0	65
	同級10着〜	1	1	0	40	2.4%	4.8%	4.8%	13	30
	4角通過	1 2 3 4 5 6 7 8 9 10 11 12 13 14 15 16 17 18								
阪神芝1800m（平坦）	全体	16	8	12	80	13.8%	20.7%	31.0%	45	69
	昇級1着	2	1	1	3	28.6%	42.9%	57.1%	85	74
	同級1〜3着	7	2	4	13	26.9%	34.6%	50.0%	84	76
	同級4〜5着	4	3	3	19	13.8%	24.1%	34.5%	33	125
	同級6〜9着	2	1	3	27	6.1%	9.1%	18.2%	20	39
	同級10着〜	0	1	0	11	0.0%	8.3%	8.3%	0	14
	4角通過	1 2 3 4 5 6 7 8 9 10 11 12 13 14 15 16 17 18								
東京芝1600m（下り）	全体	9	9	10	67	9.5%	18.9%	29.5%	53	105
	昇級1着	1	3	1	7	8.3%	33.3%	41.7%	24	137
	同級1〜3着	5	2	3	20	16.7%	23.3%	33.3%	116	58
	同級4〜5着	1	1	4	12	5.6%	11.1%	33.3%	25	237
	同級6〜9着	0	1	2	10	0.0%	7.7%	23.1%	0	120
	同級10着〜	1	2	0	14	5.9%	17.6%	17.6%	15	32
	4角通過	1 2 3 4 5 6 7 8 9 10 11 12 13 14 15 16 17 18								
新潟芝1600m（平坦）	全体	11	4	5	38	19.0%	25.9%	34.5%	93	65
	昇級1着	1	1	1	4	14.3%	28.6%	42.9%	48	44
	同級1〜3着	8	1	1	8	44.4%	50.0%	55.6%	213	98
	同級4〜5着	1	0	0	5	16.7%	16.7%	16.7%	56	26
	同級6〜9着	1	2	2	8	7.7%	23.1%	38.5%	71	96
	同級10着〜	0	0	1	11	0.0%	0.0%	8.3%	0	24
	4角通過	1 2 3 4 5 6 7 8 9 10 11 12 13 14 15 16 17 18								

阪神芝1800m（平坦スタート）

【狙い目】前走小倉芝1800mで4角1〜7番手＆1〜9着

●前走阪神芝1600m：平坦S→平坦S。昇級馬が抜群の数字を残す一方で、同級1〜3着や4〜5着の好走率は水準以下という微妙な傾向が残っている。同級6〜9着が好成績であることを考えると、基本的には直結しない巻き返し型で、例外的に昇級馬が走るコース替わりとみたい。

●前走中京芝2000m：上りS→平坦S。左→右回り、コーナー4回→2回と条件が激変し、同級4〜5着や6〜9着から巻き返せる。なお、同級1〜3着の好走率も水準級で、直結しないわけではない点には注意。

●前走阪神芝2000m：上りS→平坦S。求められる適性は異なるのだが、好相性のコース替わり。阪神芝2000mに出走する馬のレベルが高く、適性の違いを乗り越えてくる。今走2着が多い傾向には気をつけたい。

●前走小倉芝1800m：平坦S→平坦S。ローカル→中央場のメンバー強化をものともせず、昇級馬も同級1〜3着も連続好走を果たす。同級10着以下や前走4角8番手以降に合致しなければ十分にチャンスがある。

●前走中京芝1600m：上りS→平坦S。上りSの1600mと平坦Sの1800mでペースが合う。前走の好走が直結し、同級6〜9着からの巻き返しも多い。前走4角1〜2番手が【0.0.0.10】という点には要注意だ。

阪神芝1800m■馬番別成績（複勝率）

馬番	1	2	3	4	5	6	7	8	9	10	11	12	13	14	15	16	17	18
複勝率	34.5%	30.2%	28.8%	32.1%	24.3%	22.5%	33.8%	23.7%	22.3%	18.1%	26.5%	23.2%	9.6%	10.9%	16.2%	17.9%	25.0%	10.0%

阪神芝1800m■騎手・種牡馬ベスト7＋1

	順位	名前	1着	2着	3着	4着〜	勝率	連対率	複勝率	単回値	複回値
騎手	1	川田将雅	14	11	8	21	25.9%	46.3%	61.1%	59	80
	2	岩田望来	13	13	13	51	14.4%	28.9%	43.3%	99	100
	3	松山弘平	12	9	4	47	16.7%	29.2%	34.7%	100	60
	4	ルメール	7	7	6	12	21.9%	43.8%	62.5%	106	101
	5	武豊	7	7	3	37	13.0%	25.9%	31.5%	47	45
	6	坂井瑠星	6	9	6	36	10.5%	26.3%	36.8%	36	53
	7	池添謙一	6	9	3	24	14.3%	35.7%	42.9%	68	100
	注	横山典弘	6	1	3	24	17.6%	20.6%	29.4%	135	65
種牡馬	1	ディープインパクト	27	20	15	80	19.0%	33.1%	43.7%	125	78
	2	ハーツクライ	11	10	6	72	11.1%	21.2%	27.3%	84	56
	3	キズナ	10	7	8	66	11.0%	18.7%	27.5%	86	73
	4	ロードカナロア	8	7	3	62	10.0%	18.8%	22.5%	45	53
	5	モーリス	8	5	10	40	12.7%	20.6%	36.5%	67	113
	6	エピファネイア	7	10	7	55	8.9%	21.2%	30.4%	152	75
	7	ルーラーシップ	7	9	5	52	9.6%	21.9%	28.8%	123	88
	注	ジャスタウェイ	6	3	2	33	13.6%	20.5%	25.0%	69	149

前走コース（スタート）	前走	1着	2着	3着	4着~	勝率	連対率	複勝率	単回値	複回値
阪神芝1600m（平坦）	全体	7	10	12	99	5.5%	13.3%	22.7%	101	67
	昇級1着	3	1	1	3	37.5%	50.0%	62.5%	548	168
	同級1~3着	0	4	3	14	0.0%	19.0%	33.3%	0	52
	同級4~5着	1	3	3	26	3.0%	12.1%	21.2%	40	47
	同級6~9着	2	1	2	27	6.3%	9.4%	15.6%	220	104
	同級10着~	0	0	1	20	0.0%	0.0%	4.8%	0	40
	4角通過	1	2	3	4	5	6	7	8	9	10	11	12	13	14	15	16	17	18
中京芝2000m（上り）	全体	11	7	18	89	8.8%	14.4%	28.8%	76	53
	昇級1着	0	1	1	6	0.0%	12.5%	25.0%	0	92
	同級1~3着	6	3	7	19	17.1%	25.7%	45.7%	77	66
	同級4~5着	3	2	4	17	11.5%	19.2%	34.6%	226	83
	同級6~9着	2	1	3	22	7.1%	10.7%	21.4%	36	46
	同級10着~	0	0	1	17	0.0%	0.0%	5.6%	0	0
	4角通過	1	2	3	4	5	6	7	8	9	10	11	12	13	14	15	16	17	18
阪神芝2000m（上り）	全体	10	15	6	67	10.2%	25.5%	31.6%	80	79
	昇級1着	1	2	2	2	14.3%	42.9%	71.4%	167	102
	同級1~3着	5	2	2	9	27.8%	38.9%	50.0%	88	67
	同級4~5着	0	6	1	11	0.0%	33.3%	38.9%	0	88
	同級6~9着	3	2	0	27	9.4%	15.6%	15.6%	150	55
	同級10着~	0	1	1	11	0.0%	7.7%	15.4%	0	156
	4角通過	1	2	3	4	5	6	7	8	9	10	11	12	13	14	15	16	
小倉芝1800m（平坦）	全体	7	7	11	64	7.9%	15.7%	28.1%	50	72
	昇級1着	4	1	1	11	23.5%	29.4%	35.3%	81	113
	同級1~3着	2	2	5	7	12.5%	25.0%	56.3%	120	85
	同級4~5着	1	1	2	12	6.3%	12.5%	25.0%	74	55
	同級6~9着	0	3	2	17	0.0%	13.6%	22.7%	0	87
	同級10着~	0	0	0	17	0.0%	0.0%	0.0%	0	0
	4角通過	1	2	3	4	5	6	7	8	9	10	11	12	13	14	15	16	
中京芝1600m（上り）	全体	8	8	10	62	9.1%	18.2%	29.5%	73	81
	昇級1着	1	1	1	3	16.7%	33.3%	50.0%	20	78
	同級1~3着	3	3	3	9	16.7%	33.3%	50.0%	106	87
	同級4~5着	2	2	2	15	9.5%	19.0%	28.6%	72	89
	同級6~9着	2	1	3	14	10.0%	15.0%	30.0%	144	142
	同級10着~	0	0	0	19	0.0%	0.0%	0.0%	0	0
	4角通過	1	2	3	4	5	6	7	8	9	10	11	12	13	14	15	16	

阪神芝2000m（上りスタート）

【狙い目】前走中京芝2200mで4角1～13番手＆着順不問

●前走中京芝2000ｍ：上りＳ→上りＳ。左→右回りの違いはあるが、全体としてレイアウトの共通性が高い。直結度が高いうえに巻き返しも期待できる、非常に相性がいいコース替わりだ。左右の回りに極端な得手不得手さえなければ、前走がいい予行演習になるのだろう。

●前走阪神1800ｍ：平坦Ｓ→上りＳ。レース前半は坂、後半は200ｍ延長で全体的に負荷が高まるコース替わり。実力ある同級１～３着や４～５着は水準以上に好走できるが、同級６着以下の巻き返しは厳しい。

●前走小倉芝2000ｍ：平坦Ｓ→上りＳ。コーナー４つの同距離で、求められる適性は近い。ただし、テンの負荷が高まり、ローカル→中央場で相手関係は強化。昇級馬や同級６着以下の馬には厳しいコース替わりだ。

●前走小倉1800ｍ：平坦Ｓ→上りＳ。テンで進みづらくなり、200ｍ延長でスタミナの要求度も高まる。ローカル→中央場でメンバーも強化。前走で同級１～３着に入った実力馬以外は、なかなか対応できない。

●前走中京芝2200ｍ：下りＳ→上りＳ。全体成績はなかなか優秀なコース替わりだが、前走着順はあまり連動せず、巻き返し型の傾向が出ている。下りＳ→上りＳにより、レース前半の流れが違う影響は考えられる。

阪神芝2000m■馬番別成績（複勝率）

馬番	1	2	3	4	5	6	7	8	9	10	11	12	13	14	15	16	
複勝率	30.1%	29.4%	28.5%	31.5%	26.6%	25.0%	23.2%	31.6%	30.3%	22.3%	21.5%	26.2%	18.4%	13.2%	12.9%	4.2%	

阪神芝2000m■騎手・種牡馬ベスト7+1

	順位	名前	1着	2着	3着	4着～	勝率	連対率	複勝率	単回値	複回値
騎手	1	川田将雅	19	8	12	17	33.9%	48.2%	69.6%	88	105
	2	松山弘平	11	7	8	38	17.2%	28.1%	40.6%	59	102
	3	和田竜二	10	7	3	59	12.7%	21.5%	25.3%	72	74
	4	藤岡康太	7	10	4	42	11.1%	27.0%	33.3%	164	106
	5	ルメール	7	6	2	21	19.4%	36.1%	41.7%	50	57
	6	坂井瑠星	6	6	8	32	11.5%	23.1%	38.5%	51	68
	7	M・デムーロ	5	2	2	16	20.0%	28.0%	36.0%	144	74
	注	岩田康誠	3	6	5	19	9.1%	27.3%	42.4%	56	166
種牡馬	1	ディープインパクト	14	12	14	90	10.8%	20.0%	30.8%	84	64
	2	ドゥラメンテ	13	12	7	57	14.6%	28.1%	36.0%	63	96
	3	ルーラーシップ	12	5	10	55	14.6%	20.7%	32.9%	133	74
	4	キズナ	11	5	10	62	11.6%	24.2%	34.7%	282	124
	5	ハーツクライ	10	10	10	79	9.2%	18.3%	27.5%	113	72
	6	キングカメハメハ	8	9	2	24	18.6%	39.5%	44.2%	142	96
	7	エピファネイア	8	8	7	71	8.5%	17.0%	24.5%	46	88
	注	ブラックタイド	5	3	1	26	14.3%	22.9%	25.7%	254	104

■阪神芝 2000 m（上りスタート）

前走コース（スタート）	前走	1着	2着	3着	4着～	勝率	連対率	複勝率	単回値	複回値
中京芝2000m（上り）	全体	25	30	18	137	11.9%	26.2%	34.8%	133	88
	昇級1着	4	6	3	18	12.9%	32.3%	41.9%	61	64
	同級1～3着	8	11	9	30	13.8%	32.8%	48.3%	47	81
	同級4～5着	7	5	3	28	16.3%	27.9%	34.9%	304	123
	同級6～9着	1	7	2	37	2.1%	17.0%	21.3%	20	91
	同級10着～	2	0	1	18	9.5%	9.5%	14.3%	324	49
	4角通過	1	2	3	4	5 6 7	8 9 10	11 12 13	14 15 16	17 18
阪神芝1800m（平坦）	全体	13	7	9	101	10.0%	15.4%	22.3%	73	59
	昇級1着	2	1	0	11	14.3%	21.4%	21.4%	74	34
	同級1～3着	6	6	4	13	20.7%	41.4%	55.2%	61	88
	同級4～5着	3	0	3	17	13.0%	13.0%	26.1%	91	60
	同級6～9着	1	0	1	30	3.1%	3.1%	6.3%	132	65
	同級10着～	0	0	0	22	0.0%	0.0%	0.0%	0	0
	4角通過	1	2	3	4	5 6 7	8 9 10	11 12 13	14 15 16	17 18
小倉芝2000m（平坦）	全体	4	10	4	65	4.8%	16.9%	21.7%	29	45
	昇級1着	0	3	1	13	0.0%	17.6%	23.5%	0	31
	同級1～3着	1	1	1	4	14.3%	28.6%	42.9%	74	60
	同級4～5着	3	2	2	12	15.8%	26.3%	36.8%	100	60
	同級6～9着	0	4	0	23	0.0%	14.8%	14.8%	0	61
	同級10着～	0	0	0	12	0.0%	0.0%	0.0%	0	0
	4角通過	1	2	3	4	5 6 7	8 9 10	11 12 13	14 15 16	17 18
小倉芝1800m（平坦）	全体	6	2	10	63	7.4%	9.9%	22.2%	25	70
	昇級1着	0	0	3	10	0.0%	0.0%	23.1%	0	123
	同級1～3着	5	1	4	9	26.3%	31.6%	52.6%	100	150
	同級4～5着	1	0	1	7	11.1%	11.1%	22.2%	20	24
	同級6～9着	0	1	2	26	0.0%	3.4%	10.3%	0	37
	同級10着～	0	0	0	10	0.0%	0.0%	0.0%	0	0
	4角通過	1	2	3	4	5 6 7	8 9 10	11 12 13	14 15 16	
中京芝2200m（下り）	全体	6	2	4	30	14.3%	19.0%	28.6%	171	89
	昇級1着	0	0	0	2	0.0%	0.0%	0.0%	0	0
	同級1～3着	3	0	1	7	27.3%	27.3%	36.4%	150	56
	同級4～5着	0	0	1	4	0.0%	0.0%	20.0%	0	62
	同級6～9着	1	1	1	6	11.1%	22.2%	33.3%	40	176
	同級10着～	2	0	0	8	20.0%	20.0%	20.0%	519	68
	4角通過	1	2	3	4	5 6 7	8 9 10	11 12 13	14 15 16	17 18

阪神芝2200m（下りスタート）

【狙い目】前走中京芝2200mで4角2～10番手＆1～9着

●前走阪神芝2000m：上りS→下りS。2、3着どまりも多いが、全体的に好相性のコース替わり。同級1～3着も好走率自体は水準級。前走4角通過順に関しては、実際のところ気にしなくてもいいレベルの差だ。

●前走中京芝2200m：下りS→下りS。左右の回りを除いて共通性の高いレイアウト。そのわりに昇級馬や同級1～3着の連続好走は意外と難しく、同級4～5着や6～9着の巻き返しが非常にアツい。

阪神芝2200m■馬番別成績（複勝率）

馬番	1	2	3	4	5	6	7	8	9	10	11	12	13	14	15	16	17	18
複勝率	25.0%	30.3%	30.3%	21.2%	30.3%	27.3%	28.1%	27.6%	19.2%	8.0%	16.7%	15.0%	25.0%	25.0%	22.2%	37.5%	12.5%	16.7%

阪神芝2200m■騎手・種牡馬ベスト3＋1

	順位	名前	1着	2着	3着	4着～	勝率	連対率	複勝率	単回値	複回値
騎手	1	幸英明	4	3	0	17	16.7%	29.2%	29.2%	310	112
	2	武豊	4	0	2	9	26.7%	26.7%	40.0%	97	76
	3	坂井瑠星	3	2	1	10	18.8%	31.3%	37.5%	66	66
	注	藤懸貴志	2	0	0	3	40.0%	40.0%	40.0%	456	102
種牡馬	1	ドゥラメンテ	4	2	2	6	28.6%	42.9%	57.1%	162	122
	2	ハービンジャー	4	0	0	15	19.0%	19.0%	28.6%	278	77
	3	キズナ	3	4	2	20	10.3%	24.1%	31.0%	302	130
	注	ゴールドシップ	3	1	1	9	21.4%	28.6%	35.7%	177	87

■阪神芝2200m（下りスタート）　　　　プラチナシート23

前走コース（スタート）	前走	1着	2着	3着	4着～	勝率	連対率	複勝率	単回値	複回値
阪神芝2000m（上り）	全体	3	6	5	26	7.5%	22.5%	35.0%	24	95
	昇級1着	0	1	1	2	0.0%	25.0%	50.0%	0	57
	同級1～3着	2	2	2	8	14.3%	28.6%	42.9%	30	75
	同級4～5着	1	1	0	4	16.7%	33.3%	33.3%	88	76
	同級6～9着	0	1	1	7	0.0%	11.1%	22.2%	0	90
	同級10着～	0	1	0	2	0.0%	25.0%	25.0%	0	290

4角通過	1	2	3	4	5	6	7	8	9	10	11	12	13	14	15	16

前走コース（スタート）	前走	1着	2着	3着	4着～	勝率	連対率	複勝率	単回値	複回値
中京芝2200m（下り）	全体	5	3	1	20	17.2%	27.6%	31.0%	220	115
	昇級1着	1	1	0	5	14.3%	28.6%	28.6%	20	34
	同級1～3着	1	0	1	5	14.3%	14.3%	28.6%	21	47
	同級4～5着	2	0	0	2	50.0%	50.0%	50.0%	1435	287
	同級6～9着	0	2	0	4	0.0%	33.3%	33.3%	0	253
	同級10着～	0	0	0	0	0.0%	0.0%	0.0%	0	0

4角通過	1	2	3	4	5	6	7	8	9	10	11	12	13	14	15	16	17	18

阪神芝2400m（上りスタート）

【狙い目】前走阪神芝2000mで4角2〜10番手＆着順不問

●前走中京芝2200m：下りS→上りS。妙味には欠けるが、好走率の高い好相性のコース替わり。注意点は前走4角1番手が【0.0.0.4】ということ。前走の下りSを利して逃げていた馬が、今走ではハナを奪えない。

●前走阪神芝2000m：上りS→上りS。というより、ゲートの位置が同じ。400m延長で、内→外回りはあるが、レース前半が同じなら今走も走りやすくて当然だ。前走4角10番手以内なら、前走着順を問わず要警戒。

阪神芝2400m■馬番別成績（複勝率）

馬番	1	2	3	4	5	6	7	8	9	10	11	12	13	14	15	16	17	18
複勝率	20.8%	30.2%	39.6%	43.4%	18.9%	26.9%	27.5%	19.6%	24.3%	32.3%	40.7%	9.5%	12.5%	9.1%	57.1%	16.7%	33.3%	0.0%

阪神芝2400m■騎手・種牡馬ベスト3＋1

	順位	名前	1着	2着	3着	4着〜	勝率	連対率	複勝率	単回値	複回値
騎手	1	川田将雅	6	3	3	6	33.3%	50.0%	66.7%	77	85
	2	福永祐一	4	3	2	5	28.6%	50.0%	64.3%	97	106
	3	岩田望来	4	3	1	22	13.3%	23.3%	26.7%	69	47
	注	和田竜二	3	5	4	17	10.3%	27.6%	41.4%	369	100
種牡馬	1	ディープインパクト	7	5	6	38	12.5%	21.4%	32.1%	100	72
	2	キズナ	6	3	0	9	31.6%	47.4%	52.6%	165	122
	3	エピファネイア	5	3	2	21	16.1%	25.8%	32.3%	371	97
	注	ドゥラメンテ	1	5	2	13	4.8%	28.6%	38.1%	17	106

■阪神芝2400m（上りスタート）

前走コース（スタート）	前走	1着	2着	3着	4着〜	勝率	連対率	複勝率	単回値	複回値
中京芝2200m（下り）	全体	10	8	6	43	14.9%	26.9%	35.8%	66	51
	昇級1着	1	2	1	5	11.1%	33.3%	44.4%	38	61
	同級1〜3着	3	4	3	6	18.8%	43.8%	62.5%	36	72
	同級4〜5着	3	1	0	10	21.4%	28.6%	28.6%	91	47
	同級6〜9着	1	1	2	13	5.9%	11.8%	23.5%	22	31
	同級10着〜	1	0	0	8	11.1%	11.1%	11.1%	98	28
	4角通過	1	2	3	4	5	6	7	8	9	10	11	12	13	14	15	16	17	18
阪神芝2000m（上り）	全体	11	3	4	30	22.9%	29.2%	37.5%	392	101
	昇級1着	1	0	1	1	33.3%	33.3%	66.7%	0	65
	同級1〜3着	2	2	4	2	20.0%	40.0%	80.0%	87	128
	同級4〜5着	4	0	0	6	40.0%	40.0%	40.0%	293	67
	同級6〜9着	1	0	0	10	9.1%	9.1%	9.1%	49	18
	同級10着〜	3	0	0	9	25.0%	25.0%	25.0%	1108	188
	4角通過	1	2	3	4	5	6	7	8	9	10	11	12	13	14	15	16		

阪神ダート1200m（平坦スタート）

【狙い目】前走阪神ダ1400mで4角1〜5番手＆1〜5着

●前走中京ダ1200m：上りS→平坦S。このコース替わりで何より重要なのが、同級4〜5着の勝率・連対率が、同級1〜3着を上回っていること。当然ながら、回収値は同級4〜5着のほうが圧倒的に高い。同級6着以下の巻き返しはそれほどでもなく、同級4〜5着のみが美味しい。

●前走阪神ダ1400m：平坦S→平坦S。スタート地点が芝→ダだが、前走着順とかなり連動し、同級で掲示板に載っていれば大チャンス。同級6着以下からの巻き返しを狙うなら、前走4角1〜5番手に限りたい。

●前走中京ダ1400m：上りS→平坦S。スタート地点が芝→ダだが、同級1〜3着はかなり連続好走する。一方、同級4〜5着は諦めたほうがいいレベル。前走4角2〜3番手が単回値37円という点にも要注意だ。

●前走新潟ダ1200m：平坦S→平坦S。昇級馬が即通用し、同級10着以下からの巻き返しが多いという両極端な傾向が見られる。なお、同級1〜3着、4〜5着、6〜9着もほぼ水準級で、そこまで悪くはない。

●前走京都ダ1200m：上りS→平坦S。注目すべきは前走4角1〜2番手が【0.2.0.11】と振るわないこと。坂の関係で前走より走りやすくなって気分よく先行できるのだが、最後の急坂で沈没するケースが目立つ。

阪神ダート1200m■馬番別成績（複勝率）

馬番	1	2	3	4	5	6	7	8	9	10	11	12	13	14	15	16	
複勝率	15.7%	23.6%	19.7%	19.3%	27.8%	15.9%	26.7%	20.3%	22.2%	19.8%	18.7%	21.1%	12.8%	20.5%	25.6%	19.1%	

阪神ダート1200m■騎手・種牡馬ベスト7＋1

	順位	名前	1着	2着	3着	4着〜	勝率	連対率	複勝率	単回値	複回値
騎手	1	岩田望来	22	15	13	76	17.5%	29.4%	39.7%	65	85
	2	川田将雅	16	8	5	17	34.8%	52.2%	63.0%	108	93
	3	松山弘平	12	12	65		12.1%	24.2%	34.3%	50	61
	4	藤岡康太	12	12	4	67	12.6%	25.3%	29.5%	84	81
	5	幸英明	11	8	11	104	8.2%	14.2%	22.4%	48	54
	6	和田竜二	8	16	13	93	6.2%	18.5%	28.5%	38	99
	7	吉田隼人	8	5	4	33	16.0%	26.0%	34.0%	97	99
	注	北村友一	3	5	18		10.3%	27.6%	37.9%	100	87
種牡馬	1	ヘニーヒューズ	15	19	13	105	9.9%	22.4%	30.9%	86	68
	2	キンシャサノキセキ	10	10	12	73	9.5%	19.0%	30.5%	31	81
	3	シニスターミニスター	9	8	5	70	9.8%	18.5%	23.9%	45	58
	4	ミッキーアイル	9	4	4	58	12.0%	17.3%	22.7%	51	54
	5	ドレフォン	9	3	6	40	15.5%	20.7%	31.0%	95	74
	6	モーリス	7	7	3	38	12.7%	25.5%	30.9%	73	85
	7	パイロ	7	5	7	44	11.1%	19.0%	30.2%	46	71
	注	ダノンレジェンド	3	3	1	26	9.1%	18.2%	21.2%	232	160

■阪神ダート1200m（平坦スタート）

前走コース（スタート）	前走	1着	2着	3着	4着～	勝率	連対率	複勝率	単回値	複回値
中京ダ1200m（上り）	全体	39	31	35	333	8.9%	16.0%	24.0%	59	79
	昇級1着	4	4	5	35	8.3%	16.7%	27.1%	83	80
	同級1～3着	14	9	12	56	15.4%	25.3%	38.5%	52	71
	同級4～5着	13	8	4	42	19.4%	31.3%	37.3%	104	114
	同級6～9着	4	8	7	98	3.4%	10.3%	16.2%	45	59
	同級10着～	3	2	7	102	2.6%	4.4%	10.5%	40	84
	4角通過	1 2 3 4 5 6 7 8 9 10 11 12 13 14 15 16								
阪神ダ1400m（平坦）	全体	23	20	15	222	8.2%	15.4%	20.7%	48	65
	昇級1着	1	0	1	6	12.5%	12.5%	25.0%	41	53
	同級1～3着	9	6	2	13	30.0%	50.0%	56.7%	101	85
	同級4～5着	8	3	1	17	27.6%	37.9%	41.4%	126	81
	同級6～9着	3	8	8	81	3.0%	11.0%	19.0%	29	54
	同級10着～	2	3	3	105	1.8%	4.4%	7.1%	32	65
	4角通過	1 2 3 4 5 6 7 8 9 10 11 12 13 14 15 16								
中京ダ1400m（上り）	全体	11	11	16	150	5.9%	11.7%	20.2%	36	59
	昇級1着	1	1	0	3	20.0%	40.0%	40.0%	230	202
	同級1～3着	6	3	4	9	27.3%	40.9%	59.1%	92	88
	同級4～5着	0	1	0	23	0.0%	4.0%	8.0%	0	18
	同級6～9着	4	3	7	43	7.0%	12.3%	24.6%	65	68
	同級10着～	0	3	4	71	0.0%	3.8%	9.0%	0	48
	4角通過	1 2 3 4 5 6 7 8 9 10 11 12 13 14 15 16								
新潟ダ1200m（平坦）	全体	8	11	11	84	7.0%	16.7%	26.3%	58	102
	昇級1着	1	1	3	10	6.7%	13.3%	33.3%	137	164
	同級1～3着	3	4	1	11	15.8%	36.8%	42.1%	65	75
	同級4～5着	0	0	2	8	0.0%	18.2%	27.3%	0	54
	同級6～9着	2	0	4	31	5.4%	5.4%	16.2%	27	75
	同級10着～	2	4	2	24	6.3%	18.8%	25.0%	72	137
	4角通過	1 2 3 4 5 6 7 8 9 10 11 12 13 14 15								
京都ダ1200m（上り）	全体	9	7	5	58	11.4%	20.3%	26.6%	151	86
	昇級1着	1	1	0	5	14.3%	28.6%	28.6%	35	34
	同級1～3着	1	4	2	10	5.9%	29.4%	41.2%	39	95
	同級4～5着	1	1	2	11	6.7%	13.3%	26.7%	117	64
	同級6～9着	5	1	0	18	20.8%	25.0%	25.0%	338	139
	同級10着～	1	0	1	14	6.3%	6.3%	12.5%	74	40
	4角通過	1 2 3 4 5 6 7 8 9 10 11 12 13 14 15 16								

阪神ダート1400m（平坦スタート）

【狙い目】前走中京ダ1400mで4角3～11番手＆4着以下

●前走中京ダ1400m：上りS→平坦S。スタート地点が芝というのは同じで、左→右回りに替わる。どちらかといえば巻き返し型のコース替わりで、同級6～9着や10着以下の複勝率は水準よりかなり高い。昇級馬や同級1～3着の好走率も悪くはないが、過剰人気傾向で妙味がない。

●前走阪神ダ1200m：平坦S→平坦S。200m延長に加え、スタート地点がダ→芝。同場のコース替わりだが、直結度は低め。かといって掲示板外からの巻き返しも期待できず、同級4～5着だけが孤軍奮闘の様相。

●前走東京ダ1400m：下りS→平坦S、左→右回り、スタート地点がダ→芝と、距離以外はまったく異なるレイアウト。連続好走が難しいのは当然ともいえ、同級4～5着が俄然浮上してくる。大幅巻き返しも。

●前走中山ダ1200m：下りS→平坦S。テンで少し進みづらくなり、距離は200m延長と、レース前半も後半も負荷が重くなる。同級1～3着や4～5着なら十分こなせるのに人気が落ちる傾向があり、実に美味しい。

●前走東京ダ1600m：下りS→平坦S。非常に相性のいいコース替わりだ。前半で少し進みづらくなるが、200m短縮でスタミナ面に余裕があり、十分カバーできる。前走4角1～8番手に収まっていることが重要。

阪神ダート1400m■馬番別成績（複勝率）

馬番	1	2	3	4	5	6	7	8	9	10	11	12	13	14	15	16	
複勝率	14.5%	16.4%	17.8%	18.1%	24.1%	20.0%	18.1%	26.4%	21.6%	21.0%	18.8%	25.4%	21.4%	21.6%	22.0%	19.5%	

阪神ダート1400m■騎手・種牡馬ベスト7＋1

	順位	名前	1着	2着	3着	4着～	勝率	連対率	複勝率	単回値	複回値
騎手	1	松山弘平	22	16	14	74	17.5%	30.2%	41.3%	85	73
	2	川田将雅	22	8	10	27	32.8%	44.8%	59.7%	98	84
	3	岩田望来	15	10	10	115	10.0%	16.7%	23.3%	39	49
	4	坂井瑠星	12	11	14	58	12.6%	24.2%	38.9%	40	77
	5	幸英明	12	9	10	135	7.2%	12.7%	18.7%	50	48
	6	藤岡康太	10	7	11	95	8.1%	13.8%	22.8%	23	66
	7	武豊	9	9	7	48	12.3%	24.7%	34.2%	73	82
	注	田口貫太	8	4	3	29	18.2%	27.3%	34.1%	245	90
種牡馬	1	ヘニーヒューズ	25	13	9	141	13.3%	20.2%	25.0%	87	47
	2	キズナ	17	7	8	72	16.3%	23.1%	30.8%	76	72
	3	ドレフォン	11	5	9	79	10.6%	15.4%	24.0%	75	57
	4	パイロ	10	8	8	55	12.3%	22.2%	32.1%	83	61
	5	ダイワメジャー	9	13	4	90	7.8%	19.0%	22.4%	74	70
	6	ロードカナロア	9	10	7	118	6.3%	13.2%	18.1%	45	65
	7	モーリス	9	4	3	69	10.6%	15.3%	18.8%	102	53
	注	トランセンド	4	5	3	20	12.5%	28.1%	37.5%	263	198

前走コース（スタート）	前走	1着	2着	3着	4着～	勝率	連対率	複勝率	単回値	複回値
中京ダ1400m（上り）	全体	47	56	53	360	9.1%	20.0%	30.2%	61	99
	昇級1着	4	7	3	37	7.8%	21.6%	27.5%	51	55
	同級1～3着	26	15	16	81	18.8%	29.7%	41.3%	66	64
	同級4～5着	9	13	16	71	8.3%	20.2%	34.9%	58	92
	同級6～9着	6	14	11	79	5.5%	18.2%	28.2%	115	151
	同級10着～	2	7	7	89	1.9%	8.6%	15.2%	9	121
	4角通過	1	2	3	4	5 6 7 8 9 10 11 12 13 14 15 16				
阪神ダ1200m（平坦）	全体	15	16	12	208	6.0%	12.4%	17.1%	56	63
	昇級1着	1	3	1	11	6.3%	25.0%	31.3%	21	62
	同級1～3着	3	3	4	23	9.1%	18.2%	30.3%	44	72
	同級4～5着	7	6	0	28	17.1%	31.7%	31.7%	149	66
	同級6～9着	4	3	5	78	4.4%	7.8%	13.3%	69	57
	同級10着～	0	1	2	68	0.0%	1.4%	4.2%	0	64
	4角通過	1 2 3 4 5 6 7 8 9 10	11	12	13	14 15 16				
東京ダ1400m（下り）	全体	15	6	13	136	8.8%	12.4%	20.0%	86	59
	昇級1着	1	0	1	13	6.7%	6.7%	13.3%	29	24
	同級1～3着	3	2	2	19	11.5%	19.2%	26.9%	32	41
	同級4～5着	6	3	6	22	16.2%	24.3%	40.5%	180	118
	同級6～9着	1	0	2	41	2.3%	2.3%	6.8%	6	14
	同級10着～	3	1	2	41	6.4%	8.5%	12.8%	112	71
	4角通過	1 2 3 4	5 6	7	8 9 10 11 12 13 14 15 16					
中山ダ1200m（下り）	全体	8	4	4	71	9.2%	13.8%	18.4%	164	90
	昇級1着	0	1	1	7	0.0%	11.1%	22.2%	0	51
	同級1～3着	2	2	0	2	33.3%	66.7%	66.7%	203	183
	同級4～5着	2	0	2	5	22.2%	22.2%	44.4%	257	341
	同級6～9着	1	1	1	20	4.3%	8.7%	13.0%	98	62
	同級10着～	3	0	0	36	7.7%	7.7%	7.7%	218	46
	4角通過	1 2 3 4	5 6	7 8	9 10 11 12 13 14 15 16					
東京ダ1600m（下り）	全体	12	8	10	54	14.3%	23.8%	35.7%	72	121
	昇級1着	1	2	2	5	12.5%	37.5%	37.5%	48	63
	同級1～3着	4	0	2	5	36.4%	36.4%	54.5%	110	94
	同級4～5着	3	2	3	7	20.0%	33.3%	53.3%	121	129
	同級6～9着	1	1	3	14	5.3%	10.5%	26.3%	19	277
	同級10着～	1	1	2	16	5.0%	10.0%	20.0%	81	42
	4角通過	1 2 3 4 5 6 7 8	9 10 11 12 13 14 15 16							

阪神ダート1800m（上りスタート）

【狙い目】前走中京ダ1800mで4角1〜7番手＆1〜5着

●前走中京ダ1800m：上りS→上りS。コーナー4つで、最後の直線にもう一度急坂を上ることも共通。左右の回りに問題がなければ、自然と直結するコース替わりで、基本的には前走で掲示板に載っていた馬を狙いたい。同級6〜9着の好走率は平均レベルも、激走傾向がある。

●前走小倉ダ1700m：平坦S→上りS。同級に出走する場合の好走率は概ね平均以上。同級4着以下だった馬がヒモ穴をあけるパターンが目立つ。同級1〜3着も水準級の成績は残しているが、昇級馬は苦戦しがち。

●前走中京ダ1900m：上りS→上りS。上記の前走中京ダ1800mと基本的な構造は同じだが、傾向は違う。同級1〜3着や4〜5着がイマイチで、同級6〜9着や10着以下の巻き返しが目立つ。昇級馬も好成績だ。

●前走京都ダ1800m：平坦S→上りS。同距離だが、フラットな京都から急坂2回の阪神へ。前走で好走していた馬なら問題なく対応できるが、同級4着以下だと大変。特に10着以下からの巻き返しは絶望的である。

●前走阪神ダ2000m：下りS→上りS、スタート地点が芝→ダ。同級1〜3着は高勝率だが、2、3着は少ない。環境の激変により極端な傾向が出ている。巻き返しを狙うのも手で、同級6〜9着は有力な選択肢。

阪神ダート1800m■馬番別成績（複勝率）

馬番	1	2	3	4	5	6	7	8	9	10	11	12	13	14	15	16	
複勝率	21.5%	22.6%	23.6%	25.5%	23.2%	21.5%	28.8%	27.0%	27.1%	27.9%	23.3%	22.9%	22.9%	19.5%	18.9%	14.7%	

阪神ダート1800m■騎手・種牡馬ベスト7＋1

	順位	名前	1着	2着	3着	4着〜	勝率	連対率	複勝率	単回値	複回値
騎手	1	岩田望来	34	33	25	129	15.4%	30.3%	41.6%	103	80
	2	松山弘平	30	30	21	90	17.5%	35.1%	47.4%	82	108
	3	川田将雅	27	14	16	24	33.3%	50.6%	70.4%	74	93
	4	幸英明	25	21	25	175	10.2%	18.7%	28.9%	125	77
	5	坂井瑠星	20	21	15	96	13.2%	27.0%	36.8%	57	75
	6	武豊	18	16	6	40	22.5%	42.5%	50.0%	97	127
	7	和田竜二	17	20	31	204	6.3%	13.6%	25.0%	43	71
	注	岩田康誠	15	7	7	67	15.6%	22.9%	30.2%	163	80
種牡馬	1	シニスターミニスター	29	17	13	73	22.0%	34.8%	44.7%	164	109
	2	キズナ	21	27	17	123	11.2%	25.5%	34.6%	66	95
	3	ルーラーシップ	20	15	21	166	9.0%	15.8%	25.2%	98	69
	4	ドレフォン	17	12	13	90	12.9%	22.0%	31.8%	64	73
	5	マジェスティックウォリアー	15	12	13	106	10.3%	18.5%	27.4%	102	88
	6	ドゥラメンテ	13	16	14	84	10.2%	22.8%	33.9%	22	80
	7	ホッコータルマエ	13	10	8	131	8.0%	14.2%	19.1%	66	46
	注	ダノンレジェンド	8	5	8	19	20.0%	32.5%	52.5%	210	143

■阪神ダート1800m（上りスタート）

前走コース （スタート）	前走	1着	2着	3着	4着～	勝率	連対率	複勝率	単回値	複回値
中京ダ1800m （上り）	全体	78	75	75	506	10.6%	20.8%	31.1%	66	80
	昇級1着	14	9	3	58	16.7%	27.4%	31.0%	102	60
	同級1～3着	35	32	33	85	18.9%	36.2%	54.1%	62	86
	同級4～5着	12	23	22	87	8.3%	24.3%	39.6%	42	109
	同級6～9着	15	8	13	176	7.1%	10.8%	17.0%	98	82
	同級10着～	2	3	4	91	2.0%	5.0%	9.0%	17	49
	4角通過	1	2	3	4	5	6	7	8	9 10 11 12 13 14 15 16
小倉ダ1700m （平坦）	全体	17	23	34	226	5.7%	13.3%	24.7%	83	91
	昇級1着	2	2	1	25	6.7%	13.3%	16.7%	20	44
	同級1～3着	8	6	5	27	17.0%	29.8%	42.6%	79	70
	同級4～5着	3	5	13	26	6.4%	17.0%	44.7%	58	112
	同級6～9着	3	5	7	77	3.3%	8.7%	16.3%	182	87
	同級10着～	1	4	6	68	1.3%	6.3%	13.9%	15	108
	4角通過	1	2	3	4	5	6	7	8	9 10 11 12 13 14 15 16
中京ダ1900m （上り）	全体	16	22	14	158	7.6%	18.1%	24.8%	97	71
	昇級1着	3	3	2	7	20.0%	40.0%	53.3%	47	100
	同級1～3着	4	5	2	26	10.8%	24.3%	29.7%	40	47
	同級4～5着	4	3	3	29	10.3%	17.9%	25.6%	48	42
	同級6～9着	3	10	4	62	3.8%	16.5%	21.5%	53	64
	同級10着～	2	1	3	32	5.3%	7.9%	15.8%	319	131
	4角通過	1	2	3	4	5	6	7	8	9 10 11 12 13 14 15 16
京都ダ1800m （平坦）	全体	13	16	13	106	8.8%	19.6%	28.4%	50	80
	昇級1着	4	3	3	8	22.2%	38.9%	55.6%	101	209
	同級1～3着	6	5	6	11	21.4%	39.3%	60.7%	66	111
	同級4～5着	0	3	3	21	0.0%	11.1%	22.2%	0	51
	同級6～9着	3	2	1	36	7.1%	11.9%	14.3%	88	65
	同級10着～	0	2	0	29	0.0%	6.5%	6.5%	0	23
	4角通過	1	2	3	4	5	6	7	8	9 10 11 12 13 14 15 16
阪神ダ2000m （下り）	全体	11	6	10	102	8.5%	13.2%	20.9%	91	86
	昇級1着	1	0	0	6	14.3%	14.3%	14.3%	37	20
	同級1～3着	7	3	2	18	23.3%	33.3%	40.0%	149	75
	同級4～5着	1	1	3	22	3.7%	7.4%	18.5%	12	87
	同級6～9着	2	2	2	32	5.1%	10.3%	17.9%	173	99
	同級10着～	0	0	2	24	0.0%	0.0%	7.7%	0	98
	4角通過	1	2	3	4	5	6	7	8	9 10 11 12 13 14 15 16

阪神ダート2000m（下りスタート）

【狙い目】前走中京ダ1900mで4角1～4番手＆着順不問

●前走阪神ダ1800m：上りS→下りS。スタート地点がダ→芝。同じ阪神の200m延長だが、前半の流れはまったく異質なものになる。昇級馬、同級1～3着はともに勝率30.0%。この数値は優秀だが、どちらも2、3着が非常に少ない。条件の激変により、前走好走でも安定感に欠ける。

●前走中京ダ1900m：上りS→下りS、左→右回り、スタート地点がダ→芝。条件激変で巻き返しを狙えるのはセオリー通り。同級1～3着の好走率も優秀だが、適性のズレで2着が多く、完全には直結しない。

●前走中京ダ1800m：上りS→下りS、左→右回り、スタート地点がダ→芝。さらに200m延長。上記の前走中京ダ1900mより適性はズレるはずだが、実際にはかなり直結。説明は困難だが、前走好走馬は買える。

●前走東京ダ2100m：平坦S→下りS。前走より距離短縮のコース替わりは、阪神ダ2000mでは貴重。スタミナ面で余裕があり、馬券になる確率は高い。反面、少しスピード不足のきらいはあり、2、3着を多発。

●前走新潟ダ1800m：平坦S→下りS、左→右回り、スタート地点がダ→芝と、テンの条件は大きく替わる。しかし、何も考えずにベタ買いしても、単複の回収値がともに100円オーバーという驚異のコース替わりだ。

阪神ダート2000m■馬番別成績（複勝率）

馬番	1	2	3	4	5	6	7	8	9	10	11	12	13	14	15	16
複勝率	25.6%	22.1%	23.1%	35.9%	20.5%	25.6%	26.9%	28.0%	25.7%	24.2%	13.2%	27.9%	18.2%	31.0%	28.6%	0.0%

阪神ダート2000m■騎手・種牡馬ベスト7＋1

	順位	名前	1着	2着	3着	4着～	勝率	連対率	複勝率	単回値	複回値
騎手	1	岩田望来	12	5	5	24	26.1%	37.0%	47.8%	134	104
	2	鮫島克駿	8	5	0	13	30.8%	50.0%	50.0%	193	151
	3	川田将雅	7	6	4	11	25.0%	46.4%	60.7%	71	86
	4	松山弘平	5	6	6	16	15.2%	33.3%	51.5%	62	115
	5	坂井瑠星	4	0	5	22	12.9%	12.9%	29.0%	50	80
	6	幸英明	3	4	6	35	6.3%	14.6%	27.1%	51	75
	7	団野大成	3	3	2	20	10.7%	21.4%	28.6%	65	56
	注	吉田隼人	3	3	0	8	21.4%	28.6%	42.9%	742	267
種牡馬	1	キングカメハメハ	7	4	6	28	15.6%	24.4%	37.8%	106	106
	2	ルーラーシップ	6	3	4	31	13.6%	20.5%	29.5%	53	67
	3	ハーツクライ	2	4	0	34	4.8%	14.3%	19.0%	13	39
	4	キズナ	3	5	7	23	7.9%	21.1%	39.5%	19	145
	5	ホッコータルマエ	7	4	2	20	21.2%	33.3%	39.4%	389	165
	6	オルフェーヴル	5	3	5	18	16.1%	25.8%	41.9%	85	83
	7	ジャスタウェイ	2	5	1	21	6.9%	24.1%	27.6%	56	101
	注	ブラックタイド	7	3	1	8	36.8%	52.6%	57.9%	142	124

前走コース（スタート）	前走	1着	2着	3着	4着～	勝率	連対率	複勝率	単回値	複回値
阪神ダ1800m（上り）	全体	17	11	14	162	8.3%	13.7%	20.6%	79	63
	昇級1着	3	0	1	6	30.0%	30.0%	40.0%	90	59
	同級1～3着	9	0	1	20	30.0%	30.0%	33.3%	69	55
	同級4～5着	1	3	6	24	2.9%	11.8%	29.4%	21	88
	同級6～9着	3	5	5	67	3.8%	10.0%	16.3%	37	48
	同級10着～	1	3	1	45	2.0%	8.0%	10.0%	189	77
	4角通過	1 2 3 4 5 6 7 8 9 10 11 12 13 14 15 16								
中京ダ1900m（上り）	全体	11	17	7	88	8.9%	22.8%	28.5%	45	70
	昇級1着	0	0	2	8	0.0%	0.0%	20.0%	0	43
	同級1～3着	6	10	1	17	17.6%	47.1%	50.0%	70	77
	同級4～5着	3	1	2	16	13.6%	18.2%	27.3%	60	41
	同級6～9着	0	6	1	24	0.0%	19.4%	22.6%	0	123
	同級10着～	2	0	1	23	7.7%	7.7%	11.5%	71	31
	4角通過	1 2 3 4 5 6 7 8 9 10 11 12 13 14 15 16								
中京ダ1800m（上り）	全体	7	8	9	62	8.1%	17.4%	27.9%	37	71
	昇級1着	1	0	0	2	33.3%	33.3%	33.3%	213	60
	同級1～3着	5	5	2	9	23.8%	47.6%	57.1%	100	86
	同級4～5着	0	1	2	7	0.0%	10.0%	30.0%	0	108
	同級6～9着	0	2	4	22	0.0%	7.1%	21.4%	0	99
	同級10着～	1	0	1	22	4.2%	4.2%	8.3%	20	13
	4角通過	1 2 3 4 5 6 7 8 9 10 11 12 13 14 15 16								
東京ダ2100m（平坦）	全体	4	9	8	45	6.1%	19.7%	31.8%	29	120
	昇級1着	0	1	1	2	0.0%	25.0%	50.0%	0	195
	同級1～3着	2	2	4	8	12.5%	25.0%	50.0%	43	92
	同級4～5着	0	1	1	6	0.0%	12.5%	25.0%	0	41
	同級6～9着	1	5	0	14	5.0%	30.0%	30.0%	37	190
	同級10着～	1	0	2	15	5.6%	5.6%	16.7%	28	84
	4角通過	1 2 3 4 5 6 7 8 9 10 11 12 13 14 15 16								
新潟ダ1800m（平坦）	全体	3	5	5	24	8.1%	21.6%	35.1%	103	124
	昇級1着	0	0	1	2	0.0%	0.0%	33.3%	0	120
	同級1～3着	1	2	1	2	16.7%	50.0%	66.7%	48	106
	同級4～5着	1	1	0	3	20.0%	40.0%	40.0%	94	78
	同級6～9着	0	2	1	6	0.0%	22.2%	33.3%	0	88
	同級10着～	1	0	2	10	7.7%	7.7%	23.1%	236	184
	4角通過	1 2 3 4 5 6 7 8 9 10 11 12 13 14 15								

中京芝1200m（平坦スタート）

【狙い目】前走阪神芝1200mで4角4〜12番手＆1〜5着

●前走小倉芝1200m：下りS→平坦S、右→左回り、直線の急坂の有無など条件が激変。また、関西ローカルでも小倉→中京ではメンバーは強化される。前走好走が直結せず、巻き返しも難しくて当然だろう。前走4角10〜13番手が単回値178円と、差し馬の激走傾向には注意したい。

●前走中山芝1200m：下りS→平坦S。同級4〜5着や6〜9着が巻き返してヒモ穴をあける傾向がある。これは、前走4角2〜4番手が複回値323円、10〜14番手が複回値138円と、先行・差しの2パターンがある。

●前走阪神芝1200m：平坦S→平坦S。どちらも直線に急坂。左右の回りは違うが、共通性があるコース替わり。なのに直結度はイマイチ。前走4角1〜3番手が単回値20円、複回値26円しかない点も要注意だ。

●前走福島芝1200m：上りS→平坦S。同級1〜3着は優秀な成績だが、4着以下からの巻き返しは極めて少ない。また、前走4角2〜6番手が悪く、前走で逃げていた馬か差していた馬を狙うのがポイントだ。

●前走新潟芝1200m：平坦S→平坦S。ともに左回りで、直線の坂の有無はあるが共通性があるコース替わり。昇級馬や同級1〜3着、4〜5着の成績がよく、特に回収値はやたら高い。同級6着以下は期待薄。

中京芝1200m ■馬番別成績（複勝率）

馬番	1	2	3	4	5	6	7	8	9	10	11	12	13	14	15	16	17	18
複勝率	16.3%	31.3%	26.3%	30.0%	23.8%	22.5%	18.8%	25.3%	22.1%	24.3%	12.1%	24.6%	15.5%	9.4%	12.0%	19.5%	0.0%	0.0%

中京芝1200m ■騎手・種牡馬ベスト7＋1

	順位	名前	1着	2着	3着	4着〜	勝率	連対率	複勝率	単回値	複回値
騎手	1	幸英明	7	5	3	32	14.9%	25.5%	31.9%	151	72
	2	岩田望来	5	4	4	19	15.6%	28.1%	40.6%	115	93
	3	川田将雅	5	1	1	7	35.7%	42.9%	50.0%	137	112
	4	池添謙一	5	1	1	18	20.0%	24.0%	28.0%	204	109
	5	団野大成	4	4	1	16	16.0%	32.0%	36.0%	302	117
	6	松山弘平	3	6	4	28	7.3%	22.0%	31.7%	22	63
	7	藤岡康太	3	3	5	26	8.1%	16.2%	29.7%	37	64
	注	斎藤新	3	1	3	15	13.6%	18.2%	31.8%	292	275
種牡馬	1	ロードカナロア	15	7	6	90	12.7%	18.6%	23.7%	220	121
	2	ビッグアーサー	6	2	6	23	16.2%	21.6%	37.8%	171	85
	3	ダイワメジャー	5	9	2	44	8.3%	23.3%	26.7%	48	135
	4	キンシャサノキセキ	4	3	3	29	10.3%	17.9%	25.6%	54	54
	5	ミッキーアイル	3	4	0	14	14.3%	33.3%	33.3%	50	65
	6	オルフェーヴル	3	2	1	21	10.7%	21.4%	25.0%	118	72
	7	キズナ	2	4	6	34	4.3%	13.0%	26.1%	24	90
	注	エイシンヒカリ	2	1	1	10	14.3%	21.4%	28.6%	399	92

■中京芝1200m（平坦スタート）

前走コース（スタート）	前走	1着	2着	3着	4着～	勝率	連対率	複勝率	単回値	複回値
小倉芝1200m（下り）	全体	10	11	12	125	6.3%	13.3%	20.9%	48	58
	昇級1着	1	1	0	11	7.7%	15.4%	15.4%	11	107
	同級1～3着	5	4	7	20	13.9%	25.0%	44.4%	78	83
	同級4～5着	0	2	3	25	0.0%	6.7%	16.7%	0	39
	同級6～9着	2	2	1	36	4.9%	9.8%	12.2%	52	54
	同級10着～	1	2	1	33	2.7%	8.1%	10.8%	64	35
	4角通過	1 2 3 4 5 6 7 8 9 **10** **11** **12** **13** 14 15 16 17 18								
中山芝1200m（下り）	全体	5	7	8	88	4.6%	11.1%	18.5%	41	117
	昇級1着	0	0	1	4	0.0%	0.0%	20.0%	0	46
	同級1～3着	1	3	1	16	4.8%	19.0%	23.8%	132	63
	同級4～5着	2	1	3	6	16.7%	25.0%	50.0%	73	220
	同級6～9着	1	3	2	26	3.1%	12.5%	18.8%	19	187
	同級10着～	0	0	1	35	0.0%	0.0%	2.8%	0	65
	4角通過	1 **2** **3** **4** 5 6 7 8 9 **10** **11** **12** **13** **14** 15 16								
阪神芝1200m（平坦）	全体	6	9	11	79	5.7%	14.3%	24.8%	21	88
	昇級1着	1	1	4	4	10.0%	20.0%	60.0%	27	86
	同級1～3着	3	2	3	13	14.3%	23.8%	38.1%	33	64
	同級4～5着	1	2	2	9	7.1%	21.4%	35.7%	47	134
	同級6～9着	1	1	2	28	3.1%	6.3%	12.5%	20	27
	同級10着～	0	2	0	21	0.0%	8.7%	8.7%	0	161
	4角通過	1 2 3 **4** **5** **6** **7** **8** 9 **10** 11 **12** 13 14 15 16								
福島芝1200m（上り）	全体	6	7	6	64	7.2%	15.7%	22.9%	59	72
	昇級1着	2	0	0	8	20.0%	20.0%	20.0%	281	72
	同級1～3着	4	5	4	9	18.2%	40.9%	59.1%	97	100
	同級4～5着	0	0	1	12	0.0%	0.0%	7.7%	0	26
	同級6～9着	0	1	1	24	0.0%	3.8%	7.7%	0	77
	同級10着～	0	1	0	11	0.0%	8.3%	8.3%	0	57
	4角通過	**1** 2 3 4 5 6 **7** **8** 9 10 11 **12** **13** 14 15 16								
新潟芝1200m（平坦）	全体	10	3	3	45	16.4%	21.3%	26.2%	393	105
	昇級1着	2	0	1	3	33.3%	33.3%	50.0%	1488	341
	同級1～3着	4	1	1	6	33.3%	41.7%	50.0%	166	90
	同級4～5着	3	0	0	9	25.0%	25.0%	25.0%	1025	191
	同級6～9着	0	2	0	10	0.0%	16.7%	16.7%	0	28
	同級10着～	1	0	1	17	5.3%	5.3%	10.5%	40	33
	4角通過	**1** **2** 3 4 **5** 6 **7** 8 9 **10** **11** **12** **13** 14 15 16 17 18								

中京芝1400m（上りスタート）

【狙い目】前走阪神芝1600mで4角1～8番手＆着順不問

●前走阪神芝1400m：平坦S→上りS。単回値こそ高いものの、関西の中央場→ローカルのわりに好走率はひと息。平坦Sから上りSに替わり、追走が少しタフになる影響かもしれない。前半で脚を溜められる差し馬なら比較的好走しやすく、前走4角8～12番手だった馬は単回値124円。

●前走阪神芝1600m：平坦S→上りSだが、200m短縮でスタミナ面で余力があるのが大きい。同級4～5着を除いて好成績だ。ただし、短縮で番手を悪くする恐れがあり、前走4角1～8番手程度の先行力は必須。

●前走小倉芝1200m：下りS→上りS。前半がタフになるが、200m延長で緩むぶんカバーできる。ただし、前走4角1番手は【0.0.0.5】。前走の下りSを利して逃げていた馬は、上りSでハナを切れないリスクあり。

●前走中京芝1600m：上りS→上りS。ゲートが200m前に移動するだけで、同級1～3着は直結する。前走4角1番手は短縮で逃げられるか微妙で、2～10番手が無難。11番手以降はさらに後ろからになる恐れが。

●前走中京芝1200m：平坦S→上りS。加えて200m延長でスタミナが課題だが、ペースが緩むぶん対応できる。ただし、前走4角1～2番手の快速タイプはテンの上りに苦しんで、そもそも逃げられないパターンも。

中京芝1400m■馬番別成績（複勝率）

馬番	1	2	3	4	5	6	7	8	9	10	11	12	13	14	15	16	17	18
複勝率	28.1%	32.0%	14.6%	32.0%	25.8%	26.8%	26.8%	7.4%	14.0%	13.8%	26.3%	19.7%	11.9%	15.0%	13.2%	11.1%	17.9%	18.9%

中京芝1400m■騎手・種牡馬ベスト7＋1

	順位	名前	1着	2着	3着	4着～	勝率	連対率	複勝率	単回値	複回値
騎手	1	坂井瑠星	8	1	3	26	21.1%	23.7%	31.6%	126	70
	2	岩田望来	6	9	2	36	11.3%	28.3%	32.1%	89	83
	3	松山弘平	5	5	3	29	11.9%	23.8%	31.0%	59	52
	4	吉田隼人	5	2	3	23	15.2%	21.2%	30.3%	157	104
	5	川田将雅	4	6	2	12	16.7%	41.7%	50.0%	57	82
	6	藤岡康太	4	4	3	30	9.8%	19.5%	26.8%	246	111
	7	幸英明	4	3	3	35	8.9%	15.6%	22.2%	176	74
	注	M・デムーロ	4	2	2	5	30.8%	46.2%	61.5%	282	140
種牡馬	1	キズナ	8	6	6	43	12.7%	22.2%	31.7%	105	91
	2	ロードカナロア	8	6	4	58	10.5%	18.4%	23.7%	176	86
	3	モーリス	8	3	6	32	16.7%	22.9%	33.3%	198	94
	4	ディープインパクト	7	2	4	40	13.2%	17.0%	24.5%	88	102
	5	ハーツクライ	4	5	0	24	12.1%	27.3%	27.3%	138	69
	6	ダイワメジャー	3	6	4	55	4.2%	12.7%	22.5%	16	53
	7	Frankel	3	4	1	8	18.8%	43.8%	50.0%	98	86
	注	ルーラーシップ	2	4	3	16	8.0%	24.0%	36.0%	19	164

■中京芝 1400 m（上りスタート）

前走コース （スタート）	前走	1着	2着	3着	4着～	勝率	連対率	複勝率	単回値	複回値
阪神芝1400m （平坦）	全体	13	15	9	123	8.1%	17.5%	23.1%	134	72
	昇級1着	0	1	1	8	0.0%	10.0%	20.0%	0	43
	同級1～3着	8	5	2	26	19.5%	31.7%	36.6%	110	75
	同級4～5着	2	4	2	25	6.1%	18.2%	24.2%	29	79
	同級6～9着	2	4	2	28	5.6%	16.7%	22.2%	78	69
	同級10着～	0	0	2	27	0.0%	0.0%	6.9%	0	27
	4角通過	1 2 3 4 5 6 7 8 9 10 11 12 13 14 15 16 17 18								
阪神芝1600m （平坦）	全体	7	8	12	73	7.0%	15.0%	27.0%	143	89
	昇級1着	1	2	1	5	11.1%	33.3%	44.4%	25	94
	同級1～3着	3	1	4	3	27.3%	36.4%	72.7%	110	103
	同級4～5着	0	1	1	12	0.0%	7.1%	14.3%	0	52
	同級6～9着	2	1	2	25	6.7%	10.0%	16.7%	419	104
	同級10着～	0	3	4	26	0.0%	9.1%	21.2%	0	90
	4角通過	1 2 3 4 5 6 7 8 9 10 11 12 13 14 15 16 17 18								
小倉芝1200m （下り）	全体	6	9	6	66	6.9%	17.2%	24.1%	136	110
	昇級1着	2	2	1	6	18.2%	36.4%	45.5%	280	146
	同級1～3着	0	3	0	8	0.0%	27.3%	27.3%	0	40
	同級4～5着	3	1	3	14	14.3%	19.0%	33.3%	164	202
	同級6～9着	1	3	2	16	4.5%	18.2%	27.3%	243	150
	同級10着～	0	0	0	21	0.0%	0.0%	0.0%	0	0
	4角通過	1 2 3 4 5 6 7 8 9 10 11 12 13 14 15 16 17 18								
中京芝1600m （上り）	全体	8	4	6	48	12.1%	18.2%	27.3%	81	73
	昇級1着	0	1	0	3	0.0%	25.0%	25.0%	0	45
	同級1～3着	4	1	2	5	33.3%	41.7%	58.3%	146	104
	同級4～5着	2	1	1	14	11.1%	16.7%	22.2%	100	61
	同級6～9着	2	0	2	14	11.1%	11.1%	22.2%	100	52
	同級10着～	0	1	1	11	0.0%	7.7%	15.4%	0	104
	4角通過	1 2 3 4 5 6 7 8 9 10 11 12 13 14 15 16								
中京芝1200m （平坦）	全体	5	7	4	27	11.6%	27.9%	37.2%	309	133
	昇級1着	0	0	0	1	0.0%	0.0%	0.0%	0	0
	同級1～3着	2	4	0	6	16.7%	50.0%	50.0%	82	114
	同級4～5着	0	3	4	3	0.0%	30.0%	70.0%	0	231
	同級6～9着	1	0	0	7	12.5%	12.5%	12.5%	305	55
	同級10着～	2	0	0	10	16.7%	16.7%	16.7%	821	136
	4角通過	1 2 3 4 5 6 7 8 9 10 11 12 13 14 15 16 17 18								

中京芝1600m（上りスタート）

【狙い目】前走阪神芝1600mで4角2〜6番手＆着順不問

●前走阪神芝1600m：平坦S→上りS。前走4角1番手だった馬の成績が【2.1.1.12】と、あまりよくない点には注意が必要だ。中央場→ローカルで相手関係が楽になり、基本的には好走しやすいが、人気にもなりやすい。同級10着以下の巻き返し激走がけっこう多く、要注意。

●前走東京芝1600m：下りS→上りSに加え、最後に急坂が待ち構えることもあり、馬にはタフに感じるコース替わり。前走掲示板なら対応も可能で、同級4〜5着は狙い目だが、6着以下からの巻き返しは難しい。

●前走阪神芝1800m：平坦S→上りSだが、200m短縮でスタミナに余裕があり、好走率はかなり高い。マイルの速いペースについていけるかが重要で、前走4角9番手以降だとかなり後ろからになるリスクがある。

●前走阪神芝1400m：平坦S→上りS、200m延長でタフさを増すコース替わり。前走掲示板級なら対応可能も、同級6着以下では能力不足を露呈する。また、前走4角1〜2番手は、上りSで消耗しすぎる恐れも。

●前走東京芝1400m：上りS→上りS、どちらも左回りで対応しやすいコース替わり。同級1〜3着は人気を背負いがちで、前走4角1〜4番手がやや振るわないのが注意点。基本的には積極的に狙っていきたい。

中京芝1600m■馬番別成績（複勝率）

馬番	1	2	3	4	5	6	7	8	9	10	11	12	13	14	15	16
複勝率	21.4%	38.1%	21.8%	25.6%	25.6%	29.9%	25.3%	18.8%	21.3%	26.2%	20.9%	18.3%	18.5%	12.0%	12.2%	13.1%

中京芝1600m■騎手・種牡馬ベスト7＋1

	順位	名前	1着	2着	3着	4着〜	勝率	連対率	複勝率	単回値	複回値
騎手	1	松山弘平	18	8	8	58	19.6%	28.3%	37.0%	128	78
	2	川田将雅	13	7	9	28	22.8%	35.1%	50.9%	76	75
	3	岩田望来	10	14	11	39	13.5%	32.4%	47.3%	51	102
	4	西村淳也	8	4	1	25	21.1%	31.6%	34.2%	78	63
	5	坂井瑠星	7	5	4	51	10.4%	17.9%	23.9%	69	54
	6	幸英明	6	4	4	66	7.5%	12.5%	17.5%	42	57
	7	松若風馬	5	5	1	42	9.4%	18.9%	20.8%	350	92
	注	藤岡佑介	5	4	7	19	14.3%	25.7%	45.7%	143	126
種牡馬	1	ロードカナロア	21	8	16	100	14.5%	20.0%	31.0%	128	80
	2	ディープインパクト	12	11	7	92	9.8%	18.9%	24.6%	41	63
	3	エピファネイア	11	11	7	80	10.2%	20.4%	25.9%	222	102
	4	キズナ	11	6	7	67	12.1%	18.7%	26.4%	187	130
	5	モーリス	9	11	5	62	10.3%	23.0%	28.7%	53	53
	6	ダイワメジャー	7	6	6	54	9.6%	17.8%	26.0%	45	45
	7	ドゥラメンテ	6	14	4	42	8.7%	29.0%	39.1%	55	75
	注	ディスクリートキャット	5	0	3	6	35.7%	35.7%	57.1%	114	135

■中京芝1600m（上りスタート）

前走コース（スタート）	前走	1着	2着	3着	4着～	勝率	連対率	複勝率	単回値	複回値
阪神芝1600m（平坦）	全体	27	28	25	174	10.6%	21.7%	31.5%	88	87
	昇級1着	4	4	4	20	12.5%	25.0%	37.5%	54	99
	同級1～3着	15	11	8	33	22.4%	38.8%	50.7%	77	74
	同級4～5着	1	3	5	32	2.4%	9.8%	22.0%	5	57
	同級6～9着	3	7	4	46	5.0%	16.7%	23.3%	30	73
	同級10着～	2	0	3	28	6.1%	6.1%	15.2%	389	185
	4角通過	1　2　3　4　5　6　7　8　9　10　11　12　13　14　15　16　17　18								
東京芝1600m（下り）	全体	8	8	6	73	8.4%	16.8%	23.2%	44	44
	昇級1着	3	0	0	5	37.5%	37.5%	37.5%	88	51
	同級1～3着	1	4	2	14	4.8%	23.8%	33.3%	14	52
	同級4～5着	3	2	2	10	17.6%	29.4%	41.2%	109	97
	同級6～9着	1	1	1	28	3.2%	6.5%	9.7%	44	22
	同級10着～	0	1	1	14	0.0%	6.3%	12.5%	0	21
	4角通過	1　2　3　4　5　6　7　8　9　10　11　12　13　14　15　16　17　18								
阪神芝1800m（平坦）	全体	14	7	12	56	15.7%	23.6%	37.1%	80	78
	昇級1着	3	0	2	2	42.9%	42.9%	71.4%	135	97
	同級1～3着	4	1	2	7	28.6%	35.7%	50.0%	63	71
	同級4～5着	4	4	3	17	14.3%	28.6%	39.3%	82	87
	同級6～9着	2	1	3	21	7.4%	11.1%	22.2%	105	51
	同級10着～	0	0	2	9	0.0%	0.0%	18.2%	0	87
	4角通過	1　2　3　4　5　6　7　8　9　10　11　12　13　14　15　16　17　18								
阪神芝1400m（平坦）	全体	7	5	8	63	8.4%	14.5%	24.1%	84	67
	昇級1着	1	0	2	6	11.1%	11.1%	33.3%	113	45
	同級1～3着	2	2	1	8	15.4%	30.8%	38.5%	53	91
	同級4～5着	2	1	1	7	18.2%	27.3%	36.4%	320	125
	同級6～9着	0	0	3	26	0.0%	0.0%	10.3%	0	39
	同級10着～	0	1	1	12	0.0%	7.1%	14.3%	0	53
	4角通過	1　2　3　4　5　6　7　8　9　10　11　12　13　14　15　16　17　18								
東京芝1400m（上り）	全体	4	5	6	26	9.8%	22.0%	36.6%	130	232
	昇級1着	1	1	0	3	20.0%	40.0%	40.0%	60	78
	同級1～3着	1	1	1	4	14.3%	28.6%	42.9%	41	60
	同級4～5着	1	0	0	2	33.3%	33.3%	33.3%	146	60
	同級6～9着	1	0	4	10	6.7%	6.7%	33.3%	288	168
	同級10着～	0	3	1	6	0.0%	30.0%	40.0%	0	604
	4角通過	1　2　3　4　5　6　7　8　9　10　11　12　13　14　15　16　17　18								

中京芝2000m（上りスタート）

【狙い目】前走東京芝2000mで4角1～3番手＆着順不問

●前走阪神芝2000m：上りS→上りS、同距離なら走れない理由はないが、全体に過剰人気が否めない。顕著なのが同級6～9着や10着以下で、好走率は水準以上なのに回収値が低迷し、こんなに美味しくない巻き返しも珍しい。馬券になるが儲けにくい、なんとも微妙なコース替わりだ。

●前走阪神芝1800m：平坦S→上りS。上記の前走阪神芝2000mより回収値が低い。好メンバーが揃う阪神芝1800mからの転戦で、かなり人気になりやすい。前走4角1～8番手なら手堅いが、妙味には乏しい。

●前走小倉芝2000m：平坦S→上りSで、前半の負担が増し、最後の直線で再び急坂が待つ。最後のひと踏ん張りが効かず、好走しても2、3着が多い。特に前走4角7番手以降は単回値11円、複回値23円と苦戦。

●前走小倉芝1800m：平坦S→上りS。200m延長になるが、上記の前走小倉芝2000mと事情は同じ。2着が多く、勝率が低い傾向も似ている。ただし、前走4角1～5番手なら単回値117円と、買えるツボはある。

●前走東京芝2000m：平坦S→上りS。高い回収値は21年金鯱賞で単勝2万のギベオンの影響だが、好走率自体も優秀なコース替わり。同級1～3着も悪くないが、4着以下からの巻き返し狙いが有望だ。

中京芝2000m■馬番別成績（複勝率）

馬番	1	2	3	4	5	6	7	8	9	10	11	12	13	14	15	16	17	18
複勝率	29.9%	30.8%	30.9%	24.1%	28.7%	23.3%	22.9%	27.1%	21.6%	25.0%	24.0%	14.6%	20.5%	20.6%	16.7%	13.6%	13.3%	8.7%

中京芝2000m■騎手・種牡馬ベスト7＋1

	順位	名前	1着	2着	3着	4着～	勝率	連対率	複勝率	単回値	複回値
騎手	1	川田将雅	27	13	11	26	35.1%	51.9%	66.2%	102	102
	2	岩田望来	20	12	8	61	19.8%	31.7%	39.6%	191	85
	3	松山弘平	14	13	11	69	13.1%	25.2%	35.5%	58	70
	4	武豊	8	4	2	38	15.4%	23.1%	26.9%	89	55
	5	ルメール	7	4	3	16	23.3%	36.7%	46.7%	59	76
	6	和田竜二	6	9	12	62	6.7%	16.9%	30.3%	48	97
	7	藤岡康太	6	6	6	53	8.5%	16.9%	25.4%	25	47
	注	藤岡佑介	6	6	6	20	17.6%	23.5%	41.2%	87	101
種牡馬	1	ディープインパクト	27	28	20	110	14.6%	29.7%	40.5%	217	88
	2	ハービンジャー	18	10	14	100	12.7%	19.7%	29.6%	81	70
	3	ハーツクライ	15	15	6	127	9.2%	18.4%	22.1%	42	47
	4	エピファネイア	11	12	10	87	9.2%	19.2%	27.5%	68	70
	5	ルーラーシップ	10	4	4	91	8.8%	12.4%	19.5%	37	41
	6	キズナ	9	12	11	85	7.7%	17.9%	27.4%	30	70
	7	ドゥラメンテ	8	11	13	85	6.8%	16.2%	27.4%	50	84
	注	シルバーステート	7	1	8	24	17.5%	20.0%	40.0%	228	133

■中京芝 2000 m（上りスタート）

前走コース （スタート）	前走	1着	2着	3着	4着～	勝率	連対率	複勝率	単回値	複回値
阪神芝2000m （上り）	全体	21	19	21	144	10.2%	19.5%	29.8%	63	63
	昇級1着	2	1	1	12	12.5%	18.8%	25.0%	33	26
	同級1～3着	7	10	10	31	12.1%	29.3%	46.6%	33	85
	同級4～5着	4	3	5	31	9.3%	16.3%	27.9%	151	70
	同級6～9着	5	3	4	43	9.1%	14.5%	21.8%	51	60
	同級10着～	1	1	1	22	4.0%	8.0%	12.0%	23	30
	4角通過	1 2 3 4 5 6 7 8 9 10 11 12 13 14 15 16								
阪神芝1800m （平坦）	全体	9	21	12	99	6.4%	21.3%	29.8%	25	61
	昇級1着	0	2	1	8	0.0%	18.2%	27.3%	0	43
	同級1～3着	4	8	3	19	11.8%	35.3%	44.1%	44	57
	同級4～5着	1	4	1	18	4.2%	20.8%	25.0%	17	34
	同級6～9着	3	2	6	28	7.7%	12.8%	28.2%	29	77
	同級10着～	1	3	1	23	3.6%	14.3%	17.9%	19	64
	4角通過	1 2 3 4 5 6 7 8 9 10 11 12 13 14 15 16 17 18								
小倉芝2000m （平坦）	全体	5	11	15	87	4.2%	13.6%	26.3%	32	68
	昇級1着	1	1	4	10	6.3%	12.5%	37.5%	63	75
	同級1～3着	3	5	3	13	12.5%	33.3%	45.8%	43	92
	同級4～5着	0	1	5	21	0.0%	3.7%	22.2%	0	46
	同級6～9着	1	3	1	22	3.7%	14.8%	18.5%	64	93
	同級10着～	0	1	1	18	0.0%	5.0%	10.0%	0	12
	4角通過	1 2 3 4 5 6 7 8 9 10 11 12 13 14 15 16 17 18								
小倉芝1800m （平坦）	全体	6	13	8	76	5.8%	18.4%	26.2%	57	73
	昇級1着	0	1	1	6	0.0%	12.5%	25.0%	0	93
	同級1～3着	2	5	2	10	10.5%	36.8%	47.4%	38	72
	同級4～5着	3	2	3	19	11.1%	18.5%	29.6%	84	75
	同級6～9着	1	4	2	27	2.9%	14.7%	20.6%	86	89
	同級10着～	0	1	0	12	0.0%	7.7%	7.7%	0	23
	4角通過	1 2 3 4 5 6 7 8 9 10 11 12 13 14 15 16								
東京芝2000m （平坦）	全体	9	5	9	44	13.4%	20.9%	34.3%	404	156
	昇級1着	0	1	0	2	0.0%	33.3%	33.3%	0	56
	同級1～3着	4	1	3	11	21.1%	26.3%	42.1%	74	82
	同級4～5着	3	1	1	4	33.3%	44.4%	55.6%	2690	292
	同級6～9着	0	2	3	18	0.0%	8.7%	21.7%	0	215
	同級10着～	0	0	2	9	0.0%	0.0%	18.2%	0	75
	4角通過	1 2 3 4 5 6 7 8 9 10 11 12 13 14 15 16 17 18								

中京芝2200m（下りスタート）

【狙い目】前走阪神芝2000mで4角3〜6番手＆1〜5着

●前走中京芝2000m：上りS→下りSの影響もあり、同級1〜3着や4〜5着の好走率は水準に満たず、意外と直結しない。同級6〜9着の数字はなかなか優秀だが、10着以下からの大幅巻き返しは難しい。

●前走阪神芝2000m：上りS→下りS。全体に悪くないコース替わりだが、前走4角1〜2番手が15戦0勝と落とし穴。坂の影響で前走よりついつい気分よく走ってオーバーペースに陥り、最後の急坂で失速の危険。

中京芝2200m■馬番別成績（複勝率）

馬番	1	2	3	4	5	6	7	8	9	10	11	12	13	14	15	16	17	18
複勝率	22.7%	35.2%	23.6%	40.9%	35.2%	25.0%	23.3%	19.5%	24.3%	23.8%	24.5%	15.0%	31.3%	22.2%	0.0%	12.5%	0.0%	0.0%

中京芝2200m■騎手・種牡馬ベスト3＋1

	順位	名前	1着	2着	3着	4着〜	勝率	連対率	複勝率	単回値	複回値
騎手	1	川田将雅	21	5	3	11	52.5%	65.0%	72.5%	121	90
	2	松山弘平	6	3	6	34	12.2%	18.4%	30.6%	89	58
	3	藤岡康太	3	9	2	18	9.4%	37.5%	43.8%	175	131
	注	吉田隼人	3	3	2	19	11.1%	22.2%	29.6%	154	104
種牡馬	1	ディープインパクト	14	8	8	62	15.2%	23.9%	32.6%	64	67
	2	ハーツクライ	9	7	4	62	11.0%	19.5%	24.4%	133	107
	3	エピファネイア	7	7	4	33	13.7%	27.5%	35.3%	131	98
	注	スクリーンヒーロー	5	0	2	12	26.3%	26.3%	36.8%	300	100

■中京芝2200m（下りスタート） プラチナシート33

前走コース（スタート）	前走	1着	2着	3着	4着〜	勝率	連対率	複勝率	単回値	複回値
中京芝2000m（上り）	全体	11	11	14	115	7.3%	14.6%	23.8%	72	59
	昇級1着	2	0	1	5	25.0%	25.0%	37.5%	60	47
	同級1〜3着	4	3	5	18	13.3%	23.3%	40.0%	33	55
	同級4〜5着	3	2	3	25	9.1%	15.2%	24.2%	102	63
	同級6〜9着	1	6	4	32	2.3%	16.3%	25.6%	96	94
	同級10着〜	0	0	1	28	0.0%	0.0%	3.4%	0	10

4角通過	1	2	3	4	5	6	7	8	9	10	11	12	13	14	15	16	17	18

前走コース（スタート）	前走	1着	2着	3着	4着〜	勝率	連対率	複勝率	単回値	複回値
阪神芝2000m（上り）	全体	6	9	11	52	7.7%	19.2%	33.3%	62	85
	昇級1着	1	1	0	3	20.0%	40.0%	40.0%	30	58
	同級1〜3着	3	3	4	11	14.3%	28.6%	47.6%	56	88
	同級4〜5着	0	2	2	7	0.0%	18.2%	36.4%	0	92
	同級6〜9着	2	2	4	27	5.7%	11.4%	22.9%	101	92
	同級10着〜	0	0	0	3	0.0%	0.0%	0.0%	0	0

4角通過	1	2	3	4	5	6	7	8	9	10	11	12	13	14	15	16

【狙い目】前走阪神ダ1200mで4角1〜6番手＆6着以下

●前走阪神ダ 1200 m：平坦 S →上り S。テンで進みづらく位置取り悪化のリスクがあり、前走4角1〜6番手なら複勝率31.3%だが、7番手以下は複勝率15.3%と雲泥。同級6着以下の巻き返しも先行タイプに多い。

●前走中京ダ 1400 m：上り S →上り S。200 m短縮、スタート地点が芝→ダと条件が替わり、巻き返しが多いのは納得だが、直結度もかなり高い。前走4角1〜4番手の回収値が単複 200 円台で、とにかく先行力。

中京ダート1200m■馬番別成績（複勝率）

馬番	1	2	3	4	5	6	7	8	9	10	11	12	13	14	15	16
複勝率	20.3%	24.1%	22.8%	16.4%	18.1%	25.0%	25.6%	19.5%	19.5%	15.3%	15.7%	25.2%	18.0%	20.4%	16.3%	19.3%

中京ダート1200m■騎手・種牡馬ベスト3＋1

	順位	名前	1着	2着	3着	4着〜	勝率	連対率	複勝率	単回値	複回値
騎手	1	松山弘平	16	11	8	58	17.2%	29.0%	37.6%	110	77
	2	松若風馬	9	4	3	47	14.3%	20.6%	25.4%	103	96
	3	坂井瑠星	8	6	9	28	15.7%	27.5%	45.1%	59	98
	注	横山典弘	7	1	2	12	31.8%	36.4%	45.5%	334	151
種牡馬	1	シニスターミニスター	12	7	6	49	16.2%	25.7%	33.8%	244	148
	2	ヘニーヒューズ	10	14	9	71	9.6%	23.1%	31.7%	54	96
	3	ロードカナロア	8	8	8	61	9.4%	18.8%	28.2%	37	82
	注	ドレフォン	7	2	4	29	16.7%	21.4%	31.0%	131	76

■中京ダート 1200 m（上りスタート）

プラチナシート **34**

前走コース（スタート）	前走	1着	2着	3着	4着〜	勝率	連対率	複勝率	単回値	複回値
阪神ダ1200m（平坦）	全体	35	31	34	319	8.4%	15.8%	23.9%	175	88
	昇級1着	2	6	1	24	6.1%	24.2%	27.3%	19	59
	同級1〜3着	13	13	11	40	16.9%	33.8%	48.1%	69	73
	同級4〜5着	7	3	6	73	7.9%	11.2%	18.0%	35	46
	同級6〜9着	5	6	12	88	4.5%	9.9%	20.7%	121	90
	同級10着〜	8	3	4	92	7.5%	10.3%	14.0%	477	144
	4角通過	1	2	3	4	5	6	7	8	9	10	11	12	13	14	15	16	
中京ダ1400m（上り）	全体	16	17	13	114	10.0%	20.6%	28.8%	122	134
	昇級1着	0	0	0	0	–	–	–	–	–
	同級1〜3着	6	2	0	11	31.6%	42.1%	42.1%	112	89
	同級4〜5着	4	1	5	10	20.0%	25.0%	50.0%	96	142
	同級6〜9着	2	6	5	46	3.4%	13.6%	22.0%	36	81
	同級10着〜	3	7	2	47	5.1%	16.9%	20.3%	213	191
	4角通過	1	2	3	4	5	6	7	8	9	10	11	12	13	14	15	16	

中京ダート1400m（上りスタート）

【狙い目】前走東京ダ1400mで4角1〜5番手＆1〜5着

●前走阪神ダ1400ｍ：平坦Ｓ→上りＳ。ともにスタート地点は芝だが、坂の違いでテンに進みづらくなる。前走4角7番手以降だと、さらに後ろからになるリスクがあり、1〜6番手では回っておきたい。同級1〜3着はやや過剰人気で直結度も微妙。前走好走でも取捨は慎重に。

●前走東京ダ1400ｍ：下りＳ→上りＳ、スタート地点はダ→芝と、テンの環境が激変するのだが、巻き返しは難しい。同級1〜3着の成績が悪くなく、むしろ直結する。今走人気馬しか来ないコース替わりである。

●前走阪神ダ1200ｍ：平坦Ｓ→上りＳ、スタート地点がダ→芝、右→左回り、200ｍ延長と条件が激変する。好走が直結しないのは当然で、同級1〜3着の成績はいまひとつ。同級10着以下からの巻き返しは少し期待。

●前走中山ダ1200ｍ：下りＳ→上りＳ。全体で単回値227円となっているのは単勝299.5倍の大駆け一発の影響で、好走率はかなり低い。前走4角1〜5番手が【0.0.1.29】というのは、ダート短距離では衝撃的だ。

●前走東京ダ1600ｍ：下りＳ→上りＳ。ともに左回りでスタート地点が芝。また、下りＳの1600ｍ、上りＳの1400ｍのペースが合い、直結度は悪くない。なお、前走着順を問わず、勝ったのは今走1〜5番人気のみ。

中京ダート1400m■馬番別成績（複勝率）

馬番	1	2	3	4	5	6	7	8	9	10	11	12	13	14	15	16	
複勝率	15.8%	17.9%	18.8%	16.1%	21.9%	26.3%	23.7%	21.4%	18.6%	21.5%	20.1%	21.7%	18.8%	16.0%	22.9%	20.9%	

中京ダート1400m■騎手・種牡馬ベスト7＋1

	順位	名前	1着	2着	3着	4着〜	勝率	連対率	複勝率	単回値	複回値
騎手	1	川田将雅	20	12	3	25	33.3%	53.3%	58.3%	95	84
	2	松山弘平	19	8	15	69	17.1%	24.3%	37.8%	93	86
	3	岩田望来	15	16	10	69	13.6%	28.2%	37.3%	105	85
	4	坂井瑠星	8	7	6	57	10.3%	19.2%	26.9%	48	71
	5	幸英明	7	9	9	93	5.9%	13.6%	21.2%	54	58
	6	松若風馬	6	7	3	65	7.4%	16.0%	19.8%	70	66
	7	鮫島克駿	6	5	5	72	6.8%	12.5%	18.2%	105	61
	注	武豊	5	4	7	29	11.1%	20.0%	35.6%	126	82
種牡馬	1	ロードカナロア	17	14	13	112	10.9%	19.9%	28.2%	94	77
	2	ヘニーヒューズ	12	14	6	125	7.6%	16.6%	20.4%	66	47
	3	キズナ	9	5	5	63	11.0%	17.1%	23.2%	110	67
	4	シニスターミニスター	8	6	7	58	10.1%	17.7%	26.6%	82	70
	5	ダイワメジャー	8	3	3	58	11.1%	15.3%	19.4%	90	51
	6	マクフィ	7	5	4	51	10.4%	17.9%	23.9%	86	92
	7	モーリス	7	4	2	37	14.0%	22.0%	26.0%	100	68
	注	ホッコータルマエ	4	3	3	26	11.1%	19.4%	27.8%	289	141

■中京ダート 1400 m（上りスタート）

前走コース （スタート）	前走	1着	2着	3着	4着〜	勝率	連対率	複勝率	単回値	複回値
阪神ダ1400m （平坦）	全体	43	38	42	368	8.8%	16.5%	25.1%	67	72
	昇級1着	7	3	2	39	13.7%	19.6%	23.5%	69	55
	同級1〜3着	13	17	13	68	11.7%	27.0%	38.7%	31	61
	同級4〜5着	9	9	16	68	8.8%	17.6%	33.3%	49	76
	同級6〜9着	7	7	6	96	6.0%	12.1%	17.2%	64	95
	同級10着〜	6	2	5	95	5.6%	7.4%	12.0%	124	64
	4角通過	1 2 3 4 5 6 7 8 9 10 11 12 13 14 15 16								
東京ダ1400m （下り）	全体	20	13	18	182	8.6%	14.2%	21.9%	48	62
	昇級1着	3	4	3	21	9.7%	22.6%	32.3%	38	96
	同級1〜3着	7	5	5	21	18.4%	31.6%	44.7%	81	88
	同級4〜5着	5	2	6	24	13.5%	18.9%	35.1%	85	100
	同級6〜9着	5	1	2	53	8.2%	9.8%	13.1%	61	28
	同級10着〜	0	1	2	61	0.0%	1.6%	4.7%	0	45
	4角通過	1 2 3 4 5 6 7 8 9 10 11 12 13 14 15 16								
阪神ダ1200m （平坦）	全体	9	8	9	117	6.3%	11.9%	18.2%	33	73
	昇級1着	0	3	1	8	0.0%	25.0%	33.3%	0	110
	同級1〜3着	2	3	1	12	11.1%	27.8%	33.3%	14	82
	同級4〜5着	3	0	0	19	13.6%	13.6%	13.6%	85	25
	同級6〜9着	1	1	5	42	2.0%	4.1%	14.3%	12	52
	同級10着〜	2	1	2	35	5.0%	7.5%	12.5%	36	109
	4角通過	1 2 3 4 5 6 7 8 9 10 11 12 13 14 15 16								
中山ダ1200m （下り）	全体	4	5	3	125	2.9%	6.6%	8.8%	227	70
	昇級1着	0	1	1	8	0.0%	10.0%	20.0%	0	201
	同級1〜3着	0	1	0	2	0.0%	33.3%	33.3%	0	46
	同級4〜5着	1	0	1	7	11.1%	22.2%	22.2%	36	46
	同級6〜9着	2	2	1	54	3.4%	6.8%	8.5%	13	20
	同級10着〜	1	0	1	54	1.8%	1.8%	3.6%	534	105
	4角通過	1 2 3 4 5 6 7 8 9 10 11 12 13 14 15 16								
東京ダ1600m （下り）	全体	12	5	13	89	10.1%	14.3%	25.2%	48	68
	昇級1着	2	0	0	6	25.0%	25.0%	25.0%	73	35
	同級1〜3着	2	0	1	4	28.6%	28.6%	42.9%	142	71
	同級4〜5着	6	0	5	9	30.0%	30.0%	55.0%	163	107
	同級6〜9着	1	2	1	36	2.5%	7.5%	10.0%	11	31
	同級10着〜	1	2	4	30	2.7%	8.1%	18.9%	13	93
	4角通過	1 2 3 4 5 6 7 8 9 10 11 12 13 14 15 16								

中京ダート1800m（上りスタート）

【狙い目】前走小倉ダ1700mで4角1～7番手＆着順不問

●前走阪神ダ1800m：上りS→上りS。どちらもコーナー4つで、直線距離も50mほどしか違わない。右→左回りではあるが、求められる適性が近いコース替わり。同級1～3着が直結し、同級10着以下から巻き返せないのは当然だろう。前走4角1～4番手が全76勝中48勝を占める。

●前走新潟ダ1800m：平坦S→上りS。新潟ダ1800mは初角までの距離が長く、テンはそこまで激化しない。上りSの中京ダ1800mとはペースが合い、直結度は高め。前残りの新潟で不発だった差しタイプにも注意。

●前走小倉ダ1700m：平坦S→上りS。昇級馬を除き、前走着順を問わず好成績。同級1～3着でもそこまで人気にならないのが美味しい。前走4角10～11番手が複勝率34.3%、複回値197円と差しタイプも来る。

●前走中山ダ1800m：上りS→上りS。左右の回りを除いて共通性の多いコース替わり。したがって、巻き返しが少ないのは普通だが、直結度が高くない点に注意。関東と関西のペース差が影響していそうだ。

●前走中京ダ1900m：上りS→上りS。ゲートが100m前に移るだけのコース替わりだが、そこまで直結しない。同級1～3着の好走率は普通レベル。むしろ、同級4～5着や6～9着のヒモ穴が面白い狙い目。

中京ダート1800m■馬番別成績（複勝率）

馬番	1	2	3	4	5	6	7	8	9	10	11	12	13	14	15	16	
複勝率	24.1%	23.2%	28.3%	27.3%	24.0%	22.3%	23.1%	24.6%	25.1%	24.8%	25.4%	16.7%	17.7%	20.4%	18.0%	19.7%	

中京ダート1800m■騎手・種牡馬ベスト7＋1

	順位	名前	1着	2着	3着	4着～	勝率	連対率	複勝率	単回値	複回値
騎手	1	松山弘平	24	15	19	92	16.0%	26.0%	38.7%	87	73
	2	岩田望来	16	16	9	90	12.2%	24.4%	31.3%	97	67
	3	鮫島克駿	14	13	8	66	13.9%	26.7%	34.7%	80	87
	4	幸英明	14	12	16	114	9.0%	16.7%	26.9%	43	63
	5	坂井瑠星	14	10	13	67	13.5%	23.1%	35.6%	90	105
	6	川田将雅	13	14	5	32	20.3%	42.2%	50.0%	73	76
	7	藤岡康太	10	11	8	59	11.4%	23.9%	33.0%	75	62
	注	武豊	9	10	5	33	14.5%	30.6%	46.8%	94	85
種牡馬	1	キズナ	16	10	15	99	11.4%	18.6%	29.3%	297	135
	2	シニスターミニスター	13	6	7	69	13.7%	20.0%	27.4%	103	92
	3	ハーツクライ	12	9	12	67	12.0%	21.0%	33.0%	75	87
	4	ドレフォン	12	5	10	59	14.0%	19.8%	31.4%	103	64
	5	キングカメハメハ	11	7	5	50	15.1%	24.7%	31.5%	120	68
	6	ホッコータルマエ	11	3	7	80	10.9%	13.9%	20.8%	56	66
	7	ルーラーシップ	10	9	6	118	7.0%	13.3%	17.5%	38	38
	注	キタサンブラック	6	5	4	25	15.0%	27.5%	37.5%	113	140

前走コース（スタート）	前走	1着	2着	3着	4着〜	勝率	連対率	複勝率	単回値	複回値
阪神ダ1800m（上り）	全体	76	62	66	579	9.7%	17.6%	26.1%	58	66
	昇級1着	11	6	4	58	13.9%	21.5%	26.6%	77	85
	同級1〜3着	36	28	25	100	19.0%	33.9%	47.1%	70	75
	同級4〜5着	15	11	15	101	10.6%	18.3%	28.9%	48	87
	同級6〜9着	12	16	16	181	5.3%	12.4%	19.6%	82	66
	同級10着〜	2	1	6	133	1.4%	2.1%	6.3%	6	27
	4角通過	1 2 3 4 5 6 7 8 9 10 11 12 13 14 15 16								
新潟ダ1800m（平坦）	全体	21	18	19	154	9.9%	18.4%	27.4%	114	81
	昇級1着	2	3	7	20	6.3%	15.6%	37.5%	17	102
	同級1〜3着	8	4	5	16	24.2%	36.4%	51.5%	60	77
	同級4〜5着	3	5	2	30	7.5%	20.0%	25.0%	61	72
	同級6〜9着	3	4	1	42	6.0%	14.0%	16.0%	79	56
	同級10着〜	3	1	4	44	5.8%	7.7%	15.4%	286	103
	4角通過	1 2 3 4 5 6 7 8 9 10 11 12 13 14 15								
小倉ダ1700m（平坦）	全体	20	22	19	146	9.7%	20.3%	29.5%	89	89
	昇級1着	1	2	2	13	5.6%	16.7%	27.8%	17	49
	同級1〜3着	8	4	6	19	21.6%	32.4%	48.6%	121	101
	同級4〜5着	2	5	4	17	7.1%	25.0%	39.3%	131	107
	同級6〜9着	3	5	3	43	5.6%	14.8%	20.4%	101	58
	同級10着〜	5	6	4	46	8.2%	18.0%	24.6%	67	122
	4角通過	1 2 3 4 5 6 7 8 9 10 11 12 13 14 15 16								
中山ダ1800m（上り）	全体	5	14	16	165	2.5%	9.5%	17.5%	156	91
	昇級1着	0	1	4	11	0.0%	6.3%	31.3%	0	57
	同級1〜3着	1	6	1	16	4.2%	29.2%	33.3%	7	79
	同級4〜5着	2	3	3	12	10.0%	25.0%	40.0%	75	85
	同級6〜9着	1	2	4	58	1.5%	4.6%	10.8%	62	48
	同級10着〜	1	2	4	64	1.4%	4.2%	9.9%	360	150
	4角通過	1 2 3 4 5 6 7 8 9 10 11 12 13 14 15 16								
中京ダ1900m（上り）	全体	12	12	20	129	6.9%	13.9%	25.4%	54	93
	昇級1着	2	2	5	7	12.5%	25.0%	56.3%	43	164
	同級1〜3着	4	1	5	14	16.7%	20.8%	41.7%	66	72
	同級4〜5着	2	4	3	22	6.5%	19.4%	29.0%	76	107
	同級6〜9着	3	4	5	46	5.2%	12.1%	20.7%	70	118
	同級10着〜	1	1	2	38	2.4%	4.8%	9.5%	14	36
	4角通過	1 2 3 4 5 6 7 8 9 10 11 12 13 14 15 16								

中京ダート1900m（上りスタート）

【狙い目】前走阪神ダ1800mで4角3〜10番手＆1〜5着

●前走阪神ダ1800m：上りS→上りS。求められる適性は近く、前走1〜3着の直結度は高い。また、メンバーが少し楽になり、同級4〜5着も着順を上げてくる。注意すべきは、前走4角1〜2番手が単回値20円しかないこと。わずか100m延長でもスピードタイプには意外に堪える。

●前走中京ダ1800m：上りS→上りS。求められる適性は大きく変わらないが、テンの上り坂が100m長くなり、シンプルに前走より負荷が重くなる。同級1〜3着がイマイチで、意外に直結しないコース替わり。

●前走阪神ダ2000m：下りS→上りS。スタート地点が芝→ダでもあり、序盤の環境は激変。前走好走でもあまり直結しない。同級4〜5着は高い好走率のわりに回収値がひと息で、今走人気になっていないと来ない。

●前走中山ダ1800m：上りS→上りS。全体で【1.11.9.79】と、好走しても全然勝ち切れないコース替わりで、単回値3円というのはちょっと見たことがないレベル。反面、複回値88円と、ヒモ穴は一定の期待感。

●前走小倉ダ1700m：平坦S→上りS。同級1〜3着と同級10着以下の成績が優秀という変わった傾向。とにかく前走4角2〜6番手で回ることが重要で、該当すれば【7.6.0.11】、単回値233円、複回値183円。

中京ダート1900m■馬番別成績（複勝率）

馬番	1	2	3	4	5	6	7	8	9	10	11	12	13	14	15	16	
複勝率	21.6%	19.8%	25.0%	22.6%	20.9%	25.0%	23.3%	31.0%	27.9%	23.1%	28.0%	22.2%	19.1%	17.3%	5.1%	20.0%	

中京ダート1900m■騎手・種牡馬ベスト7+1

	順位	名前	1着	2着	3着	4着〜	勝率	連対率	複勝率	単回値	複回値
騎手	1	幸英明	11	6	7	42	16.7%	25.8%	36.4%	120	82
	2	岩田望来	7	3	5	37	13.5%	19.2%	28.8%	59	65
	3	富田暁	7	3	4	30	15.9%	22.7%	31.8%	105	166
	4	川田将雅	6	8	3	9	23.1%	53.8%	65.4%	64	98
	5	松山弘平	6	7	6	37	10.7%	23.2%	33.9%	47	62
	6	吉田隼人	5	3	2	24	14.7%	23.5%	29.4%	167	107
	7	武豊	4	6	1	9	20.0%	50.0%	55.0%	60	92
	注	藤岡佑介	3	2	2	7	21.4%	35.7%	50.0%	111	130
種牡馬	1	ハーツクライ	7	5	7	43	11.3%	22.6%	30.6%	53	71
	2	キングカメハメハ	7	2	4	29	16.7%	21.4%	31.0%	80	60
	3	ホッコータルマエ	6	7	4	31	12.5%	27.1%	35.4%	46	68
	4	ダンカーク	6	3	1	23	18.2%	27.3%	30.3%	116	73
	5	キズナ	5	11	12	37	7.7%	24.6%	43.1%	46	108
	6	ヘニーヒューズ	5	5	2	18	17.9%	28.6%	35.7%	125	154
	7	パイロ	5	2	2	25	13.9%	19.4%	30.6%	65	83
	注	シニスターミニスター	4	1	3	18	15.4%	19.2%	30.8%	73	173

前走コース（スタート）	前走	1着	2着	3着	4着～	勝率	連対率	複勝率	単回値	複回値
阪神ダ1800m（上り）	全体	26	19	26	185	10.2%	17.6%	27.7%	74	69
	昇級1着	2	0	1	9	16.7%	16.7%	25.0%	316	111
	同級1～3着	13	6	3	15	35.1%	51.4%	59.5%	94	86
	同級4～5着	8	6	9	36	13.6%	23.7%	39.0%	137	94
	同級6～9着	2	6	11	74	2.2%	8.6%	20.4%	34	70
	同級10着～	1	0	2	49	1.9%	1.9%	5.8%	6	19
	4角通過	1	2	3	4	5	6	7	8	9	10	11	12	13	14	15	16
中京ダ1800m（上り）	全体	12	18	16	155	6.0%	14.9%	22.9%	25	69
	昇級1着	2	0	1	15	11.1%	11.1%	16.7%	90	38
	同級1～3着	6	4	5	25	15.0%	25.0%	37.5%	46	53
	同級4～5着	2	6	3	27	5.3%	21.1%	28.9%	29	82
	同級6～9着	1	7	4	57	1.4%	11.6%	17.4%	3	62
	同級10着～	1	1	3	30	2.9%	5.7%	14.3%	8	106
	4角通過	1	2	3	4	5	6	7	8	9	10	11	12	13	14	15	16
阪神ダ2000m（下り）	全体	9	8	9	77	8.7%	16.5%	25.2%	33	42
	昇級1着	0	0	0	7	0.0%	0.0%	0.0%	0	0
	同級1～3着	4	4	6	17	12.9%	25.8%	45.2%	42	71
	同級4～5着	4	2	3	15	16.7%	25.0%	37.5%	72	67
	同級6～9着	1	1	0	30	3.1%	6.3%	6.3%	12	10
	同級10着～	0	1	0	8	0.0%	11.1%	11.1%	0	18
	4角通過	1	2	3	4	5	6	7	8	9	10	11	12	13	14	15	16
中山ダ1800m（上り）	全体	1	11	9	79	1.0%	12.0%	21.0%	3	88
	昇級1着	0	0	0	1	0.0%	0.0%	0.0%	0	0
	同級1～3着	0	2	2	6	0.0%	20.0%	40.0%	0	86
	同級4～5着	0	2	1	1	0.0%	50.0%	75.0%	0	212
	同級6～9着	1	3	3	30	2.7%	10.8%	18.9%	10	83
	同級10着～	0	4	3	41	0.0%	8.3%	14.6%	0	84
	4角通過	1	2	3	4	5	6	7	8	9	10	11	12	13	14	15	16
小倉ダ1700m（平坦）	全体	8	6	4	64	9.8%	17.1%	22.0%	70	116
	昇級1着	0	2	0	2	0.0%	50.0%	50.0%	0	57
	同級1～3着	4	1	1	4	40.0%	50.0%	60.0%	253	125
	同級4～5着	0	1	1	6	0.0%	12.5%	25.0%	0	38
	同級6～9着	2	1	0	25	7.1%	10.7%	10.7%	55	24
	同級10着～	1	1	2	21	4.0%	8.0%	16.0%	52	277
	4角通過	1	2	3	4	5	6	7	8	9	10	11	12	13	14	15	16

新潟芝1000m（上りスタート）

【狙い目】前走中山芝1200mで4角1～3番手＆1～9着

●前走福島芝 1200 m：上りS→上りS。春、夏の関東ローカルが福島→
新潟の順で出走は多い。同級1～3着はなかなかの成績で、連続好走可能。
一方、同級6～9着なら巻き返しも可能だが、10着以下は厳しい。

●前走中山芝1200 m：下りS→上りS。中央場で下りSの中山芝1200 mは、
直線以外でテンが最速レベル。前走4角1～3番手なら新潟芝1000 mに
十分対応。同級1～3着から直結し、6～9着から巻き返しも可能。

新潟芝1000m■馬番別成績（複勝率）

馬番	1	2	3	4	5	6	7	8	9	10	11	12	13	14	15	16	17	18
複勝率	6.1%	6.1%	13.6%	7.6%	12.3%	12.1%	10.6%	6.2%	6.1%	12.1%	24.2%	27.7%	23.1%	39.1%	31.3%	40.0%	36.8%	14.7%

新潟芝1000m■騎手・種牡馬ベスト3＋1

	順位	名前	1着	2着	3着	4着～	勝率	連対率	複勝率	単回値	複回値
騎手	1	菊沢一樹	5	4	1	27	13.5%	24.3%	27.0%	160	120
	2	菅原明良	5	3	2	22	15.6%	25.0%	31.3%	93	136
	3	津村明秀	4	5	3	21	12.1%	27.3%	36.4%	251	152
	注	石川裕紀人	4	0	0	9	30.8%	30.8%	30.8%	556	135
種牡馬	1	ダイワメジャー	5	6	6	34	9.8%	21.6%	33.3%	50	98
	2	ロードカナロア	4	4	9	57	5.4%	10.8%	23.0%	159	101
	3	シルバーステート	3	1	1	9	21.4%	28.6%	35.7%	92	97
	注	マクフィ	3	0	2	9	21.4%	21.4%	35.7%	344	180

■新潟芝 1000 m（上りスタート）　　　　　　　　　　　　　　　プラチナシート38

前走コース（スタート）	前走	1着	2着	3着	4着～	勝率	連対率	複勝率	単回値	複回値
福島芝1200m（上り）	全体	7	6	7	83	6.8%	12.6%	19.4%	36	69
	昇級1着	0	0	0	5	0.0%	0.0%	0.0%	0	0
	同級1～3着	3	1	1	5	30.0%	40.0%	50.0%	113	80
	同級4～5着	2	2	2	16	9.1%	18.2%	27.3%	49	73
	同級6～9着	2	2	2	20	7.7%	15.4%	23.1%	61	78
	同級10着～	0	1	1	30	0.0%	3.1%	6.3%	0	16
	4角通過	1 **2** 3 4 5 **6** 7 8 9 10 11 12 13 14 15 16								
中山芝1200m（下り）	全体	8	3	6	47	12.5%	17.2%	26.6%	146	93
	昇級1着	1	0	0	0	100.0%	100.0%	100.0%	190	120
	同級1～3着	3	1	0	3	42.9%	57.1%	57.1%	194	94
	同級4～5着	1	0	1	7	11.1%	11.1%	22.2%	114	92
	同級6～9着	2	1	4	12	10.5%	15.8%	36.8%	336	147
	同級10着～	1	1	1	23	3.8%	7.7%	11.5%	14	60
	4角通過	**1 2 3** 4 5 6 7 8 9 10 11 12 13 14 15 16								

新潟芝1200m（平坦スタート）

【狙い目】前走小倉芝1200mで4角1～7番手＆4着以下

●前走福島芝1200m：上りS→平坦S、右→左回りで、条件はけっこう違う。関西馬の参戦も多い新潟のほうがメンバーも揃い、巻き返しも難しい。前走4角6番手以降は、単複ともに回収値30円以下という厳しさ。

●前走小倉芝1200m：下りS→平坦S、右→左回りで、同級1～3着はあまり直結しない。一方、同級4着以下からの巻き返しは期待できる。ただし意外に人気が落ちず、今走で上位人気の馬を中心に逆襲してくる。

新潟芝1200m■馬番別成績（複勝率）

馬番	1	2	3	4	5	6	7	8	9	10	11	12	13	14	15	16	17	18
複勝率	21.3%	14.5%	19.4%	21.0%	14.5%	6.5%	9.7%	18.0%	22.6%	24.2%	19.4%	27.1%	28.8%	20.4%	17.0%	24.5%	8.3%	5.0%

新潟芝1200m■騎手・種牡馬ベスト3＋1

	順位	名前	1着	2着	3着	4着～	勝率	連対率	複勝率	単回値	複回値
騎手	1	菱田裕二	4	4	1	18	14.8%	29.6%	33.3%	87	107
	2	菅原明良	4	0	1	20	16.0%	16.0%	20.0%	72	36
	3	坂井瑠星	4	0	0	4	50.0%	50.0%	50.0%	202	82
	注	石橋脩	3	1	3	6	23.1%	30.8%	53.8%	205	270
種牡馬	1	ロードカナロア	5	4	5	39	9.4%	17.0%	26.4%	39	74
	2	ダイワメジャー	4	4	4	20	15.2%	27.3%	39.4%	59	116
	3	モーリス	4	4	0	19	14.8%	29.6%	29.6%	58	71
	注	マクフィ	3	1	1	11	18.8%	25.0%	31.3%	415	116

■新潟芝1200m（平坦スタート）

プラチナシート **39**

前走コース（スタート）	前走	1着	2着	3着	4着～	勝率	連対率	複勝率	単回値	複回値
福島芝1200m（上り）	全体	10	8	7	121	6.8%	12.3%	17.1%	68	46
	昇級1着	0	0	0	7	0.0%	0.0%	0.0%	0	0
	同級1～3着	7	4	5	33	14.3%	22.4%	32.7%	142	78
	同級4～5着	1	4	2	24	3.2%	16.1%	22.6%	18	73
	同級6～9着	2	0	0	26	7.1%	7.1%	7.1%	85	23
	同級10着～	0	0	0	30	0.0%	0.0%	0.0%	0	0

| 4角通過 | 1 | 2 | 3 | 4 | 5 | 6 | 7 | 8 | 9 | 10 | 11 | 12 | 13 | 14 | 15 | 16 | |

前走コース（スタート）	前走	1着	2着	3着	4着～	勝率	連対率	複勝率	単回値	複回値
小倉芝1200m（下り）	全体	9	11	8	86	7.9%	17.5%	24.6%	50	78
	昇級1着	2	1	0	5	25.0%	37.5%	37.5%	237	95
	同級1～3着	1	1	4	14	5.0%	10.0%	30.0%	19	53
	同級4～5着	3	2	1	11	17.6%	29.4%	35.3%	88	75
	同級6～9着	2	4	1	23	6.7%	20.0%	23.3%	27	110
	同級10着～	1	3	2	31	2.7%	10.8%	16.2%	29	69

| 4角通過 | 1 | 2 | 3 | 4 | 5 | 6 | 7 | 8 | 9 | 10 | 11 | 12 | 13 | 14 | 15 | 16 | 17 | 18 |

新潟芝1400m（平坦スタート）

【狙い目】前走東京芝1600mで4角1〜4番手＆1〜9着

●前走東京芝1400ｍ：上りＳ→平坦Ｓ。注目は前走４角通過順。内回り使用のため先行力は必須だが、前走４角１番手が振るわない。上りＳ→平坦Ｓのコース替わりでテンが速くなり、逃げられないことが多いのだ。

●前走東京芝1600ｍ：下りＳ→平坦Ｓ。200ｍ短縮だが、上記の前走東京芝1400ｍより勝率がかなり高く、同級10着以下を除いて狙える。ただし、前走４角５〜９番手がエアポケット的に馬券にならないことに注意。

新潟芝1400m■馬番別成績（複勝率）

馬番	1	2	3	4	5	6	7	8	9	10	11	12	13	14	15	16	17	18
複勝率	20.6%	21.7%	17.6%	14.5%	15.9%	17.6%	18.8%	25.0%	10.4%	16.7%	15.4%	23.4%	14.1%	11.3%	26.3%	18.9%	24.4%	27.8%

新潟芝1400m■騎手・種牡馬ベスト3＋1

	順位	名前	1着	2着	3着	4着〜	勝率	連対率	複勝率	単回値	複回値
騎手	1	戸崎圭太	5	3	2	16	19.2%	30.8%	38.5%	78	78
	2	岩田望来	4	1	0	5	40.0%	50.0%	50.0%	433	131
	3	永島まなみ	4	0	1	7	33.3%	33.3%	41.7%	548	158
	注	津村明秀	3	4	5	18	10.0%	23.3%	40.0%	59	125
種牡馬	1	ロードカナロア	8	6	3	42	13.6%	23.7%	28.8%	170	92
	2	モーリス	6	3	0	24	18.2%	27.3%	27.3%	483	171
	3	ダイワメジャー	5	2	5	23	14.3%	20.0%	34.3%	104	77
	注	ジャスタウェイ	3	2	3	14	13.6%	22.7%	36.4%	400	124

■新潟芝 1400 m（平坦スタート）
プラチナシート 40

前走コース（スタート）	前走	1着	2着	3着	4着〜	勝率	連対率	複勝率	単回値	複回値
東京芝1400m（上り）	全体	9	10	7	80	8.5%	17.9%	24.5%	115	62
	昇級1着	2	4	1	6	15.4%	46.2%	53.8%	506	187
	同級1〜3着	5	3	1	20	17.2%	27.6%	31.0%	79	58
	同級4〜5着	1	3	1	20	4.0%	16.0%	20.0%	31	39
	同級6〜9着	1	0	4	20	4.0%	4.0%	20.0%	102	58
	同級10着〜	0	0	0	14	0.0%	0.0%	0.0%	0	0
	4角通過	1 2 3 4 5 6	7 8	9 10	11 12	13 14	15 16	17 18		
東京芝1600m（下り）	全体	8	1	5	40	14.8%	16.7%	25.9%	141	75
	昇級1着	2	0	0	1	66.7%	66.7%	66.7%	296	100
	同級1〜3着	1	0	0	1	50.0%	50.0%	50.0%	350	90
	同級4〜5着	1	1	2	5	11.1%	22.2%	44.4%	110	108
	同級6〜9着	2	0	2	16	10.0%	10.0%	20.0%	208	103
	同級10着〜	1	0	0	15	6.3%	6.3%	6.3%	40	12
	4角通過	1 2 3 4	5 6	7 8	9 10	11 12	13 14	15 16	17 18	

新潟芝1600m（平坦スタート）

【狙い目】前走東京芝1600mで4角1～8番手＆1～3着

●前走東京芝1600m：下りS→平坦S。スタートの坂を除いてレイアウトの共通性が高い。同級1～3着が直結するし、同級6～9着や10着以下からの巻き返しも狙える。注意したいのは昇級馬が過剰人気になりやすいこと。前走4角通過順は、よほど後ろでなければ手広くOKだ。

●前走中京芝1600m：上りS→平坦S。どちらも左回りの芝マイルだが、最後の直線も上りから平坦に替わり、それほど直結しない。巻き返しもあまり期待できず。前走4角1～5番手だった馬ならまずまず堅実。

●前走福島芝1800m：上りS→平坦S、右→左回り、コーナー4回→2回と、まったく適性が異なるコース替わり。前走である程度前に行っていればボチボチだが、前走4角1番手が【0.0.0.7】という点に注意。

●前走東京芝1400m：上りS→平坦S。前走で掲示板に載っていた馬なら直結するが、人気にもなりやすい。前走4角通過順が大事で、逃げ・先行していると前半で飛ばしすぎてしまい、長い直線でバテる恐れが。

●前走阪神芝1600m：平坦S→平坦S。両コースともに直線も長く、左右の回りを除けば共通項がある。また、関西の中央場に比べて相手関係が楽になるのも大きく、前走9着までなら十分に通用する。

新潟芝1600m■馬番別成績（複勝率）

馬番	1	2	3	4	5	6	7	8	9	10	11	12	13	14	15	16	17	18
複勝率	20.7%	19.5%	20.5%	12.6%	21.6%	28.7%	19.8%	24.4%	23.3%	20.7%	25.0%	19.7%	16.9%	17.2%	19.6%	15.9%	18.4%	6.9%

新潟芝1600m■騎手・種牡馬ベスト7＋1

	順位	名前	1着	2着	3着	4着～	勝率	連対率	複勝率	単回値	複回値
騎手	1	川田将雅	10	2	4	5	47.6%	57.1%	76.2%	146	106
	2	戸崎圭太	7	1	1	26	19.4%	25.0%	27.8%	96	48
	3	菅原明良	6	7	2	29	13.6%	29.5%	34.1%	72	73
	4	三浦皇成	6	2	1	29	15.8%	21.1%	23.7%	184	64
	5	丹内祐次	4	2	2	8	25.0%	37.5%	50.0%	276	156
	6	吉田隼人	4	2	0	6	33.3%	50.0%	50.0%	490	151
	7	津村明秀	3	6	8	29	6.5%	19.6%	37.0%	191	145
	注	北村宏司	3	1	2	7	23.1%	30.8%	46.2%	170	131
種牡馬	1	エピファネイア	8	5	3	42	13.8%	22.4%	27.6%	101	58
	2	ディープインパクト	6	5	5	49	9.2%	16.9%	24.6%	34	73
	3	ロードカナロア	6	4	9	48	9.0%	14.9%	28.4%	37	116
	4	キズナ	5	3	3	35	10.9%	17.4%	23.9%	48	43
	5	ドゥラメンテ	4	5	2	29	10.0%	22.5%	27.5%	31	42
	6	スクリーンヒーロー	4	3	4	9	20.0%	35.0%	55.0%	73	130
	7	ハーツクライ	4	2	2	31	10.3%	15.4%	20.5%	52	56
	注	ダノンバラード	3	0	2	4	33.3%	33.3%	55.6%	225	132

■新潟芝 1600 m（平坦スタート）

前走コース（スタート）	前走	1着	2着	3着	4着～	勝率	連対率	複勝率	単回値	複回値
東京芝1600m（下り）	全体	12	7	12	80	10.8%	17.1%	27.9%	95	65
	昇級1着	2	2	3	15	9.1%	18.2%	31.8%	34	63
	同級1～3着	6	2	3	9	30.0%	40.0%	55.0%	100	72
	同級4～5着	0	1	1	9	0.0%	9.1%	18.2%	0	53
	同級6～9着	3	0	3	22	10.7%	10.7%	21.4%	97	48
	同級10着～	1	2	2	23	3.6%	10.7%	17.9%	183	89
	4角通過	1 2 3 4 5 6 7 8 9 10 11 12 13 14 15 16 17 18								
中京芝1600m（上り）	全体	6	9	4	64	7.2%	18.1%	22.9%	23	104
	昇級1着	1	2	0	7	10.0%	30.0%	30.0%	45	148
	同級1～3着	2	4	2	11	11.1%	33.3%	38.9%	31	72
	同級4～5着	2	1	2	9	14.3%	21.4%	35.7%	37	87
	同級6～9着	1	1	1	22	4.0%	8.0%	12.0%	15	30
	同級10着～	0	1	0	14	0.0%	6.7%	6.7%	0	259
	4角通過	1 2 3 4 5 6 7 8 9 10 11 12 13 14 15 16								
福島芝1800m（上り）	全体	4	3	6	45	6.9%	12.1%	22.4%	44	71
	昇級1着	1	0	0	5	16.7%	16.7%	16.7%	188	50
	同級1～3着	1	1	3	8	7.7%	15.4%	38.5%	62	54
	同級4～5着	1	0	2	6	11.1%	11.1%	33.3%	45	60
	同級6～9着	1	1	1	11	7.1%	14.3%	21.4%	17	39
	同級10着～	0	1	0	13	0.0%	7.1%	7.1%	0	147
	4角通過	1 2 3 4 5 6 7 8 9 10 11 12 13 14 15 16								
東京芝1400m（上り）	全体	4	2	3	33	9.5%	14.3%	21.4%	40	30
	昇級1着	1	0	0	4	20.0%	20.0%	20.0%	74	32
	同級1～3着	2	0	1	5	25.0%	25.0%	37.5%	81	46
	同級4～5着	1	2	1	3	14.3%	42.9%	57.1%	97	84
	同級6～9着	0	0	1	8	0.0%	0.0%	11.1%	0	20
	同級10着～	0	0	0	13	0.0%	0.0%	0.0%	0	0
	4角通過	1 2 3 4 5 6 7 8 9 10 11 12 13 14 15 16 17 18								
阪神芝1600m（平坦）	全体	6	2	2	25	17.1%	22.9%	28.6%	57	65
	昇級1着	1	0	1	3	20.0%	20.0%	40.0%	118	92
	同級1～3着	3	0	1	6	30.0%	30.0%	40.0%	76	73
	同級4～5着	1	0	0	4	20.0%	20.0%	20.0%	70	32
	同級6～9着	1	2	0	4	14.3%	42.9%	42.9%	42	135
	同級10着～	0	0	0	7	0.0%	0.0%	0.0%	0	0
	4角通過	1 2 3 4 5 6 7 8 9 10 11 12 13 14 15 16 17 18								

【狙い目】前走東京芝1800mで4角3～7番手＆1～3着

●前走福島芝1800 m：上りＳ→平坦Ｓ、コーナー4つ→2つ、右→左回りと、距離以外に共通項がない。同級1～3着が直結せず、巻き返しも期待薄。前走4角1～6番手→今走人気なら買えるが、妙味はない。

●前走東京芝1800 m：下りＳ→平坦Ｓ。スタートを除けばレイアウトに共通性が多い。同級1～3着がきちんと直結し、巻き返しは難しい。前走4角1～2番手が【0.1.0.5】と振るわない点に気をつけたい。

新潟芝1800m■馬番別成績（複勝率）

馬番	1	2	3	4	5	6	7	8	9	10	11	12	13	14	15	16	17	18
複勝率	20.6%	23.5%	27.5%	23.8%	21.8%	27.5%	22.8%	29.4%	18.4%	23.9%	17.7%	11.0%	18.8%	22.9%	20.0%	29.4%	15.8%	14.3%

新潟芝1800m■騎手・種牡馬ベスト3＋1

	順位	名前	1着	2着	3着	4着～	勝率	連対率	複勝率	単回値	複回値
騎手	1	戸崎圭太	8	9	1	17	22.9%	48.6%	51.4%	120	88
	2	津村明秀	7	4	5	33	14.3%	22.4%	32.7%	102	82
	3	三浦皇成	6	4	0	15	24.0%	40.0%	40.0%	517	104
	注	菅原明良	6	1	6	28	14.6%	17.1%	31.7%	137	99
種牡馬	1	ディープインパクト	14	10	10	59	15.1%	25.8%	36.6%	123	94
	2	ハーツクライ	10	8	11	50	12.7%	22.8%	36.7%	38	86
	3	エピファネイア	9	3	7	57	11.8%	15.8%	25.0%	89	61
	注	モーリス	5	2	2	25	14.7%	20.6%	26.5%	112	81

■新潟芝 1800 m（平坦スタート）

プラチナシート 42

前走コース（スタート）	前走	1着	2着	3着	4着～	勝率	連対率	複勝率	単回値	複回値
福島芝1800m（上り）	全体	7	6	9	74	7.3%	13.5%	22.9%	41	70
	昇級1着	1	1	0	4	16.7%	33.3%	33.3%	30	55
	同級1～3着	2	2	2	11	11.8%	23.5%	35.3%	50	57
	同級4～5着	2	2	4	14	9.1%	18.2%	36.4%	64	78
	同級6～9着	2	0	1	19	9.1%	9.1%	13.6%	71	42
	同級10着～	0	1	2	25	0.0%	3.6%	10.7%	0	98
	4角通過	1　2　3　4　5　6　7　8　9　10　11　12　13　14　15　16									
東京芝1800m（下り）	全体	7	4	3	62	8.9%	17.7%	21.5%	23	33
	昇級1着	2	3	1	7	15.4%	38.5%	46.2%	35	85
	同級1～3着	5	1	0	7	38.5%	46.2%	46.2%	109	58
	同級4～5着	0	0	1	2	0.0%	0.0%	33.3%	0	40
	同級6～9着	0	0	1	21	0.0%	4.5%	4.5%	0	10
	同級10着～	0	0	1	23	0.0%	0.0%	4.2%	0	5
	4角通過	1　2　3　4　5　6　7　8　9　10　11　12　13　14　15　16　17　18									

新潟芝2000m内（平坦スタート）

【狙い目】前走中山芝2000mで4角2〜4番手＆1〜5着

●前走福島芝2000m：下りS→平坦S。ポイントは前走4角通過順で、前走4角1〜3番手だった馬が【1.1.0.9】と凡走気味。下りSを利して前に行った馬が、平坦Sに替わってポジションを下げやすいのだ。

●前走中山芝2000m：下りS→平坦S。前走で掲示板に載っていたら大チャンスのコース替わり。前走4角5〜8番手が【0.0.1.5】と振るわない点に注意。前走4角1番手は【0.0.0.1】で、無判定とするのが正確か。

新潟芝2000m内■馬番別成績（複勝率）

馬番	1	2	3	4	5	6	7	8	9	10	11	12	13	14	15	16	17	18
複勝率	29.3%	17.1%	12.2%	19.5%	19.5%	24.4%	22.0%	25.0%	30.0%	18.4%	25.7%	18.8%	24.1%	20.0%	23.8%	5.9%	9.1%	18.2%

新潟芝2000m内■騎手・種牡馬ベスト3＋1

	順位	名前	1着	2着	3着	4着〜	勝率	連対率	複勝率	単回値	複回値
騎手	1	川田将雅	5	0	0	1	83.3%	83.3%	83.3%	198	108
	2	西村淳也	3	1	2	5	27.3%	36.4%	54.5%	274	130
	3	菅原明良	2	2	4	14	9.1%	18.2%	36.4%	387	158
	注	丹内祐次	2	2	3	6	15.4%	30.8%	53.8%	47	100
種牡馬	1	ルーラーシップ	4	1	2	19	15.4%	19.2%	26.9%	428	124
	2	ハービンジャー	3	2	6	26	8.1%	13.5%	29.7%	58	85
	3	ディープインパクト	3	1	0	8	25.0%	33.3%	33.3%	65	46
	注	シルバーステート	2	2	1	6	18.2%	36.4%	45.5%	191	99

■新潟芝2000m内（平坦スタート）

前走コース（スタート）	前走	1着	2着	3着	4着〜	勝率	連対率	複勝率	単回値	複回値
福島芝2000m（下り）	全体	4	2	3	30	10.3%	15.4%	23.1%	80	96
	昇級1着	0	0	0	0	–	–	–	–	–
	同級1〜3着	2	0	2	6	20.0%	20.0%	40.0%	116	64
	同級4〜5着	1	0	0	5	16.7%	16.7%	16.7%	46	20
	同級6〜9着	1	1	1	9	8.3%	16.7%	25.0%	140	175
	同級10着〜	0	1	0	10	0.0%	9.1%	9.1%	0	80

4角通過	1	2	3	4	5	6	7	8	9	10	11	12	13	14	15	16	

前走コース（スタート）	前走	1着	2着	3着	4着〜	勝率	連対率	複勝率	単回値	複回値
中山芝2000m（下り）	全体	4	3	5	17	13.8%	24.1%	41.4%	262	114
	昇級1着	0	0	0	0	–	–	–	–	–
	同級1〜3着	2	3	2	0	28.6%	71.4%	100.0%	120	158
	同級4〜5着	1	0	2	3	16.7%	16.7%	50.0%	383	120
	同級6〜9着	0	0	1	8	0.0%	0.0%	11.1%	0	37
	同級10着〜	1	0	0	6	14.3%	14.3%	14.3%	638	164

4角通過	1	2	3	4	5	6	7	8	9	10	11	12	13	14	15	16	17	18

新潟芝2000m外（平坦スタート）

【狙い目】前走新潟芝1800mで4角7～13番手＆着順不問

●前走新潟芝1800m：平坦S→平坦S。ゲートが200m下がるだけのコース替わりだが、意外に巻き返しが効く。また、前走4角1～6番手が【2.0.1.17】と凡走傾向ということも重要。差していた馬を狙うのが正解だ。

●前走小倉芝2000m：平坦S→平坦S。コーナー数や左右の回りは異なるが、ともに平坦Sで前半のペースが合うようだ。同級1～3着が直結し、4～5着や10着以下からの巻き返しも可能。前走4角通過順は手広い。

新潟芝2000m外■馬番別成績（複勝率）

馬番	1	2	3	4	5	6	7	8	9	10	11	12	13	14	15	16	17	18
複勝率	21.4%	33.3%	32.5%	33.3%	21.4%	28.6%	14.6%	19.5%	20.5%	22.9%	16.7%	25.0%	16.7%	26.3%	0.0%	12.5%	66.7%	50.0%

新潟芝2000m外■騎手・種牡馬ベスト3＋1

	順位	名前	1着	2着	3着	4着～	勝率	連対率	複勝率	単回値	複回値
騎手	1	西村淳也	5	2	0	12	26.3%	36.8%	36.8%	85	54
	2	亀田温心	4	2	2	5	30.8%	46.2%	61.5%	300	125
	3	川田将雅	3	0	1	2	50.0%	50.0%	66.7%	266	103
	注	ルメール	3	0	0	1	75.0%	75.0%	75.0%	237	110
種牡馬	1	ディープインパクト	6	10	6	56	7.7%	20.5%	28.2%	58	62
	2	ハービンジャー	5	1	2	26	14.7%	17.6%	23.5%	262	78
	3	スクリーンヒーロー	3	0	3	8	21.4%	21.4%	42.9%	678	182
	注	モーリス	3	0	0	11	21.4%	21.4%	21.4%	391	97

■新潟芝2000m外（平坦スタート）

前走コース（スタート）	前走	1着	2着	3着	4着～	勝率	連対率	複勝率	単回値	複回値
新潟芝1800m（平坦）	全体	4	2	3	28	10.8%	16.2%	24.3%	157	89
	昇級1着	1	0	0	2	33.3%	33.3%	33.3%	73	36
	同級1～3着	2	1	0	7	20.0%	30.0%	30.0%	97	42
	同級4～5着	0	1	1	3	0.0%	20.0%	40.0%	0	134
	同級6～9着	0	0	2	8	0.0%	0.0%	20.0%	0	110
	同級10着～	1	0	0	6	14.3%	14.3%	14.3%	684	144

4角通過	1	2	3	4	5	6	7	8	9	10	11	12	13	14	15	16	17	18

前走コース（スタート）	前走	1着	2着	3着	4着～	勝率	連対率	複勝率	単回値	複回値
小倉芝2000m（平坦）	全体	4	3	1	16	16.7%	29.2%	33.3%	138	72
	昇級1着	0	0	0	0	0.0%	0.0%	0.0%	0	0
	同級1～3着	1	1	0	1	33.3%	66.7%	66.7%	83	86
	同級4～5着	1	1	0	2	25.0%	50.0%	50.0%	70	75
	同級6～9着	1	0	0	7	12.5%	12.5%	12.5%	57	22
	同級10着～	1	1	0	2	33.3%	66.7%	66.7%	776	260

4角通過	1	2	3	4	5	6	7	8	9	10	11	12	13	14	15	16	17	18

【狙い目】前走阪神ダ1200mで4角1～4番手＆4着以下

●前走中山ダ1200m：下りS→平坦S。単複の回収値が単複50円台にとどまるコース替わり。同級1～3着の好走率は平均レベルだが、人気になりやすい。その他の着順は水準に届かない。新潟ダ1200mは前がかなり有利で、前走4角1～2番手の好走率はいいが、これも妙味は皆無だ。

●前走東京ダ1400m：下りS→平坦S、200m短縮、芝スタートと条件が激変。あまり直結せず、中央場→ローカルでも同級1～3着が勝ち切れない。同級4～5着や6～9着がまあまあ巻き返すが、妙味までは。

●前走福島ダ1150m：上りS→平坦S。50m延長はともかく、右→左回りもあって適性がズレ、直結度は低め。前走4角1～3番手は【2.10.9.43】、勝率3.1％、複勝率32.8％で、軸としては堅実だが勝ち切れない。

●前走阪神ダ1200m：平坦S→平坦S。同級1～3着は過剰人気で、狙いたいのは巻き返しだ。なお、前走4角1番手は単回値44円と売れすぎ。前走4角2～4番手も好走率に差はなく、単回値124円と大変美味。

●前走中京ダ1200m：上りS→平坦S。直結度は悪くないが、同級1～3着だとかなり人気に。同級4～5着も連対率で差がなく、単回値110円と狙い目。同級6～9着の巻き返しは今走上位人気ばかりで妙味がない。

新潟ダート1200m ■馬番別成績（複勝率）

馬番	1	2	3	4	5	6	7	8	9	10	11	12	13	14	15
複勝率	17.6%	15.6%	22.2%	24.9%	15.6%	21.1%	23.9%	20.8%	18.3%	24.4%	21.6%	22.6%	18.2%	22.6%	22.6%

新潟ダート1200m ■騎手・種牡馬ベスト7＋1

	順位	名前	1着	2着	3着	4着～	勝率	連対率	複勝率	単回値	複回値
騎手	1	菅原明良	13	7	6	67	14.0%	21.5%	28.0%	68	64
	2	今村聖奈	11	5	3	26	24.4%	35.6%	42.2%	107	93
	3	津村明秀	10	12	5	45	13.9%	30.6%	37.5%	147	161
	4	藤田菜七子	8	8	3	66	9.4%	18.8%	22.4%	61	51
	5	三浦皇成	7	3	4	30	15.9%	22.7%	31.8%	97	72
	6	亀田温心	7	2	3	41	13.2%	17.0%	22.6%	110	115
	7	戸崎圭太	6	6	3	20	17.1%	34.3%	42.9%	159	120
	注	川須栄彦	6	1	2	16	24.0%	28.0%	36.0%	259	84
種牡馬	1	ヘニーヒューズ	13	13	11	96	9.8%	19.5%	27.8%	66	79
	2	ロードカナロア	12	7	6	73	12.2%	19.4%	25.5%	136	85
	3	キンシャサノキセキ	9	9	9	87	7.9%	15.8%	23.7%	56	87
	4	サウスヴィグラス	7	6	6	59	9.0%	16.7%	24.4%	38	56
	5	ダイワメジャー	6	2	0	38	13.0%	17.4%	17.4%	88	35
	6	ディスクリートキャット	6	1	4	29	15.0%	17.5%	27.5%	119	73
	7	マジェスティックウォリアー	5	2	0	20	18.5%	25.9%	25.9%	180	56
	注	ホッコータルマエ	4	7	5	32	8.3%	22.9%	33.3%	133	103

■新潟ダート1200m（平坦スタート）

前走コース （スタート）	前走	1着	2着	3着	4着～	勝率	連対率	複勝率	単回値	複回値
中山ダ1200m （下り）	全体	27	21	26	345	6.4%	11.5%	17.7%	52	50
	昇級1着	1	0	0	11	8.3%	8.3%	8.3%	30	13
	同級1～3着	12	7	11	34	18.8%	29.7%	46.9%	56	70
	同級4～5着	4	2	7	42	7.3%	10.9%	23.6%	116	65
	同級6～9着	8	6	4	108	6.3%	11.1%	14.3%	70	52
	同級10着～	2	6	4	145	1.3%	5.1%	7.6%	18	41
	4角通過	1	2	3	4	5	6	7	8	9 10 11 12 13 14 15 16
東京ダ1400m （下り）	全体	6	9	13	183	2.8%	7.1%	13.3%	40	55
	昇級1着	0	0	0	7	0.0%	0.0%	0.0%	0	0
	同級1～3着	1	1	1	6	11.1%	22.2%	33.3%	18	41
	同級4～5着	2	3	2	14	9.5%	23.8%	33.3%	38	73
	同級6～9着	2	4	2	46	3.3%	10.0%	23.3%	75	74
	同級10着～	1	1	2	107	0.9%	1.8%	3.6%	28	49
	4角通過	1	2	3	4	5	6	7	8	9 10 11 12 13 14 15 16
福島ダ1150m （上り）	全体	8	19	15	165	3.9%	13.0%	20.3%	21	74
	昇級1着	1	1	0	12	7.1%	14.3%	14.3%	47	32
	同級1～3着	4	6	10	32	7.7%	19.2%	38.5%	35	82
	同級4～5着	2	8	4	49	3.2%	15.9%	22.2%	17	56
	同級6～9着	1	4	1	36	2.4%	11.9%	14.3%	21	169
	同級10着～	0	0	0	36	0.0%	0.0%	0.0%	0	0
	4角通過	1	2	3	4	5	6	7	8	9 10 11 12 13 14 15 16
阪神ダ1200m （平坦）	全体	19	16	17	144	9.7%	17.9%	26.5%	80	77
	昇級1着	1	0	2	12	6.7%	6.7%	20.0%	26	46
	同級1～3着	6	9	5	23	14.0%	34.9%	46.5%	40	69
	同級4～5着	3	3	4	19	10.3%	20.7%	34.5%	126	95
	同級6～9着	5	2	4	41	9.6%	13.5%	21.2%	72	81
	同級10着～	4	2	2	47	7.3%	10.9%	14.5%	114	81
	4角通過	1	2	3	4	5	6	7	8	9 10 11 12 13 14 15 16
中京ダ1200m （上り）	全体	18	10	12	107	12.2%	19.0%	27.2%	54	54
	昇級1着	2	0	1	4	28.6%	28.6%	42.9%	80	70
	同級1～3着	7	4	7	15	21.2%	33.3%	54.5%	53	81
	同級4～5着	4	4	1	16	16.0%	32.0%	36.0%	110	68
	同級6～9着	5	1	1	35	11.9%	14.3%	16.7%	69	41
	同級10着～	0	1	2	37	0.0%	2.5%	7.5%	0	36
	4角通過	1	2	3	4	5	6	7	8	9 10 11 12 13 14 15 16

新潟ダート1800m （平坦スタート）

【狙い目】前走小倉ダ1700mで4角1〜11番手＆1〜9着

●前走中山ダ1800m：上りS→平坦S。同級6〜9着や10着以下の出走が多いうえに好走率が低く、全体の数字にも悪影響が。前走で掲示板に載っていればしっかり走っていて、特に同級4〜5着は狙い目。先行したいが、前走4角1番手は単回値25円しかなく過剰人気が甚だしい。

●前走福島ダ1700m：上りS→平坦S。前走着順はどれも水準級の好走率で特色なし。同級10着以下が時折穴をあけるぐらいだ。好走率が落ちるため狙い目とはしないが、前走4角10番手以降の激走傾向には注意。

●前走阪神ダ1800m：上りS→平坦S。同級1〜3着の直結度は高いが、特に単勝系はかなり売れる。狙い目は同級4〜5着で、勝率21.2%、単回値151円は超抜。前走6着以下からの巻き返しはあまり期待できない。

●前走中京ダ1800m：上りS→平坦S。同級1〜3着は安定しているが、2着どまりのケースに気をつけたい。巻き返しもそこそこ期待できる。前走4角1〜5番手は複勝率40.2%と非常に堅実だが、妙味はない。

●前走小倉ダ1700m：平坦S→平坦S。上記の通り、前走上りSのケースが多いなか、平坦S同士のコース替わりがアドバンテージになっている。前走でかなり後ろから行っていた馬でなければ狙ってみる価値は大。

新潟ダート1800m■馬番別成績（複勝率）

馬番	1	2	3	4	5	6	7	8	9	10	11	12	13	14	15
複勝率	16.1%	19.8%	19.8%	20.1%	25.7%	21.9%	25.1%	22.2%	22.0%	22.5%	22.8%	20.3%	25.4%	19.8%	22.1%

新潟ダート1800m■騎手・種牡馬ベスト7＋1

	順位	名前	1着	2着	3着	4着〜	勝率	連対率	複勝率	単回値	複回値
騎手	1	西村淳也	12	12	5	64	12.9%	25.8%	31.2%	94	93
	2	丹内祐次	10	7	10	67	10.6%	18.1%	28.7%	115	82
	3	菱田裕二	9	6	4	49	13.2%	22.1%	27.9%	163	113
	4	吉田隼人	8	10	2	24	18.2%	40.9%	45.5%	77	72
	5	菅原明良	8	8	10	95	6.6%	13.2%	21.5%	54	54
	6	津村明秀	8	7	11	58	9.5%	17.9%	31.0%	106	81
	7	斎藤新	8	5	3	47	12.7%	20.6%	25.4%	94	62
	注	内田博幸	7	3	2	46	12.1%	17.2%	20.7%	261	82
種牡馬	1	オルフェーヴル	10	9	4	52	13.3%	25.3%	30.7%	129	81
	2	ハーツクライ	9	7	6	54	11.8%	21.1%	28.9%	78	67
	3	キズナ	9	5	6	54	12.2%	18.9%	27.0%	55	55
	4	ホッコータルマエ	8	11	5	60	9.5%	22.6%	28.6%	90	91
	5	モーリス	8	7	3	25	18.6%	34.9%	41.9%	142	146
	6	ヘニーヒューズ	7	15	5	63	7.8%	24.4%	30.0%	28	71
	7	ドゥラメンテ	7	6	6	52	9.9%	18.3%	26.8%	87	68
	注	スクリーンヒーロー	5	7	8	26	10.9%	26.1%	43.5%	41	102

■新潟ダート1800m（平坦スタート）

前走コース（スタート）	前走	1着	2着	3着	4着～	勝率	連対率	複勝率	単回値	複回値
中山ダ1800m（上り）	全体	23	21	24	302	6.2%	11.9%	18.4%	90	58
	昇級1着	0	1	2	18	0.0%	4.8%	14.3%	0	58
	同級1～3着	12	9	5	33	20.3%	35.6%	44.1%	77	66
	同級4～5着	7	3	8	39	12.3%	17.5%	31.6%	194	93
	同級6～9着	3	5	6	118	2.3%	6.1%	10.6%	126	53
	同級10着～	1	3	3	93	1.0%	4.0%	7.0%	10	41
	4角通過	1 2 3 4 5 6 7 8 9 10 11 12 13 14 15 16								
福島ダ1700m（上り）	全体	27	29	27	243	8.3%	17.2%	25.5%	87	88
	昇級1着	4	2	3	18	14.8%	22.2%	33.3%	42	92
	同級1～3着	14	12	5	46	18.2%	33.8%	40.3%	98	65
	同級4～5着	6	7	4	45	9.2%	20.0%	30.8%	59	84
	同級6～9着	2	3	10	81	2.1%	5.2%	15.6%	26	107
	同級10着～	1	5	2	51	1.7%	10.2%	13.6%	224	97
	4角通過	1 2 3 4 5 6 7 8 9 10 11 12 13 14 15								
阪神ダ1800m（上り）	全体	27	20	18	170	11.5%	20.0%	27.7%	69	70
	昇級1着	2	2	0	13	11.8%	23.5%	23.5%	98	71
	同級1～3着	9	10	7	18	20.5%	43.2%	59.1%	53	90
	同級4～5着	11	2	5	34	21.2%	25.0%	34.6%	151	72
	同級6～9着	3	4	5	57	4.3%	10.1%	17.4%	52	52
	同級10着～	1	1	1	44	2.1%	4.3%	6.4%	9	69
	4角通過	1 2 3 4 5 6 7 8 9 10 11 12 13 14 15 16								
中京ダ1800m（上り）	全体	20	30	18	163	8.7%	21.6%	29.4%	64	79
	昇級1着	1	2	1	15	5.3%	15.8%	21.1%	115	76
	同級1～3着	9	14	7	24	16.7%	42.6%	55.6%	40	89
	同級4～5着	4	2	4	35	8.9%	13.3%	22.2%	43	50
	同級6～9着	2	8	4	54	2.9%	14.7%	20.6%	83	96
	同級10着～	3	3	2	33	7.3%	14.6%	19.5%	43	68
	4角通過	1 2 3 4 5 6 7 8 9 10 11 12 13 14 15 16								
小倉ダ1700m（平坦）	全体	22	12	17	103	14.3%	22.1%	33.1%	81	69
	昇級1着	3	1	1	13	16.7%	22.2%	27.8%	185	67
	同級1～3着	9	4	3	10	34.6%	50.0%	61.5%	103	85
	同級4～5着	3	4	4	20	9.7%	22.6%	35.5%	31	62
	同級6～9着	5	3	2	23	15.2%	24.2%	30.3%	124	77
	同級10着～	2	0	5	33	5.0%	5.0%	17.5%	37	51
	4角通過	1 2 3 4 5 6 7 8 9 10 11 12 13 14 15 16								

福島芝1200m（上りスタート）

【狙い目】前走中京芝1200mで4角1〜7番手＆1〜5着

●前走小倉芝1200m：下りS→上りS。同級6〜9着の好走率が抜群に高い。レイアウトが似たコースではあるが、スタートの違いで巻き返しが効く。なお、同級1〜3着に来るレベルの馬なら関係なく好走可能。先行力は欲しいが、前走4角2〜3番手だった馬は過剰人気の傾向。

●前走東京芝1400m：上りS→上りS。昇級馬や同級1〜3着の好走率自体は平均以上で、同級4〜5着も水準レベルはある。全体にやや過剰人気で妙味がなく、これといった特徴も見当たらないコース替わりだ。

●前走新潟芝1200m：平坦S→上りS。基本的には前に行っていた馬が無難だが、前走4角10〜13番手が複勝率34.8%、複回値177円。高速新潟で置いていかれた馬が、ペースがやや緩む上りSで巻き返す可能性あり。

●前走中京芝1200m：平坦S→上りS。昇級馬、同級1〜3着および4〜5着がハイレベルな数字をマーク。また、前走4角8番手以降は【0.1.0.26】と絶望的な成績で、前走4角1〜7番手は絶対条件に近い。

●前走中山ダ1200m：下りS→上りS、芝→ダ替わりという条件激変だが、前走4角1〜7番手＆1〜9着なら【6.0.4.13】、勝率26.1%、複勝率43.5%、単回値220円、複回値132円と激アツ。見逃したくない。

福島芝1200m■馬番別成績（複勝率）

馬番	1	2	3	4	5	6	7	8	9	10	11	12	13	14	15	16
複勝率	23.2%	27.0%	16.2%	29.6%	21.3%	17.6%	19.7%	19.9%	18.4%	21.0%	21.4%	11.0%	25.7%	19.6%	19.4%	15.7%

福島芝1200m■騎手・種牡馬ベスト7＋1

	順位	名前	1着	2着	3着	4着〜	勝率	連対率	複勝率	単回値	複回値
騎手	1	戸崎圭太	10	5	5	22	23.8%	35.7%	47.6%	84	79
	2	菅原明良	7	9	2	40	12.1%	27.6%	31.0%	61	67
	3	永島まなみ	6	4	1	26	16.2%	27.0%	29.7%	173	71
	4	丹内祐次	5	7	5	27	11.4%	27.3%	38.6%	82	85
	5	M・デムーロ	5	6	3	14	17.9%	39.3%	50.0%	71	106
	6	木幡巧也	5	3	2	38	10.4%	16.7%	20.8%	102	65
	7	角田大和	5	3	2	35	11.1%	17.8%	22.2%	54	50
	注	武藤雅	3	4	3	35	6.7%	15.6%	22.2%	128	127
種牡馬	1	ビッグアーサー	11	10	7	45	15.1%	28.8%	38.4%	57	104
	2	ロードカナロア	8	3	10	75	8.3%	11.5%	21.9%	42	58
	3	ダイワメジャー	7	8	5	67	8.0%	17.2%	23.0%	72	61
	4	ミッキーアイル	7	6	3	38	13.0%	24.1%	29.6%	81	66
	5	ルーラーシップ	6	2	2	22	18.8%	25.0%	31.3%	116	72
	6	リオンディーズ	5	4	5	28	11.9%	21.4%	33.3%	89	73
	7	スクリーンヒーロー	4	1	2	25	12.5%	15.6%	21.9%	431	117
	注	ディープインパクト	3	3	3	15	12.5%	25.0%	37.5%	41	140

■福島芝 1200 m（上りスタート）

前走コース（スタート）	前走	1着	2着	3着	4着～	勝率	連対率	複勝率	単回値	複回値
小倉芝1200m（下り）	全体	21	14	13	156	10.3%	17.2%	23.5%	95	71
	昇級1着	1	0	1	11	7.7%	7.7%	15.4%	26	25
	同級1～3着	5	3	1	11	25.0%	40.0%	45.0%	147	102
	同級4～5着	1	4	2	12	5.3%	26.3%	36.8%	9	58
	同級6～9着	13	4	6	45	19.1%	25.0%	33.8%	109	90
	同級10着～	1	3	3	75	1.2%	4.9%	8.5%	103	59
	4角通過	1 2 3 4 5 6 7 8 9 10 11 12 13 14 15 16 17 18								
東京芝1400m（上り）	全体	11	9	7	101	8.6%	15.6%	21.1%	47	50
	昇級1着	2	0	0	0	100.0%	100.0%	100.0%	500	180
	同級1～3着	4	2	1	8	26.7%	40.0%	46.7%	84	66
	同級4～5着	2	1	1	12	12.5%	18.8%	25.0%	43	46
	同級6～9着	2	4	1	22	6.9%	20.7%	24.1%	94	73
	同級10着～	1	1	4	55	1.6%	3.3%	9.8%	5	33
	4角通過	1 2 3 4 5 6 7 8 9 10 11 12 13 14 15 16 17 18								
新潟芝1200m（平坦）	全体	10	11	12	91	8.1%	16.9%	26.6%	59	96
	昇級1着	1	1	1	6	11.1%	22.2%	33.3%	195	237
	同級1～3着	6	4	3	14	22.2%	37.0%	48.1%	72	81
	同級4～5着	1	1	1	11	7.1%	14.3%	21.4%	30	45
	同級6～9着	1	2	4	25	3.1%	9.4%	21.9%	43	75
	同級10着～	1	3	3	33	2.5%	10.0%	17.5%	47	113
	4角通過	1 2 3 4 5 6 7 8 9 10 11 12 13 14 15 16 17 18								
中京芝1200m（平坦）	全体	10	7	3	60	12.5%	21.3%	25.0%	93	59
	昇級1着	2	1	1	2	33.3%	50.0%	66.7%	165	131
	同級1～3着	3	3	1	6	23.1%	46.2%	53.8%	88	89
	同級4～5着	2	2	1	8	15.4%	30.8%	38.5%	96	86
	同級6～9着	1	0	0	20	4.8%	4.8%	4.8%	150	38
	同級10着～	2	1	0	21	8.3%	12.5%	12.5%	38	35
	4角通過	1 2 3 4 5 6 7 8 9 10 11 12 13 14 15 16 17 18								
中山ダ1200m（下り）	全体	7	2	6	58	9.6%	12.3%	20.5%	88	68
	昇級1着	2	0	1	2	40.0%	40.0%	60.0%	154	128
	同級1～3着	0	0	0	0	－	－	－	－	－
	同級4～5着	1	0	3	4	12.5%	12.5%	50.0%	57	200
	同級6～9着	3	0	0	10	23.1%	23.1%	23.1%	294	61
	同級10着～	1	2	2	42	2.1%	6.4%	10.6%	30	41
	4角通過	1 2 3 4 5 6 7 8 9 10 11 12 13 14 15 16								

福島芝1800m（上りスタート）

【狙い目】前走東京芝1600mで4角1〜7番手＆1〜9着

●前走東京芝1600m：下りS→上りS。200m延長、直線の距離、コーナーの数と条件激変のコース替わりだが、昇級馬や同級1〜3着の好走率が非常に高く、かなり直結する。適性云々は考えず、前走着順重視だ。

●前走東京芝1800m：下りS→上りS。上記の前走東京芝1600mと近い条件で、同距離ならさらに直結かと思いきや、まったくそんなことはない。巻き返しもあまり期待できない。両コースの違いに要注意だ。

福島芝1800m■馬番別成績（複勝率）

馬番	1	2	3	4	5	6	7	8	9	10	11	12	13	14	15	16
複勝率	19.5%	26.4%	21.8%	18.4%	24.4%	21.8%	25.3%	19.0%	29.3%	20.0%	19.2%	20.3%	20.3%	17.2%	11.8%	17.4%

福島芝1800m■騎手・種牡馬ベスト3＋1

	順位	名前	1着	2着	3着	4着〜	勝率	連対率	複勝率	単回値	複回値
騎手	1	戸崎圭太	8	4	3	21	22.2%	33.3%	41.7%	89	69
	2	西村淳也	7	2	1	13	30.4%	39.1%	43.5%	130	80
	3	M・デムーロ	5	5	5	17	15.6%	31.3%	46.9%	65	89
	注	丸山元気	4	2	6	18	13.3%	20.0%	40.0%	223	168
種牡馬	1	ゴールドシップ	11	3	5	45	17.2%	21.9%	29.7%	78	52
	2	キズナ	7	5	3	25	17.5%	30.0%	37.5%	262	132
	3	シルバーステート	6	3	0	9	33.3%	50.0%	50.0%	97	71
	注	ブラックタイド	5	3	0	12	25.0%	40.0%	40.0%	275	169

■福島芝1800m（上りスタート）

プラチナシート 48

前走コース（スタート）	前走	1着	2着	3着	4着〜	勝率	連対率	複勝率	単回値	複回値
東京芝1600m（下り）	全体	8	13	7	71	8.1%	21.2%	28.3%	44	92
	昇級1着	1	1	0	1	33.3%	66.7%	66.7%	116	163
	同級1〜3着	5	7	0	8	25.0%	60.0%	60.0%	157	104
	同級4〜5着	2	1	3	14	10.0%	15.0%	30.0%	47	42
	同級6〜9着	0	3	3	16	0.0%	13.6%	27.3%	0	215
	同級10着〜	0	1	1	30	0.0%	3.1%	6.3%	0	30
	4角通過	1	2	3	4	5	6	7	8	9	10	11	12	13	14	15	16	17	18
東京芝1800m（下り）	全体	7	6	6	75	7.4%	13.8%	20.2%	35	68
	昇級1着	0	0	1	4	0.0%	0.0%	20.0%	0	26
	同級1〜3着	3	3	2	11	17.6%	23.5%	35.3%	111	67
	同級4〜5着	3	0	1	10	21.4%	21.4%	28.6%	68	38
	同級6〜9着	1	2	2	23	3.6%	10.7%	17.9%	18	88
	同級10着〜	0	2	0	23	0.0%	8.0%	8.0%	0	79
	4角通過	1	2	3	4	5	6	7	8	9	10	11	12	13	14	15	16	17	18

福島芝2000m（下りスタート）

【狙い目】前走東京芝2000mで4角4～10番手＆4～9着

●前走中山芝2000ｍ：下りＳ→下りＳ。コーナー４つ、小回りなど共通性が多いレイアウトで、求められる適性は近い。中央→ローカルでメンバーは軽くなる。なのに振るわない、要注意のコース替わりだ。

●前走東京芝2000ｍ：平坦Ｓ→下りＳ。レイアウトの共通性は低く、同級１～３着が直結しないのは妥当で、同級４～５着や６～９着からの巻き返しを期待できる。前走４角２～３番手の【0.0.1.11】は落とし穴。

福島芝2000m■馬番別成績（複勝率）

馬番	1	2	3	4	5	6	7	8	9	10	11	12	13	14	15	16
複勝率	12.9%	25.8%	19.4%	21.0%	24.2%	21.0%	24.2%	15.0%	32.8%	19.7%	16.7%	25.5%	16.3%	21.7%	12.2%	23.5%

福島芝2000m■騎手・種牡馬ベスト3＋1

	順位	名前	1着	2着	3着	4着～	勝率	連対率	複勝率	単回値	複回値
騎手	1	丹内祐次	5	1	3	17	19.2%	23.1%	34.6%	88	74
	2	田辺裕信	4	1	1	9	26.7%	33.3%	40.0%	154	84
	3	戸崎圭太	3	3	1	10	17.6%	35.3%	41.2%	57	64
	注	永島まなみ	3	1	1	9	21.4%	28.6%	35.7%	190	106
種牡馬	1	キズナ	6	3	8	18	17.6%	26.5%	47.1%	299	160
	2	スクリーンヒーロー	6	2	2	14	25.0%	33.3%	41.7%	133	91
	3	ゴールドシップ	4	4	1	42	7.8%	15.7%	17.6%	80	42
	注	ロードカナロア	3	0	2	11	18.8%	18.8%	31.3%	110	116

■福島芝 2000 m（下りスタート）

前走コース（スタート）	前走	1着	2着	3着	4着～	勝率	連対率	複勝率	単回値	複回値
中山芝2000m（下り）	全体	3	3	3	50	5.1%	10.2%	15.3%	21	40
	昇級1着	1	0	0	4	20.0%	20.0%	20.0%	80	38
	同級1～3着	1	1	1	8	9.1%	18.2%	27.3%	21	41
	同級4～5着	0	2	0	7	0.0%	22.2%	22.2%	0	42
	同級6～9着	1	0	0	21	4.5%	4.5%	4.5%	27	9
	同級10着～	0	0	2	10	0.0%	0.0%	16.7%	0	95

4角通過	1	2	3	4	5	6	7	8	9	10	11	12	13	14	15	16	17	18

前走コース（スタート）	前走	1着	2着	3着	4着～	勝率	連対率	複勝率	単回値	複回値
東京芝2000m（平坦）	全体	3	5	7	37	5.8%	15.4%	28.8%	30	94
	昇級1着	0	0	1	4	0.0%	0.0%	20.0%	0	36
	同級1～3着	1	0	0	8	11.1%	11.1%	11.1%	100	41
	同級4～5着	2	4	4	6	12.5%	37.5%	62.5%	43	139
	同級6～9着	0	1	1	8	0.0%	10.0%	20.0%	0	176
	同級10着～	0	0	1	10	0.0%	0.0%	9.1%	0	33

4角通過	1	2	3	4	5	6	7	8	9	10	11	12	13	14	15	16	17	18

福島ダート1150m（上りスタート）

【狙い目】前走新潟ダ1200mで4角1～7番手＆着順不問

●前走中山ダ1200m：下りS→上りS。芝スタート、短い直線など基本的なレイアウトが似ていて、中央→ローカル替わりでもある。なのに意外と直結しないのは、スタートの坂の影響か。ただし、昇級馬は強い。

●前走新潟ダ1200m：平坦S→上りS。同級4～5着の好走率は平均的だが、激走は多め。同級10着以下の巻き返しも。ただ、着順より前走4角1～7番手が重要で、8番手以降は【1.1.2.70】と相当厳しい。

福島ダート1150m■馬番別成績（複勝率）

馬番	1	2	3	4	5	6	7	8	9	10	11	12	13	14	15	16
複勝率	30.9%	14.9%	14.9%	22.1%	18.9%	25.3%	13.7%	20.2%	18.9%	28.7%	20.4%	18.0%	13.3%	10.7%	17.8%	30.9%

福島ダート1150m■騎手・種牡馬ベスト3＋1

	順位	名前	1着	2着	3着	4着～	勝率	連対率	複勝率	単回値	複回値
騎手	1	永島まなみ	7	3	3	24	18.9%	27.0%	35.1%	115	79
	2	菅原明良	6	2	5	21	17.6%	23.5%	38.2%	352	117
	3	角田大和	5	4	1	21	16.1%	29.0%	32.3%	128	105
	注	田辺裕信	5	2	4	9	25.0%	35.0%	55.0%	164	137
種牡馬	1	ヘニーヒューズ	6	10	7	44	9.0%	23.9%	34.3%	35	115
	2	サウスヴィグラス	6	1	5	21	18.2%	21.2%	36.4%	189	117
	3	ロードカナロア	6	1	2	48	10.5%	12.3%	15.8%	67	43
	注	ドレフォン	3	2	2	15	13.6%	22.7%	31.8%	212	103

■福島ダート1150m（上りスタート）　　　　　　　　　プラチナシート 50

前走コース（スタート）	前走	1着	2着	3着	4着～	勝率	連対率	複勝率	単回値	複回値
中山ダ1200m（下り）	全体	11	14	15	183	4.9%	11.2%	17.9%	39	53
	昇級1着	3	2	2	9	18.8%	31.3%	43.8%	152	101
	同級1～3着	3	6	3	23	8.6%	25.7%	34.3%	30	53
	同級4～5着	1	3	0	28	3.1%	12.5%	12.5%	15	38
	同級6～9着	3	2	6	48	5.1%	8.5%	18.6%	68	77
	同級10着～	1	1	4	72	1.3%	2.6%	7.7%	10	34
	4角通過	1	2	3	4	5	6	7	8	9	10	11	12	13	14	15	16

| | 4角通過 | 1 | 2 | 3 | 4 | 5 | 6 | 7 | 8 | 9 | 10 | 11 | 12 | 13 | 14 | 15 | 16 |

新潟ダ1200m（平坦）	全体	18	20	11	172	8.1%	17.2%	22.2%	97	83
	昇級1着	1	0	1	11	7.7%	7.7%	15.4%	40	42
	同級1～3着	4	8	3	24	10.3%	30.8%	38.5%	34	105
	同級4～5着	6	6	4	38	11.1%	22.2%	29.6%	118	108
	同級6～9着	3	3	2	48	5.4%	10.7%	14.3%	67	57
	同級10着～	4	3	1	50	6.9%	12.1%	13.8%	164	82
	4角通過	1	2	3	4	5	6	7	8	9	10	11	12	13	14	15

福島ダート1700m（上りスタート）

【狙い目】前走中山ダ1800mで4角1～2番手＆1～9着

●前走東京ダ1600m：下りS→上りS。同級1～3着の好走率は水準以上だが人気になりやすい。勝率で大差ない同級4～5着の1着固定が面白い。前走4角1～2番手は堅実も過剰人気で、5～8番手に妙味。

●前走中山ダ1800m：上りS→上りS。コーナー4つ、小回りと共通点が多く、昇級馬が即通用する。ただし、同級1～3着や4～5着は罠。狙いたいのは単複の回収値が爆発している同級6～9着だ。

福島ダート1700m■馬番別成績（複勝率）

馬番	1	2	3	4	5	6	7	8	9	10	11	12	13	14	15
複勝率	20.3%	24.3%	16.9%	21.8%	23.6%	16.9%	21.6%	19.6%	13.4%	25.2%	19.6%	22.0%	21.3%	25.4%	19.5%

福島ダート1700m■騎手・種牡馬ベスト3＋1

	順位	名前	1着	2着	3着	4着～	勝率	連対率	複勝率	単回値	複回値
騎手	1	戸崎圭太	11	3	4	24	26.2%	33.3%	42.9%	110	90
	2	田辺裕信	8	5	4	10	29.6%	48.1%	63.0%	87	124
	3	菱田裕二	8	4	2	27	19.5%	29.3%	34.1%	227	120
	注	菊沢一樹	8	3	8	50	11.6%	15.9%	27.5%	329	222
種牡馬	1	シニスターミニスター	11	6	11	48	14.5%	22.4%	36.8%	102	97
	2	オルフェーヴル	7	1	4	29	17.1%	19.5%	29.3%	515	173
	3	ヘニーヒューズ	5	5	5	39	9.3%	18.5%	27.8%	43	53
	注	ドレフォン	5	4	3	29	12.2%	22.0%	29.3%	239	99

■福島ダート1700m（上りスタート）　プラチナシート51

前走コース（スタート）	前走	1着	2着	3着	4着～	勝率	連対率	複勝率	単回値	複回値
東京ダ1600m（下り）	全体	25	16	27	217	8.8%	14.4%	23.9%	49	51
	昇級1着	1	2	0	9	8.3%	25.0%	25.0%	10	45
	同級1～3着	8	4	11	22	17.8%	26.7%	51.1%	66	78
	同級4～5着	10	4	7	38	16.9%	23.7%	35.6%	83	70
	同級6～9着	4	2	7	64	5.2%	7.8%	16.9%	52	54
	同級10着～	1	4	2	80	1.1%	5.7%	8.0%	21	25
	4角通過	1	2	3	4	5	6	7	8	9	10	11	12	13	14	15	16
中山ダ1800m（上り）	全体	19	24	15	194	7.5%	17.1%	23.0%	98	95
	昇級1着	3	7	1	7	16.7%	55.6%	61.1%	86	147
	同級1～3着	4	3	2	22	12.9%	22.6%	29.0%	44	44
	同級4～5着	1	4	4	30	2.4%	19.0%	28.6%	5	68
	同級6～9着	8	4	4	48	12.5%	18.8%	25.0%	307	219
	同級10着～	1	3	4	84	1.1%	4.3%	8.7%	15	31
	4角通過	1	2	3	4	5	6	7	8	9	10	11	12	13	14	15	16

小倉芝1200m（下りスタート）

【狙い目】前走中京芝1200mで4角1～12番手＆10着以下

●前走中京芝 1200 m：平坦S→下りS。中京の次に小倉という開催順が多く、よく見られるコース替わり。レイアウトの共通点はあまりないが、比較的メンバーが揃う中京からの転戦で、基本的な好走率は高い。前走好走なら有望で、同級 10 着以下からの巻き返しもしばしば発生する。

●前走福島芝 1200 m：上りS→下りS。基本的なレイアウトは似ているが、スタートの坂が違う。上りS→下りSで流れが速くなり、前走で後ろから行って 10 着以下に大敗していた馬の大駆けに注意が必要だ。

●前走阪神芝 1200 m：平坦S→下りS。全体的に好走率は案外だが、前走4角5～8番手なら【5.5.1.27】、勝率 13.2%、複勝率 28.9%、単回値 272 円、複回値 164 円。下りSのハイペースに乗じて差してくる。

●前走阪神芝 1400 m：平坦S→下りS。ひとつ上の前走阪神芝 1400 mと同様に、好走率はあまり高くない。200 m短縮でさらに適性がズレることもあり、同級6～9着から巻き返して穴のパターンには注意したい。

●前走新潟芝 1200 m：平坦S→下りS、左→右回りと条件が激変。出走例はそれほど多くないが、同級6～9着や 10 着以下に敗れていた差し馬が、下りSの激流に乗じて激走するパターンに要注意だ。

小倉芝1200m■馬番別成績（複勝率）

馬番	1	2	3	4	5	6	7	8	9	10	11	12	13	14	15	16	17	18
複勝率	18.9%	16.9%	16.8%	22.2%	18.4%	22.1%	15.1%	20.4%	17.7%	21.6%	19.5%	24.6%	21.6%	19.2%	21.7%	19.9%	14.9%	17.5%

小倉芝1200m■騎手・種牡馬ベスト7＋1

	順位	名前	1着	2着	3着	4着～	勝率	連対率	複勝率	単回値	複回値
騎手	1	松山弘平	16	9	5	62	17.4%	27.2%	32.6%	94	68
	2	西村淳也	15	4	11	110	10.7%	13.6%	21.4%	81	73
	3	幸英明	14	9	12	82	12.0%	19.7%	29.9%	186	108
	4	藤岡康太	11	18	9	96	8.2%	21.6%	28.4%	56	76
	5	鮫島克駿	11	9	6	71	11.3%	20.6%	26.8%	167	99
	6	富田暁	10	11	4	107	7.6%	15.9%	18.9%	78	51
	7	川田将雅	10	4	2	8	41.7%	58.3%	66.7%	166	112
	注	酒井学	6	5	4	45	10.0%	18.3%	25.0%	196	130
種牡馬	1	ロードカナロア	32	24	14	211	11.4%	19.9%	24.9%	133	76
	2	ダイワメジャー	20	13	11	122	12.0%	19.9%	26.5%	143	94
	3	ビッグアーサー	8	10	4	61	9.6%	21.7%	26.5%	96	67
	4	モーリス	6	7	5	78	6.3%	13.5%	18.8%	79	71
	5	ミッキーアイル	6	5	10	71	6.5%	12.0%	22.8%	84	73
	6	キズナ	6	3	5	86	6.0%	9.0%	14.0%	33	36
	7	エイシンフラッシュ	6	3	2	34	13.3%	20.0%	24.4%	63	77
	注	エイシンヒカリ	5	3	3	27	13.2%	21.1%	28.9%	270	148

前走コース（スタート）	前走	1着	2着	3着	4着～	勝率	連対率	複勝率	単回値	複回値
中京芝1200m（平坦）	全体	24	16	25	173	10.1%	16.8%	27.3%	109	103
	昇級1着	4	0	1	9	28.6%	28.6%	35.7%	153	67
	同級1～3着	10	3	5	22	25.0%	32.5%	45.0%	144	88
	同級4～5着	2	2	4	25	6.1%	12.1%	24.2%	44	54
	同級6～9着	3	3	5	50	4.9%	9.8%	18.0%	98	62
	同級10着～	5	3	7	57	6.9%	11.1%	20.8%	146	175
	4角通過	1 2 3 4	5 6	7 8	9 10	11 12	13 14	15 16	17 18	

福島芝1200m（上り）	全体	12	15	16	190	5.2%	11.6%	18.5%	131	116
	昇級1着	1	2	0	16	5.3%	15.8%	15.8%	121	193
	同級1～3着	3	3	7	12	12.0%	24.0%	52.0%	36	130
	同級4～5着	4	1	0	16	19.0%	23.8%	23.8%	126	54
	同級6～9着	1	6	3	72	1.2%	8.5%	12.2%	18	76
	同級10着～	1	3	6	69	1.3%	5.1%	12.7%	207	130
	4角通過	1 2 3 4	5 6	7 8	9 10	11 12	13 14	15 16	

阪神芝1200m（平坦）	全体	12	12	7	126	7.6%	15.3%	19.7%	81	74
	昇級1着	2	2	1	11	12.5%	25.0%	31.3%	51	80
	同級1～3着	3	4	2	12	14.3%	33.3%	42.9%	34	70
	同級4～5着	3	3	1	18	12.0%	24.0%	28.0%	91	60
	同級6～9着	2	2	3	44	3.9%	7.8%	13.7%	136	123
	同級10着～	2	0	0	41	4.7%	4.7%	4.7%	44	18
	4角通過	1 2	3 4	5 6	7 8	9 10	11 12	13 14	15 16	

阪神芝1400m（平坦）	全体	10	12	8	108	7.2%	15.9%	21.7%	74	74
	昇級1着	0	0	1	4	0.0%	0.0%	20.0%	0	58
	同級1～3着	3	2	1	9	20.0%	33.3%	40.0%	58	66
	同級4～5着	2	0	1	12	13.3%	13.3%	20.0%	110	68
	同級6～9着	5	5	2	42	9.3%	18.5%	22.2%	142	93
	同級10着～	0	5	2	34	0.0%	12.2%	17.1%	0	71
	4角通過	1 2	3 4	5 6	7 8	9 10	11 12	13 14	15 16	17 18

新潟芝1200m（平坦）	全体	4	4	4	42	7.4%	14.8%	22.2%	265	134
	昇級1着	0	0	0	0	–	–	–	–	–
	同級1～3着	0	0	1	8	0.0%	0.0%	11.1%	0	31
	同級4～5着	0	1	0	4	0.0%	20.0%	20.0%	0	58
	同級6～9着	2	2	2	16	9.1%	18.2%	27.3%	117	112
	同級10着～	2	1	1	12	12.5%	18.8%	25.0%	735	265
	4角通過	1 2	3 4	5 6	7 8	9 10	11 12	13 14	15 16	17 18

小倉芝1800m（平坦スタート）

【狙い目】前走阪神芝1600mで4角2〜16番手＆1〜9着

●前走小倉芝2000ｍ：平坦Ｓ→平坦Ｓかつ同場で、シンプルに200ｍ短縮するだけ。若干速くなるペースについていけることが重要で、前走4角1〜6番手だった馬なら【10.8.8.49】、勝率13.3％、複勝率34.7％、単回値131円、複回値95円と非常に堅実な成績を残している。

●前走中京芝1600ｍ：上りＳ→平坦Ｓ、左→右回り、200ｍ延長と条件激変。ところが、同級1〜3着がかなりの好成績で、同級4〜5着も単回値219円。条件激変のわりに意外なほど直結するコース替わりだ。

●前走阪神芝1600ｍ：平坦Ｓ→平坦Ｓを除いて条件はだいぶ異なるが、メンバーが楽になるのが大きい。同級10着以下を除いてかなり有望。ただし、前走4角1番手がすべて凡走という点に注意を要する。

●前走阪神芝1800ｍ：平坦Ｓ→平坦Ｓ、同距離だが、コーナー2回→4回の違いがある。同級1〜3着だった馬は適性がズレてしまい、同級4〜5着にチョイ負けしていた馬がピタリのケースが少なくない。

●前走阪神芝2000ｍ：上りＳ→平坦Ｓ、200ｍ短縮と条件は異なるが、同級1〜3着も10着以下も抜群という要注意のコース替わり。前走4角1〜4番手なら堅実、7〜13番手は人気薄の激走がある。

小倉芝1800m■馬番別成績（複勝率）

馬番	1	2	3	4	5	6	7	8	9	10	11	12	13	14	15	16
複勝率	19.6%	23.1%	21.6%	25.7%	21.6%	19.9%	26.9%	26.2%	23.3%	24.2%	22.6%	21.9%	24.0%	13.8%	14.9%	31.0%

小倉芝1800m■騎手・種牡馬ベスト7＋1

	順位	名前	1着	2着	3着	4着〜	勝率	連対率	複勝率	単回値	複回値
騎手	1	西村淳也	14	12	12	59	14.4%	26.8%	39.2%	142	108
	2	川田将雅	9	8	4	6	33.3%	63.0%	77.8%	75	99
	3	吉田隼人	8	6	3	29	17.4%	30.4%	37.0%	68	71
	4	松山弘平	6	8	0	30	12.0%	28.0%	40.0%	59	57
	5	松若風馬	6	6	5	37	11.1%	22.2%	31.5%	85	92
	6	丹内祐次	5	7	3	37	9.6%	23.1%	28.8%	128	92
	7	和田竜二	5	4	8	30	10.6%	19.1%	36.2%	79	70
	注	坂井瑠星	4	4	2	11	19.0%	38.1%	47.6%	161	128
種牡馬	1	ディープインパクト	16	14	9	79	13.6%	25.4%	33.1%	84	65
	2	ドゥラメンテ	11	7	6	42	16.2%	26.5%	38.2%	87	118
	3	モーリス	10	7	5	53	13.3%	22.7%	29.3%	73	64
	4	キタサンブラック	10	2	1	17	33.3%	40.0%	43.3%	242	81
	5	エピファネイア	8	11	7	60	9.3%	22.1%	30.2%	24	71
	6	キズナ	7	9	7	60	8.3%	19.0%	28.6%	82	86
	7	ルーラーシップ	6	6	10	60	6.7%	13.5%	24.7%	46	67
	注	ゴールドシップ	6	2	2	36	13.0%	17.4%	21.7%	119	88

■小倉芝1800m（平坦スタート）

前走コース（スタート）	前走	1着	2着	3着	4着～	勝率	連対率	複勝率	単回値	複回値
小倉芝2000m（平坦）	全体	10	8	10	93	8.3%	14.9%	23.1%	81	63
	昇級1着	0	0	0	3	0.0%	0.0%	0.0%	0	0
	同級1～3着	5	2	4	16	18.5%	25.9%	40.7%	72	77
	同級4～5着	2	3	4	17	7.7%	19.2%	34.6%	74	80
	同級6～9着	3	3	1	30	8.1%	16.2%	18.9%	162	62
	同級10着～	0	0	1	21	0.0%	0.0%	4.5%	0	51
	4角通過	1 2 3 4 5 6 7 8 9 10 11 12 13 14 15 16 17 18								
中京芝1600m（上り）	全体	10	11	14	79	8.8%	18.4%	30.7%	73	108
	昇級1着	1	0	0	3	25.0%	25.0%	25.0%	32	27
	同級1～3着	4	7	2	5	22.2%	61.1%	72.2%	88	132
	同級4～5着	2	2	0	8	18.2%	18.2%	27.3%	219	70
	同級6～9着	2	3	5	32	4.8%	11.9%	23.8%	38	54
	同級10着～	1	1	6	29	2.7%	5.4%	21.6%	70	182
	4角通過	1 2 3 4 5 6 7 8 9 10 11 12 13 14 15 16								
阪神芝1600m（平坦）	全体	15	14	9	69	14.0%	27.1%	35.5%	67	66
	昇級1着	0	2	0	2	0.0%	50.0%	50.0%	0	55
	同級1～3着	6	2	3	7	33.3%	44.4%	61.1%	108	101
	同級4～5着	3	3	3	11	15.0%	30.0%	45.0%	42	65
	同級6～9着	4	4	3	24	11.4%	22.9%	31.4%	70	77
	同級10着～	1	1	0	25	3.7%	7.4%	7.4%	64	25
	4角通過	1 2 3 4 5 6 7 8 9 10 11 12 13 14 15 16 17 18								
阪神芝1800m（平坦）	全体	8	9	9	78	7.7%	16.3%	25.0%	56	73
	昇級1着	0	2	1	6	0.0%	22.2%	33.3%	0	66
	同級1～3着	3	2	2	15	13.6%	22.7%	31.8%	32	41
	同級4～5着	4	3	1	10	22.2%	38.9%	44.4%	263	142
	同級6～9着	1	1	3	26	3.2%	6.5%	16.1%	13	55
	同級10着～	0	1	2	20	0.0%	4.3%	13.0%	0	81
	4角通過	1 2 3 4 5 6 7 8 9 10 11 12 13 14 15 16 17 18								
阪神芝2000m（上り）	全体	10	4	6	39	16.9%	23.7%	33.9%	286	97
	昇級1着	0	0	0	2	0.0%	0.0%	0.0%	0	0
	同級1～3着	2	1	2	5	20.0%	30.0%	50.0%	54	113
	同級4～5着	2	1	1	7	18.2%	27.3%	36.4%	62	64
	同級6～9着	2	1	0	14	11.8%	17.6%	17.6%	60	37
	同級10着～	3	0	2	9	21.4%	21.4%	35.7%	1023	207
	4角通過	1 2 3 4 5 6 7 8 9 10 11 12 13 14 15 16								

小倉芝2000m（平坦スタート）

【狙い目】前走阪神芝2000mで4角1～10番手＆1～9着

●前走中京芝2000m；上りS→平坦S、左→右回りでレイアウトの共通性はそれほどないが、メンバーが少し軽くなることもあって好走率は水準以上のコース替わり。ただし、同級1～3着は人気になりやすく、妙味なし。同級4～5着や昇級1着に美味しい馬が潜んでいる。

●前走小倉芝1800m：平坦S→平坦S。同場でシンプルに200m延長するだけのコース替わりだが、成績はイマイチで、特に勝率、単回値が低い。同級1～3着だった馬でも勝率4.0％しかなく、1着固定は危険。

●前走阪神芝2000m：上りS→平坦Sだが、直結度はかなり高い。どちらもコーナー4つの右回りで、相手関係が楽になるのが大きい。前走で後ろから行っていた馬を除き、掲示板に載っていればチャンス大。

●前走中京芝2200m：下りS→平坦S、左→右回り、200m短縮。レイアウトの共通点はないに等しく、実際に成績も振るわない。前走4角11～13番手だった馬が複勝率55.6％、複回値178円という点には注意したい。

●前走阪神芝1800m：平坦S→平坦S。コーナー2回→4回でレースの特性はまったく異なるが、阪神芝1800mは強メンバー。相手関係が楽になって好走。ただし、前走4角1～2番手だった馬は大苦戦。

小倉芝2000m■馬番別成績（複勝率）

馬番	1	2	3	4	5	6	7	8	9	10	11	12	13	14	15	16	17	18
複勝率	20.5%	25.8%	27.4%	29.8%	19.4%	25.2%	22.0%	28.2%	19.0%	20.8%	25.3%	22.9%	19.7%	25.5%	17.5%	13.3%	17.4%	5.9%

小倉芝2000m■騎手・種牡馬ベスト7＋1

	順位	名前	1着	2着	3着	4着～	勝率	連対率	複勝率	単回値	複回値
騎手	1	藤岡康太	13	8	5	50	17.1%	27.6%	34.2%	111	79
	2	西村淳也	9	18	8	44	11.4%	34.2%	44.3%	93	134
	3	松山弘平	9	5	1	21	25.0%	38.9%	41.7%	91	69
	4	浜中俊	8	5	5	23	19.5%	31.7%	43.9%	83	78
	5	藤岡佑介	7	5	2	16	23.3%	40.0%	46.7%	108	85
	6	横山和生	7	4	5	12	25.0%	39.3%	57.1%	155	141
	7	鮫島克駿	6	6	7	28	12.8%	25.5%	40.4%	107	105
	注	松本大輝	3	4	1	21	10.3%	24.1%	27.6%	132	93
種牡馬	1	ハーツクライ	10	12	11	60	10.8%	23.7%	35.5%	56	101
	2	エピファネイア	10	6	4	63	12.0%	19.3%	24.1%	139	55
	3	ハービンジャー	8	14	9	62	8.6%	23.7%	33.3%	36	78
	4	ルーラーシップ	8	7	7	57	10.1%	19.0%	27.8%	62	50
	5	ディープインパクト	8	5	4	62	10.1%	16.5%	21.5%	44	59
	6	モーリス	8	3	6	30	17.0%	23.4%	36.2%	245	141
	7	ドゥラメンテ	6	7	11	53	7.8%	16.9%	31.2%	33	115
	注	シルバーステート	6	3	2	18	20.7%	31.0%	37.9%	122	97

■小倉芝2000m（平坦スタート）

前走コース（スタート）	前走	1着	2着	3着	4着～	勝率	連対率	複勝率	単回値	複回値
中京芝2000m（上り）	全体	20	17	20	123	11.1%	20.6%	31.7%	79	76
	昇級1着	4	1	2	8	26.7%	33.3%	46.7%	127	83
	同級1〜3着	6	3	6	17	18.8%	28.1%	46.9%	50	68
	同級4〜5着	6	3	6	21	16.7%	25.0%	41.7%	112	78
	同級6〜9着	3	9	3	46	4.9%	19.7%	24.6%	58	78
	同級10着〜	1	1	2	29	3.0%	6.1%	12.1%	95	80
	4角通過	1　2	3　4	5　6	7　8	9　10	11　12	13　14	15　16	17　18
小倉芝1800m（平坦）	全体	5	15	12	132	3.0%	12.2%	19.5%	22	76
	昇級1着	1	0	1	7	11.1%	11.1%	22.2%	43	62
	同級1〜3着	1	6	2	16	4.0%	28.0%	36.0%	8	56
	同級4〜5着	1	4	3	27	2.9%	14.3%	22.9%	10	49
	同級6〜9着	2	3	4	40	4.1%	10.2%	18.4%	56	118
	同級10着〜	0	2	1	38	0.0%	4.9%	7.3%	0	60
	4角通過	1　2	3　4	5　6	7　8	9　10	11　12	13　14	15　16	
阪神芝2000m（上り）	全体	14	9	7	44	18.9%	31.1%	40.5%	189	97
	昇級1着	2	0	1	6	22.2%	22.2%	33.3%	550	117
	同級1〜3着	6	1	2	2	54.5%	63.6%	81.8%	191	115
	同級4〜5着	4	1	4	12	19.0%	23.8%	42.9%	254	112
	同級6〜9着	1	4	0	15	5.0%	25.0%	25.0%	42	89
	同級10着〜	1	0	0	9	10.0%	10.0%	10.0%	81	26
	4角通過	1　2	3　4	5　6	7　8	9　10	11　12	13　14	15　16	
中京芝2200m（下り）	全体	4	6	3	53	6.1%	15.2%	19.7%	37	48
	昇級1着	0	0	0	1	0.0%	0.0%	0.0%	0	0
	同級1〜3着	1	2	0	11	7.1%	21.4%	21.4%	11	26
	同級4〜5着	0	1	1	3	0.0%	20.0%	40.0%	0	102
	同級6〜9着	1	3	1	21	3.8%	15.4%	19.2%	28	52
	同級10着〜	1	0	1	15	5.9%	5.9%	11.8%	78	48
	4角通過	1　2	3　4	5　6	7　8	9　10	11　12	13　14	15　16	17　18
阪神芝1800m（平坦）	全体	8	5	3	41	14.0%	22.8%	28.1%	82	52
	昇級1着	0	0	0	3	0.0%	0.0%	0.0%	0	0
	同級1〜3着	3	2	1	3	33.3%	55.6%	66.7%	95	85
	同級4〜5着	2	2	1	5	20.0%	40.0%	50.0%	123	97
	同級6〜9着	3	1	0	12	18.8%	25.0%	25.0%	163	63
	同級10着〜	0	0	1	18	0.0%	0.0%	5.3%	0	12
	4角通過	1　2	3　4	5　6	7　8	9　10	11　12	13　14	15　16	17　18

小倉ダート1000m（下りスタート）

【狙い目】前走中京ダ1200mで4角1～6番手＆着順不問

●前走中京ダ1200ｍ：上りＳ→下りＳ、左→右回り、200ｍ短縮のコース替わり。条件激変で、同級10着以下が巻き返して穴をあけてくる。ただし、前走同級１～３着も水準以上の好走率で、買えないわけではない。

●前走新潟ダ1200ｍ：平坦Ｓ→下りＳ、左→右回り、200ｍ短縮と条件が大きく異なる。実際、同級６～９着や10着以下の巻き返しが頻発。また芝スタートの前走で４角１番手だった馬が振るわない点には注意。

小倉ダート1000m■馬番別成績（複勝率）

馬番	1	2	3	4	5	6	7	8	9	10	11	12	13	14
複勝率	23.1%	24.8%	27.6%	21.9%	21.0%	23.1%	21.9%	23.8%	21.4%	22.0%	21.4%	23.4%	19.3%	21.1%

小倉ダート1000m■騎手・種牡馬ベスト3＋1

	順位	名前	1着	2着	3着	4着～	勝率	連対率	複勝率	単回値	複回値
騎手	1	松若風馬	6	3	2	24	17.1%	25.7%	31.4%	174	174
	2	西村淳也	5	8	5	36	9.3%	24.1%	33.3%	37	66
	3	松山弘平	5	5	2	23	14.3%	28.6%	34.3%	58	65
	注	松本大輝	4	5	8	35	7.7%	17.3%	32.7%	109	134
種牡馬	1	シニスターミニスター	8	6	6	39	13.6%	23.7%	33.9%	106	150
	2	ロードカナロア	8	5	4	49	12.1%	19.7%	25.8%	56	50
	3	キンシャサノキセキ	6	9	7	40	9.7%	24.2%	35.5%	49	113
	注	ミッキーアイル	6	6	3	18	18.2%	36.4%	45.5%	404	116

■小倉ダート1000ｍ（下りスタート）

プラチナシート 55

前走コース（スタート）	前走	1着	2着	3着	4着～	勝率	連対率	複勝率	単回値	複回値
中京ダ1200m（上り）	全体	16	16	15	121	9.5%	19.0%	28.0%	110	97
	昇級1着	1	2	1	4	12.5%	37.5%	50.0%	50	103
	同級1～3着	5	1	3	8	29.4%	35.3%	52.9%	78	74
	同級4～5着	3	3	3	17	11.5%	23.1%	34.6%	56	69
	同級6～9着	3	7	5	39	5.6%	18.5%	27.8%	69	85
	同級10着～	4	2	3	53	6.5%	9.7%	14.5%	187	123
	4角通過	1 2 3 4 5 6	7 8	9 10	11 12	13 14	15 16			
新潟ダ1200m（平坦）	全体	8	4	9	48	11.6%	17.4%	30.4%	89	108
	昇級1着	0	0	1	3	0.0%	0.0%	25.0%	0	45
	同級1～3着	1	1	1	3	16.7%	33.3%	50.0%	25	88
	同級4～5着	1	0	2	6	11.1%	11.1%	33.3%	38	81
	同級6～9着	3	1	2	10	18.8%	25.0%	37.5%	98	115
	同級10着～	3	2	2	24	9.7%	16.1%	22.6%	132	126
	4角通過	1 2 3 4 5 6 7 8	9 10	11 12	13 14	15				

小倉ダート1700m（平坦スタート）

【狙い目】前走中京ダ1800mで4角1〜7番手＆1〜3着

●前走中京ダ1800m：上りS→平坦S、左→右回り、100m短縮と条件激変だが、昇級1着や同級1〜3着の成績がよく、思った以上に直結する。また、前走4角1〜7番手にはつけられる最低限の先行力は必須だ。

●前走阪神ダ1800m：上りS→平坦S。前走着順別の成績は特に傾向がなく、見るとすれば4角通過順。前走4角1〜6番手で回る先行力は欲しいが、2番手のみ好走率を落とす点に注意。上位人気でも振るわない。

小倉ダート1700m■馬番別成績（複勝率）

馬番	1	2	3	4	5	6	7	8	9	10	11	12	13	14	15	16
複勝率	21.2%	25.0%	16.7%	25.0%	17.7%	22.2%	19.7%	21.6%	21.5%	19.6%	20.2%	22.4%	19.9%	13.3%	18.1%	17.5%

小倉ダート1700m■騎手・種牡馬ベスト3＋1

	順位	名前	1着	2着	3着	4着〜	勝率	連対率	複勝率	単回値	複回値
騎手	1	藤岡康太	14	10	18	88	10.8%	18.5%	32.3%	97	97
	2	松山弘平	14	5	8	56	16.9%	22.9%	32.5%	87	73
	3	西村淳也	13	12	10	100	9.6%	18.5%	25.9%	55	67
	注	浜中俊	13	8	6	36	20.6%	33.3%	42.9%	138	102
種牡馬	1	ルーラーシップ	13	6	11	110	9.3%	13.6%	21.4%	121	117
	2	パイロ	10	9	3	52	13.5%	25.7%	29.7%	103	77
	3	シニスターミニスター	10	1	4	67	12.2%	13.4%	18.3%	96	54
	注	ロードカナロア	9	6	9	77	8.9%	14.9%	23.8%	221	124

■小倉ダート1700m（平坦スタート）

プラチナシート56

前走コース（スタート）	前走	1着	2着	3着	4着〜	勝率	連対率	複勝率	単回値	複回値
中京ダ1800m（上り）	全体	31	29	34	298	7.9%	15.3%	24.0%	54	80
	昇級1着	4	2	4	16	15.4%	23.1%	38.5%	101	91
	同級1〜3着	14	7	7	27	25.5%	38.2%	50.9%	84	76
	同級4〜5着	4	8	7	44	6.3%	19.0%	30.2%	52	89
	同級6〜9着	6	6	12	118	4.2%	9.1%	17.5%	46	93
	同級10着〜	3	5	4	91	2.9%	7.8%	11.7%	40	58

4角通過	1	2	3	4	5	6	7	8	9	10	11	12	13	14	15	16

前走コース（スタート）	前走	1着	2着	3着	4着〜	勝率	連対率	複勝率	単回値	複回値
阪神ダ1800m（上り）	全体	29	24	25	254	8.7%	16.0%	23.5%	58	74
	昇級1着	5	2	0	23	16.7%	23.3%	23.3%	70	53
	同級1〜3着	9	6	8	32	16.4%	30.9%	41.8%	78	75
	同級4〜5着	6	2	10	41	10.2%	13.6%	30.5%	76	100
	同級6〜9着	7	10	4	74	7.3%	17.7%	22.9%	57	93
	同級10着〜	2	2	4	82	2.2%	4.4%	8.9%	31	47

4角通過	1	2	3	4	5	6	7	8	9	10	11	12	13	14	15	16

札幌芝1200m（平坦スタート）

【狙い目】前走札幌芝1500mで4角2～6番手＆1～9着

●前走函館芝1200ｍ：上りＳ→平坦Ｓ。どちらも洋芝と一緒くたにされがちだが、スタートの坂の違いもあって直結度は意外に高くない。同級6～9着に負けていた馬が人気を落として巻き返すパターンに要注意。

●前走札幌芝1500ｍ：平坦Ｓ→平坦Ｓ。前走で一定の先行力を見せ、ひとケタ着順なら注目の価値。ただし、前走4角1番手だった馬はすべて凡走。300ｍ短縮でテンが速く、今走でも逃げられるとは限らない。

札幌芝1200m■馬番別成績（複勝率）

馬番	1	2	3	4	5	6	7	8	9	10	11	12	13	14	15	16
複勝率	18.3%	24.4%	24.7%	29.3%	13.6%	26.8%	18.5%	22.2%	14.5%	11.1%	26.5%	15.4%	19.4%	28.8%	28.6%	26.7%

札幌芝1200m■騎手・種牡馬ベスト3＋1

	順位	名前	1着	2着	3着	4着～	勝率	連対率	複勝率	単回値	複回値
騎手	1	横山武史	9	9	7	30	16.4%	32.7%	45.5%	138	99
	2	丹内祐次	8	3	8	43	12.9%	17.7%	30.6%	208	118
	3	武豊	7	9	2	22	17.5%	40.0%	45.0%	111	86
	注	亀田温心	4	3	2	16	16.0%	28.0%	36.0%	214	219
種牡馬	1	ロードカナロア	7	9	4	44	10.9%	25.0%	31.3%	127	71
	2	ダイワメジャー	4	0	3	43	8.0%	8.0%	14.0%	79	40
	3	キズナ	4	0	3	20	14.8%	14.8%	25.9%	92	61
	注	ジョーカプチーノ	3	3	1	10	17.6%	35.3%	41.2%	320	170

■札幌芝 1200 ｍ（平坦スタート）

前走コース（スタート）	前走	1着	2着	3着	4着～	勝率	連対率	複勝率	単回値	複回値
函館芝1200m（上り）	全体	22	26	22	262	6.6%	14.5%	21.1%	62	55
	昇級1着	3	6	2	21	9.4%	28.1%	34.4%	66	69
	同級1～3着	8	9	7	45	11.6%	24.6%	34.8%	45	65
	同級4～5着	4	5	3	53	6.2%	13.8%	18.5%	30	63
	同級6～9着	6	6	8	73	6.5%	12.9%	21.5%	135	70
	同級10着～	1	0	2	63	1.5%	1.5%	4.5%	11	15
	4角通過	1	2	3	4	5	6	7	8	9	10	11	12	13	14	15	16
札幌芝1500m（平坦）	全体	8	4	1	36	16.3%	24.5%	26.5%	184	70
	昇級1着	0	0	0	1	0.0%	0.0%	0.0%	0	0
	同級1～3着	3	2	1	5	27.3%	45.5%	54.5%	94	90
	同級4～5着	3	2	0	7	25.0%	41.7%	41.7%	466	135
	同級6～9着	2	0	0	10	16.7%	16.7%	16.7%	198	70
	同級10着～	0	0	0	10	0.0%	0.0%	0.0%	0	0
	4角通過	1	2	3	4	5	6	7	8	9	10	11	12	13	14

札幌芝1500m（平坦スタート）

【狙い目】前走東京芝1400mで4角5～8番手＆着順不問

●前走函館芝1800m：平坦S→平坦S。300m短縮で適性は一致せず、巻き返しが可能。同級6～9着が狙い目で、10着以下だと負けすぎ。なお、前走函館芝1200mからのコース替わりも出走は多いが、成績はイマイチ。

●前走東京芝1400m：上りS→平坦S。レイアウトは大きく異なるが、100m延長でペースが合うのか、抜群のコース替わり。もちろん相手関係も大きい。前走4角1番手以外、あまり先行していないほうがいい。

札幌芝1500m■馬番別成績（複勝率）

馬番	1	2	3	4	5	6	7	8	9	10	11	12	13	14
複勝率	27.9%	19.7%	26.7%	26.2%	25.0%	25.0%	16.4%	25.0%	32.1%	27.3%	22.6%	20.5%	17.1%	17.1%

札幌芝1500m■騎手・種牡馬ベスト3＋1

	順位	名前	1着	2着	3着	4着～	勝率	連対率	複勝率	単回値	複回値
騎手	1	横山武史	10	5	5	22	23.8%	35.7%	47.6%	59	74
	2	丹内祐次	6	6	5	28	13.3%	26.7%	37.8%	239	111
	3	横山和生	6	3	4	18	19.4%	29.0%	41.9%	124	80
	注	横山典弘	3	1	1	7	25.0%	33.3%	41.7%	310	128
種牡馬	1	エピファネイア	4	3	4	21	12.5%	21.9%	34.4%	70	63
	2	ハーツクライ	3	2	1	14	15.0%	25.0%	30.0%	119	79
	3	キズナ	3	1	0	13	17.6%	23.5%	23.5%	397	99
	注	カレンブラックヒル	2	1	0	7	20.0%	30.0%	30.0%	915	151

■札幌芝1500m（平坦スタート） プラチナシート58

前走コース（スタート）	前走	1着	2着	3着	4着～	勝率	連対率	複勝率	単回値	複回値
函館芝1800m（平坦）	全体	5	5	1	31	11.9%	23.8%	26.2%	67	51
	昇級1着	0	0	0	0	–	–	–	–	–
	同級1～3着	1	2	0	3	16.7%	50.0%	50.0%	35	83
	同級4～5着	1	2	0	7	10.0%	30.0%	30.0%	39	46
	同級6～9着	3	1	1	11	18.8%	25.0%	31.3%	140	75
	同級10着～	0	0	0	9	0.0%	0.0%	0.0%	0	0

4角通過 | 1 | 2 | 3 | 4 | 5 | 6 | 7 | 8 | 9 | 10 | 11 | 12 | 13 | 14 | 15 | 16 |

前走コース（スタート）	前走	1着	2着	3着	4着～	勝率	連対率	複勝率	単回値	複回値
東京芝1400m（上り）	全体	6	3	8	20	16.2%	24.3%	45.9%	72	104
	昇級1着	0	1	2	1	0.0%	25.0%	75.0%	0	107
	同級1～3着	2	0	0	1	66.7%	66.7%	66.7%	303	100
	同級4～5着	2	0	1	6	22.2%	22.2%	33.3%	77	65
	同級6～9着	0	2	5	4	0.0%	18.2%	63.6%	0	196
	同級10着～	2	0	0	8	20.0%	20.0%	20.0%	108	40

4角通過 | 1 | 2 | 3 | 4 | 5 | 6 | 7 | 8 | 9 | 10 | 11 | 12 | 13 | 14 | 15 | 16 | 17 | 18 |

札幌芝1800m（平坦スタート）

【狙い目】前走札幌芝2000mで4角2〜4番手＆6着以下

●前走函館芝1800m：平坦S→平坦S。ともに洋芝、コーナー4つとレイアウトが似通い、概して妙味に乏しい。好走率だけなら前走4角1〜2番手の数値は高く、あるいは不発だった差し馬の巻き返しを狙う手も。

●前走札幌芝2000m：平坦S→平坦S。ゲートが200m前に出るだけのコース替わりだがあまり直結しない。むしろ前走6着以下から巻き返してヒモ穴のパターンに注意。前走4角2〜4番手は安定して走る。

札幌芝1800m■馬番別成績（複勝率）

馬番	1	2	3	4	5	6	7	8	9	10	11	12	13	14
複勝率	36.1%	29.5%	30.0%	30.0%	24.6%	31.0%	25.9%	23.1%	20.4%	25.0%	27.3%	21.4%	45.8%	11.1%

札幌芝1800m■騎手・種牡馬ベスト3＋1

	順位	名前	1着	2着	3着	4着〜	勝率	連対率	複勝率	単回値	複回値
騎手	1	横山武史	17	4	3	20	38.6%	47.7%	54.5%	119	84
	2	吉田隼人	6	6	4	14	20.0%	40.0%	53.3%	171	110
	3	ルメール	5	5	3	8	23.8%	47.6%	61.9%	41	77
	注	斎藤新	3	1	1	12	17.6%	23.5%	29.4%	137	45
種牡馬	1	ドゥラメンテ	7	3	4	13	25.9%	37.0%	51.9%	190	107
	2	ディープインパクト	5	5	4	19	15.6%	31.3%	40.6%	62	109
	3	ハービンジャー	5	3	2	29	12.8%	20.5%	25.6%	232	78
	注	スワーヴリチャード	3	4	0	0	42.9%	100.0%	100.0%	258	160

■札幌芝1800m（平坦スタート）　　　　プラチナシート59

前走コース（スタート）	前走	1着	2着	3着	4着〜	勝率	連対率	複勝率	単回値	複回値
函館芝1800m（平坦）	全体	9	12	10	77	8.3%	19.4%	28.7%	35	76
	昇級1着	0	1	2	10	0.0%	7.7%	23.1%	0	78
	同級1〜3着	5	4	4	18	16.1%	29.0%	41.9%	48	50
	同級4〜5着	1	4	1	15	4.8%	23.8%	28.6%	17	61
	同級6〜9着	3	3	0	21	11.1%	22.2%	22.2%	73	65
	同級10着〜	0	0	2	12	0.0%	0.0%	14.3%	0	174
	4角通過	1	2	3	4	5	6	7	8	9	10	11	12	13	14	15	16
札幌芝2000m（平坦）	全体	1	4	6	28	2.6%	12.8%	28.2%	55	118
	昇級1着	0	0	3	2	0.0%	0.0%	60.0%	0	90
	同級1〜3着	0	2	0	5	0.0%	28.6%	28.6%	0	48
	同級4〜5着	0	0	1	8	0.0%	0.0%	11.1%	0	17
	同級6〜9着	1	1	1	9	8.3%	16.7%	25.0%	181	82
	同級10着〜	0	1	1	4	0.0%	16.7%	33.3%	0	448
	4角通過	1	2	3	4	5	6	7	8	9	10	11	12	13	14	15	16

札幌芝2000m（平坦スタート）

【狙い目】前走函館芝2000mで4角1〜9番手＆着順不問

●前走函館芝2000m：下りS→平坦S。前走に比べてダッシュは効かせづらくなるが、函館より差しやすい札幌に替わってかえって好都合。前走4角1〜9番手なら、前走大敗でも狙ってみる価値がある。

●前走札幌芝1800m：平坦S→平坦S。ゲートが200m後退するコース替わりだが、好走率はイマイチ。ただし激走傾向が見られ、昇級馬や前走4角1番手馬に要注意。前走4角6〜8番手は複勝率40.0％と堅実。

札幌芝2000m■馬番別成績（複勝率）

馬番	1	2	3	4	5	6	7	8	9	10	11	12	13	14	15	16
複勝率	22.7%	19.7%	28.8%	31.8%	19.7%	27.7%	26.6%	17.5%	18.3%	24.5%	15.4%	17.0%	31.8%	17.9%	17.6%	16.7%

札幌芝2000m■騎手・種牡馬ベスト3＋1

	順位	名前	1着	2着	3着	4着〜	勝率	連対率	複勝率	単回値	複回値
騎手	1	横山武史	7	7	5	25	15.9%	31.8%	43.2%	45	71
	2	横山和生	7	3	3	23	19.4%	27.8%	36.1%	165	112
	3	ルメール	6	2	2	21	19.4%	25.8%	32.3%	50	43
	注	浜中俊	3	1	3	14	14.3%	19.0%	33.3%	214	141
種牡馬	1	オルフェーヴル	7	5	2	19	21.2%	36.4%	42.4%	197	189
	2	ドゥラメンテ	6	2	4	32	13.6%	18.2%	27.3%	92	97
	3	ハーツクライ	5	2	2	46	9.1%	12.7%	16.4%	132	117
	注	キタサンブラック	3	1	1	9	21.4%	28.6%	35.7%	776	230

■札幌芝2000m（平坦スタート）　プラチナシート60

前走コース（スタート）	前走	1着	2着	3着	4着〜	勝率	連対率	複勝率	単回値	複回値
函館芝2000m（下り）	全体	13	8	14	91	10.3%	16.7%	27.8%	81	126
	昇級1着	0	1	3	7	0.0%	9.1%	36.4%	0	156
	同級1〜3着	8	2	4	18	25.0%	31.3%	43.8%	64	84
	同級4〜5着	2	1	2	15	10.0%	15.0%	25.0%	95	58
	同級6〜9着	2	3	1	37	4.7%	11.6%	14.0%	68	75
	同級10着〜	1	1	4	12	5.6%	11.1%	33.3%	188	396
	4角通過	1 2 3 4 5 6 7 8 9	10 11 12 13 14 15 16								
札幌芝1800m（平坦）	全体	5	6	4	63	6.4%	14.1%	19.2%	167	72
	昇級1着	1	1	1	1	25.0%	50.0%	75.0%	235	130
	同級1〜3着	1	3	2	12	5.6%	22.2%	33.3%	39	45
	同級4〜5着	2	0	1	13	12.5%	12.5%	18.8%	61	53
	同級6〜9着	1	1	0	26	3.6%	7.1%	7.1%	373	102
	同級10着〜	0	1	0	10	0.0%	9.1%	9.1%	0	57
	4角通過	1 2 3 4 5 6 7 8	9 10 11 12 13 14								

札幌ダート1000m（平坦スタート）

【狙い目】前走函館ダ1000mで4角1～5番手&4～9着

●前走函館ダ1000m：上りS→平坦S。同級4～5着や6～9着が抜群で、昇級馬と同級10着以下は苦戦。前走4角1～5番手が基本も、上りSの前走でダッシュがつかず4角9番手以降だった馬が、平坦Sで激変も。

●新潟ダ1200m：平坦S→平坦Sだが、芝S→ダートS、200m短縮と条件が大きく替わり、同級6～9着の激走が多発。前走である程度は先行できていた馬でなければ、激化する先行争いで後手を踏むリスクがある。

札幌ダート1000m■馬番別成績（複勝率）

馬番	1	2	3	4	5	6	7	8	9	10	11	12
複勝率	24.5%	13.2%	15.1%	24.5%	24.5%	30.2%	17.0%	32.7%	32.0%	38.8%	29.2%	32.6%

札幌ダート1000m■騎手・種牡馬ベスト3+1

	順位	名前	1着	2着	3着	4着～	勝率	連対率	複勝率	単回値	複回値
騎手	1	角田大和	4	1	1	6	33.3%	41.7%	50.0%	175	83
	2	武豊	4	1	1	8	28.6%	35.7%	42.9%	132	71
	3	横山琉人	3	3	3	16	12.0%	24.0%	36.0%	92	98
	注	横山和生	3	1	1	6	27.3%	36.4%	45.5%	159	80
種牡馬	1	ヘニーヒューズ	4	3	0	15	18.2%	31.8%	31.8%	153	74
	2	キンシャサノキセキ	3	3	1	17	12.5%	25.0%	29.2%	75	75
	3	シニスターミニスター	3	2	0	8	23.1%	38.5%	38.5%	210	83
	注	モーリス	2	1	2	11	12.5%	18.8%	31.3%	120	166

■札幌ダート1000m（平坦スタート）

前走コース（スタート）	前走	1着	2着	3着	4着～	勝率	連対率	複勝率	単回値	複回値
函館ダ1000m（上り）	全体	15	11	12	106	10.4%	18.1%	26.4%	92	75
	昇級1着	1	0	0	13	7.1%	7.1%	7.1%	22	11
	同級1～3着	6	6	3	18	18.2%	36.4%	45.5%	73	66
	同級4～5着	5	2	4	16	18.5%	25.9%	40.7%	153	107
	同級6～9着	3	3	5	38	6.1%	12.2%	22.4%	132	114
	同級10着～	0	0	0	20	0.0%	0.0%	0.0%	0	0
	4角通過	1 2 3 4 5 6 7 8 9 10 11 12								
新潟ダ1200m（平坦）	全体	3	2	5	31	7.3%	12.2%	24.4%	29	81
	昇級1着	0	0	0	3	0.0%	0.0%	0.0%	0	0
	同級1～3着	1	1	0	2	25.0%	50.0%	50.0%	50	85
	同級4～5着	0	0	0	1	0.0%	0.0%	25.0%	0	42
	同級6～9着	2	1	4	10	11.8%	17.6%	41.2%	59	166
	同級10着～	0	0	0	12	0.0%	0.0%	0.0%	0	0
	4角通過	1 2 3 4 5 6 7 8 9 10 11 12 13 14 15								

【狙い目】前走函館ダ1700mで4角2〜5番手＆1〜5着

●前走函館ダ1700ｍ：下りＳ→平坦Ｓ。同級１〜３着の好走率は標準より少し高い程度だが、回収値が高く、人気の盲点になっている前走好走馬に要注意のコース替わり。なお、前走４角１番手は過剰人気が著しい。

●前走福島ダ1700ｍ：上りＳ→平坦Ｓ。同級１〜３着、４〜５着の好走率は高いが、６着以下からの巻き返しは△。また、前走４角１〜３番手は過剰人気になりやすく、もう少し後ろだった馬のほうが狙いやすい。

札幌ダート1700m■馬番別成績（複勝率）

馬番	1	2	3	4	5	6	7	8	9	10	11	12	13	14
複勝率	21.1%	18.4%	17.6%	18.6%	20.5%	28.8%	23.0%	27.9%	26.9%	26.9%	22.2%	25.4%	19.0%	21.5%

札幌ダート1700m■騎手・種牡馬ベスト３＋１

	順位	名前	1着	2着	3着	4着〜	勝率	連対率	複勝率	単回値	複回値
騎手	1	横山武史	17	15	7	58	17.5%	33.0%	40.2%	81	72
	2	武豊	13	5	6	22	28.3%	39.1%	52.2%	227	135
	3	丹内祐次	10	17	12	81	8.3%	22.5%	32.5%	148	124
	注	池添謙一	8	5	9	34	14.3%	23.2%	39.3%	110	92
種牡馬	1	ヘニーヒューズ	10	5	4	44	15.9%	23.8%	30.2%	96	173
	2	シニスターミニスター	6	8	2	42	10.3%	24.1%	27.6%	88	73
	3	マジェスティックウォリアー	6	7	7	33	11.3%	24.5%	37.7%	169	118
	注	パイロ	5	1	3	19	17.9%	21.4%	32.1%	141	81

■札幌ダート 1700 ｍ（平坦スタート）　　　　　　　　　　　　　プラチナシート 62

前走コース （スタート）	前走	1着	2着	3着	4着〜	勝率	連対率	複勝率	単回値	複回値
函館ダ1700m （下り）	全体	27	31	40	295	6.9%	14.8%	24.9%	50	74
	昇級1着	2	2	5	27	5.6%	11.1%	25.0%	32	64
	同級1〜3着	15	16	8	45	17.9%	36.9%	46.4%	115	99
	同級4〜5着	4	4	11	40	6.8%	13.6%	32.2%	44	87
	同級6〜9着	4	8	14	105	3.1%	9.2%	19.8%	35	81
	同級10着〜	2	1	2	72	2.6%	3.9%	6.5%	19	36
	4角通過	1 2 3 4 5 6 7 8 9 10 11 12 13 14								
福島ダ1700m （上り）	全体	5	9	5	62	6.2%	17.3%	23.5%	25	103
	昇級1着	1	1	0	7	11.1%	22.2%	22.2%	16	54
	同級1〜3着	1	4	1	4	10.0%	50.0%	60.0%	51	93
	同級4〜5着	2	1	1	4	25.0%	37.5%	50.0%	55	66
	同級6〜9着	1	2	2	27	3.1%	9.4%	15.6%	30	71
	同級10着〜	0	1	1	20	0.0%	4.5%	9.1%	0	190
	4角通過	1 2 3 4 5 6 7 8 9 10 11 12 13 14 15								

函館芝1200m（上りスタート）

【狙い目】前走東京芝1400mで4角3〜14番手＆6着以下

●前走東京芝 1400 m：上りＳ→上りＳだが、距離や直線の長さから適性は異なる。そのため、同級 6 〜 9 着や 10 着以下から巻き返して勝ち切るケースが多々ある。メンバーが楽になり、基本的な好走率は高い。

●前走福島芝 1200 m：上りＳ→上りＳで、どちらも直線は短い。洋芝という特殊性はあるが、基本的な適性は共通している。同級 1 〜 3 着らしっかり勝ち切り、同級 4 〜 5 着からでも馬券圏内にしばしば突入。

函館芝1200m■馬番別成績（複勝率）

馬番	1	2	3	4	5	6	7	8	9	10	11	12	13	14	15	16
複勝率	27.0%	31.0%	17.5%	23.0%	27.2%	21.6%	30.3%	21.8%	19.5%	18.4%	28.6%	21.2%	14.3%	21.3%	30.0%	10.9%

函館芝1200m■騎手・種牡馬ベスト3＋1

	順位	名前	1着	2着	3着	4着〜	勝率	連対率	複勝率	単回値	複回値
騎手	1	横山武史	13	10	14	39	17.1%	30.3%	48.7%	89	101
	2	武豊	12	13	10	31	18.2%	37.9%	53.0%	119	108
	3	鮫島克駿	11	6	6	43	16.7%	25.8%	34.8%	129	92
	注	大野拓弥	5	2	5	10	22.7%	31.8%	54.5%	116	114
種牡馬	1	ロードカナロア	9	14	6	76	8.6%	21.9%	27.6%	44	62
	2	モーリス	8	3	4	40	14.5%	20.0%	27.3%	144	99
	3	ビッグアーサー	6	6	7	29	12.5%	25.0%	39.6%	65	83
	注	ミッキーアイル	5	3	5	18	16.1%	25.8%	41.9%	49	118

■函館芝 1200 m（上りスタート）

前走コース（スタート）	前走	1着	2着	3着	4着〜	勝率	連対率	複勝率	単回値	複回値
東京芝1400m（上り）	全体	5	8	8	45	7.6%	19.7%	31.8%	51	86
	昇級1着	0	0	0	3	0.0%	0.0%	0.0%	0	0
	同級1〜3着	0	3	1	3	0.0%	42.9%	57.1%	0	120
	同級4〜5着	0	1	1	7	0.0%	11.1%	22.2%	0	46
	同級6〜9着	2	4	3	11	10.0%	30.0%	45.0%	49	127
	同級10着〜	3	0	2	21	11.5%	11.5%	19.2%	92	66
	4角通過	1　2　**3　4**　5　6　**7　8**　9　10　11　12　**13　14**　15　16　17　18									
福島芝1200m（上り）	全体	5	6	1	50	8.1%	17.7%	19.4%	88	86
	昇級1着	0	0	0	3	0.0%	0.0%	0.0%	0	0
	同級1〜3着	3	1	0	4	37.5%	50.0%	50.0%	177	95
	同級4〜5着	0	2	0	4	0.0%	33.3%	33.3%	0	140
	同級6〜9着	2	2	0	23	7.4%	14.8%	14.8%	150	78
	同級10着〜	0	1	1	15	0.0%	5.9%	11.8%	0	98
	4角通過	1　2　**3　4**　5　**6　7　8**　9　10　11　12　13　**14**　**15**　16									

函館芝1800m（平坦スタート）

【狙い目】前走東京芝1800mで4角5〜8番手＆着順不問

●前走函館芝2000ｍ：下りＳ→平坦Ｓで200ｍ短縮。同場の芝中距離だが、さほど共通性はない。前走4角1〜4番手なら無難で、前走着順を問わず【2.2.3.14】、勝率9.5％、複勝率33.3％、単回値108円、複回値127円。

●前走東京芝1800ｍ：下りＳ→平坦Ｓ。コーナー数、直線の長さなどレイアウトの共通性は低いが、東京芝1800ｍはとにかく強メンバーで、相手関係が楽になる。前走で中団ぐらいにつけていればチャンスは大。

函館芝1800m■馬番別成績（複勝率）

馬番	1	2	3	4	5	6	7	8	9	10	11	12	13	14	15	16
複勝率	30.2%	33.3%	33.9%	21.0%	20.6%	19.4%	24.6%	18.3%	28.6%	31.4%	31.9%	19.5%	8.6%	11.5%	23.1%	0.0%

函館芝1800m■騎手・種牡馬ベスト3＋1

	順位	名前	1着	2着	3着	4着〜	勝率	連対率	複勝率	単回値	複回値
騎手	1	横山武史	8	7	5	26	17.4%	32.6%	43.5%	69	65
	2	池添謙一	6	2	6	19	18.2%	24.2%	42.4%	82	83
	3	丹内祐次	5	11	3	31	10.0%	32.0%	38.0%	64	133
	注	浜中俊	4	1	3	14	18.2%	22.7%	36.4%	135	116
種牡馬	1	キズナ	6	5	5	17	18.2%	33.3%	48.5%	175	115
	2	ディープインパクト	5	4	2	30	11.1%	26.7%	33.3%	68	67
	3	ハービンジャー	5	3	3	39	10.0%	16.0%	22.0%	112	58
	注	モーリス	3	3	1	13	15.0%	30.0%	35.0%	451	123

■函館芝 1800ｍ（平坦スタート）

前走コース（スタート）	前走	1着	2着	3着	4着〜	勝率	連対率	複勝率	単回値	複回値
函館芝2000m（下り）	全体	2	4	3	33	4.8%	14.3%	21.4%	54	89
	昇級1着	0	0	0	1	0.0%	0.0%	0.0%	0	0
	同級1〜3着	1	1	1	3	16.7%	33.3%	50.0%	33	196
	同級4〜5着	0	1	0	7	0.0%	12.5%	12.5%	0	31
	同級6〜9着	1	2	0	13	5.9%	17.6%	23.5%	121	115
	同級10着〜	0	0	1	8	0.0%	0.0%	11.1%	0	41
	4角通過	1	2	3	4	5 6 7 8 9 10 11 12 13 14 15 16					
東京芝1800m（下り）	全体	6	3	4	23	16.7%	25.0%	36.1%	146	103
	昇級1着	1	0	0	1	50.0%	50.0%	50.0%	85	55
	同級1〜3着	1	1	1	0	33.3%	66.7%	100.0%	143	130
	同級4〜5着	2	1	0	1	50.0%	75.0%	75.0%	320	122
	同級6〜9着	2	1	0	12	13.3%	20.0%	20.0%	225	66
	同級10着〜	0	0	3	7	0.0%	0.0%	30.0%	0	174
	4角通過	1	2	3	4	5 6 7 8 9 10 11 12 13 14 15 16 17 18					

【狙い目】前走福島芝2000mで4角4〜6番手＆1〜9着

●前走函館芝1800m：平坦Ｓ→下りＳ。同場だが直結度は低く、同級1〜3着馬は思った以上に振るわない。また、下りＳで意外にペースが上がり、前走で中団・後方から凡走した馬が巻き返すケースも。

●前走福島芝2000m：下りＳ→下りＳ。同距離、コーナー4つ、直線が短いと条件が似通う。出走例は多くないが、直結度は高い。前走で10着以下に大敗さえしていなければ、複勝率41.7％、複回値178円と安定。

函館芝2000m■馬番別成績（複勝率）

馬番	1	2	3	4	5	6	7	8	9	10	11	12	13	14	15	16
複勝率	26.7%	26.7%	24.4%	35.6%	27.3%	25.0%	25.0%	18.6%	31.7%	16.2%	19.4%	13.3%	16.0%	23.8%	20.0%	0.0%

函館芝2000m■騎手・種牡馬ベスト3＋1

	順位	名前	1着	2着	3着	4着〜	勝率	連対率	複勝率	単回値	複回値
騎手	1	横山武史	5	5	7	17	14.7%	29.4%	50.0%	74	97
	2	武豊	5	1	2	13	23.8%	28.6%	38.1%	140	80
	3	丹内祐次	4	6	1	27	10.5%	26.3%	28.9%	84	88
	注	富田暁	2	1	2	4	22.2%	33.3%	55.6%	203	171
種牡馬	1	ハービンジャー	7	4	3	24	18.4%	28.9%	36.8%	102	91
	2	エピファネイア	4	2	4	9	21.1%	31.6%	52.6%	100	160
	3	ハーツクライ	3	0	4	31	7.9%	7.9%	18.4%	47	74
	注	ジャスタウェイ	2	1	1	8	16.7%	25.0%	33.3%	103	67

■函館芝2000m（下りスタート）　　　　　　　　　　　　　　**プラチナシート65**

前走コース（スタート）	前走	1着	2着	3着	4着〜	勝率	連対率	複勝率	単回値	複回値
函館芝1800m（平坦）	全体	5	6	9	69	5.6%	12.4%	22.5%	33	73
	昇級1着	0	1	0	0	0.0%	100.0%	100.0%	0	150
	同級1〜3着	1	0	3	16	5.0%	5.0%	20.0%	23	37
	同級4〜5着	3	3	1	16	13.0%	26.1%	30.4%	82	82
	同級6〜9着	0	2	4	22	0.0%	7.1%	21.4%	0	96
	同級10着〜	1	0	1	15	5.9%	5.9%	11.8%	35	64
	4角通過	1 2 3 4 5 6 7 8 9 10 11 12 13 14 15 16								
福島芝2000m（下り）	全体	1	2	2	15	5.0%	15.0%	25.0%	50	107
	昇級1着	1	0	0	1	50.0%	50.0%	50.0%	500	150
	同級1〜3着	0	0	0	0	0.0%	0.0%	0.0%	0	0
	同級4〜5着	0	1	0	1	0.0%	50.0%	100.0%	0	490
	同級6〜9着	0	1	0	5	0.0%	14.3%	28.6%	0	122
	同級10着〜	0	0	0	8	0.0%	0.0%	0.0%	0	0
	4角通過	1 2 3 4 5 6 7 8 9 10 11 12 13 14 15 16								

函館ダート1000m（上りスタート）

【狙い目】前走東京ダ1400mで4角1〜5番手＆4〜9着

●前走新潟ダ1200m：平坦S→上りS。新潟ダ1200mは芝スタートということもあり、直結度はあまり高くない。前走4角1番手は意外に振るわないが、2〜3番手なら【5.0.1.9】、勝率33.3%、単回値148円。

●前走東京ダ1400m：下りS→上りS、400m短縮、直線の長さなど条件はまったく替わって巻き返し可。相手関係が楽になるのも大きい。前走4角1〜5番手なら【1.2.3.12】、複勝率33.3%、複回値98円。

函館ダート1000m■馬番別成績（複勝率）

馬番	1	2	3	4	5	6	7	8	9	10	11	12
複勝率	24.6%	29.3%	20.7%	22.4%	24.1%	23.2%	30.4%	29.1%	24.1%	18.9%	33.3%	40.0%

函館ダート1000m■騎手・種牡馬ベスト3＋1

	順位	名前	1着	2着	3着	4着〜	勝率	連対率	複勝率	単回値	複回値
騎手	1	横山武史	8	2	3	12	32.0%	40.0%	52.0%	134	92
	2	小林凌大	8	1	3	24	22.2%	25.0%	33.3%	84	65
	3	佐々木大輔	5	0	2	12	26.3%	26.3%	36.8%	115	59
	注	古川奈穂	4	5	0	10	21.1%	47.4%	47.4%	65	179
種牡馬	1	ドレフォン	4	1	2	5	33.3%	41.7%	58.3%	335	133
	2	ロージズインメイ	4	1	0	3	50.0%	62.5%	62.5%	187	102
	3	シニスターミニスター	3	4	2	21	10.0%	23.3%	30.0%	76	60
	注	ディスクリートキャット	2	3	1	12	11.1%	27.8%	33.3%	46	268

■函館ダート1000m（上りスタート） プラチナシート66

前走コース（スタート）	前走	1着	2着	3着	4着〜	勝率	連対率	複勝率	単回値	複回値
新潟ダ1200m（平坦）	全体	5	2	2	42	9.8%	13.7%	17.6%	43	30
	昇級1着	0	0	0	1	0.0%	0.0%	0.0%	0	0
	同級1〜3着	2	0	1	4	28.6%	28.6%	42.9%	72	60
	同級4〜5着	2	1	1	3	28.6%	42.9%	57.1%	104	87
	同級6〜9着	1	1	0	17	5.3%	10.5%	10.5%	52	26
	同級10着〜	0	0	0	17	0.0%	0.0%	0.0%	0	0
	4角通過	1	2	3	4 5 6 7 8 9 10 11 12 13 14 15					
東京ダ1400m（下り）	全体	2	2	4	24	6.3%	12.5%	25.0%	38	94
	昇級1着	0	0	0	0	–	–	–	–	–
	同級1〜3着	0	0	0	0	–	–	–	–	–
	同級4〜5着	1	0	0	1	50.0%	50.0%	50.0%	410	120
	同級6〜9着	0	2	2	9	0.0%	15.4%	30.8%	0	76
	同級10着〜	1	0	2	14	5.9%	5.9%	17.6%	24	104
	4角通過	1	2	3	4 5 6 7 8 9 10 11 12 13 14 15 16					

函館ダート1700m（下りスタート）

【狙い目】前走新潟ダ1800mで4角1～8番手＆1～5着

●前走東京ダ1600 m：下りS→下りSで共通するが、コーナー数や直線の長さなどに違いがあり、完全には直結しない。同級1～3着に好走していた馬より、4～5着や6～9着に負けていた馬が狙いごろだ。

●前走新潟ダ1800 m：平坦S→下りS。レイアウトの共通性はあまりないが、好走率が高い有望なコース替わり。前走4角1～8番手＆1～5着が堅実だが、もっと後方＆6着以下でも十分狙える。

函館ダート1700m ■馬番別成績（複勝率）

馬番	1	2	3	4	5	6	7	8	9	10	11	12	13	14
複勝率	27.7%	27.7%	25.0%	23.9%	21.4%	18.6%	31.9%	23.9%	18.0%	23.1%	19.4%	29.1%	19.7%	20.7%

函館ダート1700m ■騎手・種牡馬ベスト3＋1

	順位	名前	1着	2着	3着	4着～	勝率	連対率	複勝率	単回値	複回値
騎手	1	横山武史	13	6	3	37	22.0%	32.2%	37.3%	101	78
	2	横山和生	9	8	6	44	13.4%	25.4%	34.3%	113	92
	3	吉田隼人	9	7	5	32	17.0%	30.2%	39.6%	75	81
	注	藤岡佑介	8	3	3	23	21.6%	29.7%	37.8%	177	106
種牡馬	1	ロードカナロア	6	7	5	36	11.1%	24.1%	33.3%	36	69
	2	キズナ	5	4	1	20	16.7%	30.0%	33.3%	123	80
	3	キングカメハメハ	4	5	3	17	13.8%	31.0%	41.4%	57	137
	注	ドレフォン	4	1	4	19	14.3%	17.9%	32.1%	246	133

■函館ダート1700 m（下りスタート）

前走コース（スタート）	前走	1着	2着	3着	4着～	勝率	連対率	複勝率	単回値	複回値
東京ダ1600m（下り）	全体	8	8	7	87	7.3%	14.5%	20.9%	48	104
	昇級1着	1	0	0	4	20.0%	20.0%	20.0%	24	20
	同級1～3着	0	1	1	10	0.0%	8.3%	16.7%	0	30
	同級4～5着	3	1	2	9	20.0%	26.7%	40.0%	162	102
	同級6～9着	4	4	2	33	9.3%	18.6%	23.3%	64	143
	同級10着～	0	2	2	30	0.0%	5.9%	11.8%	0	98

4角通過	1	2	3	4	5	6	7	8	9	10	11	12	13	14	15	16
			3	4		6	7					12	13			

前走コース（スタート）	前走	1着	2着	3着	4着～	勝率	連対率	複勝率	単回値	複回値
新潟ダ1800m（平坦）	全体	6	12	10	47	8.0%	24.0%	37.3%	60	94
	昇級1着	0	2	0	2	0.0%	50.0%	50.0%	0	122
	同級1～3着	3	5	2	7	17.6%	47.1%	58.8%	58	99
	同級4～5着	1	2	3	7	7.7%	23.1%	46.2%	153	149
	同級6～9着	2	2	4	22	6.7%	13.3%	26.7%	51	61
	同級10着～	0	1	1	9	0.0%	9.1%	18.2%	0	103

4角通過	1	2	3	4	5	6	7	8	9	10	11	12	13	14	15
	1	2	3	4	5	6	7	8		10	11	12	13	14	15

第3章

必読！坂道発進が得意、そして苦手な

騎手＆
種牡馬

クリストフ・ルメール

全体成績【473-341-240-981/2035】勝率23.2%連対率40.0%複勝率51.8%単回値69複回値78

芝・平坦Sの継続騎乗で複勝率77.9%

クリストフ・ルメール【坂道グループ】極秘データ

馬場	条件			1着	2着	3着	4着～	勝率	連対率	複勝率	単回値	複回値
芝	距離	上りS	～1400m	57	51	32	150	19.7%	37.2%	48.3%	58	73
			1500～1700m	1	2	1	15	5.3%	15.8%	21.1%	21	33
			1800m～	30	23	14	62	23.3%	41.1%	51.9%	69	75
		平坦S	～1400m	17	18	7	40	20.7%	42.7%	51.2%	80	89
			1500～1700m	15	15	10	39	19.0%	38.0%	50.6%	69	78
			1800m～	97	63	39	115	30.9%	51.0%	63.4%	92	89
		下りS	～1400m	6	3	2	14	24.0%	36.0%	44.0%	109	77
			1500～1700m	54	41	25	95	25.1%	44.2%	55.8%	66	80
			1800m～	59	42	35	104	24.6%	42.1%	56.7%	68	80
	継続 or 乗替	上りS	継続騎乗	17	18	16	40	18.7%	38.5%	56.0%	52	80
			乗り替わり	30	23	15	86	19.5%	34.4%	44.2%	64	70
		平坦S	継続騎乗	51	23	14	25	45.1%	65.5%	77.9%	103	102
			乗り替わり	38	28	23	66	24.5%	42.6%	57.4%	94	88
		下りS	継続騎乗	41	36	25	75	23.2%	43.5%	57.6%	54	83
			乗り替わり	52	34	25	108	23.7%	39.3%	50.7%	79	77
ダート	距離別	上りS	～1300m	6	6	6	22	15.0%	30.0%	45.0%	55	85
			1400～1600m	4	1	1	13	21.1%	26.3%	31.6%	81	49
			1700m～	50	39	24	119	21.6%	38.4%	48.7%	63	79
		平坦S	～1300m	5	5	3	24	13.5%	27.0%	35.1%	30	65
			1400～1600m	4	6	5	19	11.8%	29.4%	44.1%	36	85
			1700m～	24	16	9	54	23.3%	38.8%	47.6%	73	77
		下りS	～1300m	17	5	8	46	22.4%	28.9%	39.5%	69	65
			1400～1600m	62	33	36	145	22.5%	34.4%	47.5%	70	71
			1700m～	6	4	5	17	18.8%	31.3%	46.9%	30	67
	継続 or 乗替	上りS	継続騎乗	16	7	6	41	22.9%	32.9%	41.4%	55	65
			乗り替わり	28	30	14	59	21.4%	44.3%	55.0%	67	93
		平坦S	継続騎乗	13	8	6	31	22.4%	36.2%	46.6%	59	65
			乗り替わり	19	17	11	65	17.0%	32.1%	42.0%	55	81
		下りS	継続騎乗	32	22	16	94	19.5%	32.9%	42.7%	62	62
			乗り替わり	48	17	28	93	25.8%	34.9%	50.0%	73	78

川田将雅

全体成績【430-248-197-650/1525】勝率28.2%連対率44.5%複勝率57.4%単回値86複回値84

ダート・上りSの乗り替わりで複勝率 72.1%

川田将雅【坂道グループ】極秘データ

馬場	条件			1着	2着	3着	4着〜	勝率	連対率	複勝率	単回値	複回値
芝	距離	上りS	〜1400m	7	8	5	24	15.9%	34.1%	45.5%	49	78
			1500〜1700m	13	7	9	28	22.8%	35.1%	50.9%	76	75
			1800m〜	55	27	28	56	33.1%	49.4%	66.3%	97	102
		平坦S	〜1400m	20	14	9	47	22.2%	37.8%	47.8%	74	76
			1500〜1700m	34	13	17	40	32.7%	45.2%	61.5%	100	89
			1800m〜	74	46	32	93	30.2%	49.0%	62.0%	82	84
		下りS	〜1400m	11	4	2	12	37.9%	51.7%	58.6%	154	98
			1500〜1700m	14	11	9	39	19.2%	34.2%	46.6%	145	78
			1800m〜	48	27	24	93	25.0%	39.1%	51.6%	96	77
	継続 or 乗替	上りS	継続騎乗	27	15	16	39	27.8%	43.3%	59.8%	84	97
			乗り替わり	35	22	20	54	26.7%	43.5%	58.8%	77	90
		平坦S	継続騎乗	40	19	21	51	30.5%	45.0%	61.1%	74	85
			乗り替わり	67	41	30	103	27.8%	44.8%	57.3%	86	84
		下りS	継続騎乗	21	12	11	35	26.6%	41.8%	55.7%	76	77
			乗り替わり	36	15	10	56	30.8%	43.6%	52.1%	141	85
ダート	距離別	上りS	〜1300m	6	7	5	15	18.2%	39.4%	54.5%	51	82
			1400〜1600m	20	12	3	25	33.3%	53.3%	58.3%	95	84
			1700m〜	51	39	26	71	27.3%	48.1%	62.0%	72	89
		平坦S	〜1300m	18	9	7	20	33.3%	50.0%	63.0%	102	91
			1400〜1600m	25	10	11	34	31.3%	43.8%	57.5%	96	81
			1700m〜	23	12	9	41	27.1%	41.2%	51.8%	77	75
		下りS	〜1300m	6	1	9	7	35.3%	41.2%	47.1%	154	73
			1400〜1600m	11	6	5	31	20.8%	32.1%	41.5%	59	68
			1700m〜	8	6	4	11	27.6%	48.3%	62.1%	74	87
	継続 or 乗替	上りS	継続騎乗	22	8	8	31	31.9%	43.5%	55.1%	84	75
			乗り替わり	27	31	17	29	26.0%	55.8%	72.1%	70	106
		平坦S	継続騎乗	28	14	14	33	31.5%	47.2%	62.9%	86	88
			乗り替わり	37	16	13	59	29.6%	42.4%	52.8%	95	77
		下りS	継続騎乗	8	8	4	16	22.2%	44.4%	55.6%	72	85
			乗り替わり	16	5	6	34	26.2%	34.4%	44.3%	83	69

松山弘平

全体成績【361-300-246-1668/2575】勝率14.0%連対率25.7%複勝率35.2%単回値78複回値75

ダ1300m以下・上りSで単勝回収値129円

松山弘平【坂道グループ】極秘データ

馬場	条件			1着	2着	3着	4着~	勝率	連対率	複勝率	単回値	複回値
芝	距離	上りS	～1400m	9	10	5	60	10.7%	22.6%	28.6%	213	109
			1500～1700m	18	8	8	58	19.6%	28.3%	37.0%	128	78
			1800m～	32	22	20	134	15.4%	26.0%	35.6%	64	77
		平坦S	～1400m	14	16	10	126	8.4%	18.1%	24.1%	44	51
			1500～1700m	15	16	11	97	10.8%	22.3%	30.2%	48	57
			1800m～	32	43	26	208	10.4%	24.3%	32.7%	47	61
		下りS	～1400m	16	12	6	69	15.7%	27.5%	32.4%	85	71
			1500～1700m	7	10	5	47	10.1%	24.6%	31.9%	65	60
			1800m～	20	15	12	92	14.4%	25.2%	33.8%	92	84
	継続 or 乗替	上りS	継続騎乗	19	8	8	69	18.3%	26.0%	33.7%	107	69
			乗り替わり	33	20	17	142	15.6%	25.0%	33.0%	137	91
		平坦S	継続騎乗	21	23	13	114	12.3%	25.7%	33.3%	46	55
			乗り替わり	29	42	27	238	8.6%	21.1%	29.2%	37	59
		下りS	継続騎乗	11	11	5	55	13.4%	26.8%	32.9%	77	66
			乗り替わり	22	21	14	122	12.3%	24.0%	31.8%	87	82
ダート	距離別	上りS	～1300m	22	12	11	75	18.3%	28.3%	37.5%	129	81
			1400～1600m	19	8	15	69	17.1%	24.3%	37.8%	93	86
			1700m～	61	54	47	241	15.1%	28.5%	40.2%	74	84
		平坦S	～1300m	12	13	13	80	10.2%	21.2%	32.2%	42	56
			1400～1600m	26	21	16	84	17.7%	32.0%	42.9%	84	76
			1700m～	28	16	23	112	15.6%	24.6%	37.4%	68	79
		下りS	～1300m	8	6	3	43	13.3%	23.3%	28.3%	78	58
			1400～1600m	16	12	10	56	17.0%	29.8%	40.4%	126	97
			1700m～	6	6	6	17	17.1%	34.3%	51.4%	63	111
	継続 or 乗替	上りS	継続騎乗	35	28	29	115	16.9%	30.4%	44.4%	74	98
			乗り替わり	60	45	38	227	16.2%	28.4%	38.6%	96	82
		平坦S	継続騎乗	5	8	6	36	9.1%	23.6%	34.5%	32	51
			乗り替わり	21	7	16	72	18.1%	24.1%	37.9%	86	89
		下りS	継続騎乗	7	7	6	22	16.7%	33.3%	47.6%	118	100
			乗り替わり	23	16	11	86	16.9%	28.7%	36.8%	101	85

横山武史

全体成績【357-285-263-1448/2353】勝率15.2%連対率27.3%複勝率38.5%単回値72複回値74

芝1400m以下・上りSで単勝回収値106円

横山武史【坂道グループ】極秘データ

馬場	条件			1着	2着	3着	4着～	勝率	連対率	複勝率	単回値	複回値
芝	距離	上りS	～1400m	24	20	29	90	14.7%	27.0%	44.8%	106	97
			1500～1700m	0	0	0	3	0.0%	0.0%	0.0%	0	0
			1800m～	13	20	19	56	12.0%	30.6%	48.1%	55	91
		平坦S	～1400m	10	13	8	41	13.9%	31.9%	43.1%	111	90
			1500～1700m	11	7	11	40	15.9%	26.1%	42.0%	39	69
			1800m～	54	32	28	179	18.4%	29.4%	38.9%	81	68
		下りS	～1400m	8	10	6	36	13.3%	30.0%	40.0%	55	76
			1500～1700m	32	29	18	166	13.1%	24.9%	32.2%	51	63
			1800m～	42	37	29	160	15.7%	29.5%	40.3%	74	69
	継続or乗替	上りS	継続騎乗	17	11	20	47	17.9%	29.5%	50.5%	92	89
			乗り替わり	17	25	20	78	12.1%	30.0%	44.3%	98	105
		平坦S	継続騎乗	34	20	17	81	22.4%	35.5%	46.7%	84	81
			乗り替わり	36	25	24	137	16.2%	27.5%	38.3%	67	68
		下りS	継続騎乗	27	25	18	110	15.0%	28.9%	38.9%	54	58
			乗り替わり	43	38	26	209	13.6%	25.6%	33.9%	64	71
ダート	距離別	上りS	～1300m	11	7	8	46	15.3%	25.0%	36.1%	57	66
			1400～1600m	0	0	0	7	0.0%	0.0%	0.0%	0	0
			1700m～	41	32	23	152	16.5%	29.4%	38.7%	63	69
		平坦S	～1300m	3	4	8	21	8.3%	19.4%	41.7%	38	85
			1400～1600m	3	1	2	10	18.8%	25.0%	37.5%	103	88
			1700m～	23	21	14	98	14.7%	28.2%	37.2%	65	66
		下りS	～1300m	31	13	22	111	17.5%	24.9%	37.3%	91	88
			1400～1600m	36	32	32	183	12.7%	24.0%	35.3%	73	74
			1700m～	15	7	6	49	19.5%	28.6%	36.4%	84	83
	継続or乗替	上りS	継続騎乗	22	15	9	59	21.0%	35.2%	43.8%	73	75
			乗り替わり	27	19	17	120	14.8%	25.1%	34.4%	63	65
		平坦S	継続騎乗	10	6	10	40	15.2%	30.3%	39.4%	61	66
			乗り替わり	18	15	16	85	13.4%	24.6%	36.6%	67	73
		下りS	継続騎乗	28	16	23	103	16.5%	25.9%	39.4%	127	93
			乗り替わり	50	29	34	213	15.3%	24.2%	34.7%	64	75

全体成績【336-258-232-1427/2253】勝率14.9%連対率26.4%複勝率36.7%単回値83複回値77

ダ1300m以下・平坦Sで単勝回収値145円

戸崎圭太【坂道グループ】極秘データ

馬場	条件			1着	2着	3着	4着~	勝率	連対率	複勝率	単回値	複回値
芝	距離	上りS	~1400m	28	20	17	100	17.0%	29.1%	39.4%	89	102
			1500~1700m	0	0	0	4	0.0%	0.0%	0.0%	0	0
			1800m~	26	8	11	94	18.7%	24.5%	32.4%	74	57
		平坦S	~1400m	5	11	4	30	10.0%	32.0%	40.0%	40	84
			1500~1700m	9	2	2	34	19.1%	23.4%	27.7%	390	120
			1800m~	33	34	24	157	13.3%	27.0%	36.7%	66	72
		下りS	~1400m	6	6	5	40	10.5%	21.1%	29.8%	37	56
			1500~1700m	32	29	33	156	12.8%	24.4%	37.6%	73	80
			1800m~	34	33	29	155	13.5%	26.7%	38.2%	82	79
	継続 or 乗替	上りS	継続騎乗	12	10	5	47	16.2%	29.7%	36.5%	51	66
			乗り替わり	36	13	17	119	19.5%	26.5%	35.7%	101	89
		平坦S	継続騎乗	9	11	6	46	12.5%	27.8%	36.1%	37	69
			乗り替わり	28	31	21	143	12.6%	26.5%	35.9%	122	87
		下りS	継続騎乗	29	26	17	91	17.8%	33.7%	44.2%	79	82
			乗り替わり	32	36	44	198	10.3%	21.9%	36.1%	77	82
ダート	距離別	上りS	~1300m	12	9	12	46	15.2%	26.6%	41.8%	52	80
			1400~1600m	0	1	1	6	0.0%	12.5%	25.0%	0	41
			1700m~	41	25	29	149	16.8%	27.0%	38.9%	87	74
		平坦S	~1300m	8	6	6	27	17.0%	29.8%	42.6%	145	112
			1400~1600m	4	1	0	6	36.4%	45.5%	45.5%	259	102
			1700m~	18	16	10	79	14.6%	27.6%	35.8%	73	68
		下りS	~1300m	24	18	15	104	14.9%	26.1%	35.4%	77	68
			1400~1600m	52	39	29	230	14.9%	26.0%	34.3%	69	72
			1700m~	4	0	5	10	21.1%	21.1%	47.4%	212	117
	継続 or 乗替	上りS	継続騎乗	16	10	7	53	18.6%	30.2%	38.4%	79	70
			乗り替わり	32	22	30	133	14.7%	24.9%	38.7%	78	75
		平坦S	継続騎乗	10	6	5	31	19.2%	30.8%	40.4%	100	83
			乗り替わり	19	16	11	75	15.7%	28.9%	38.0%	108	84
		下りS	継続騎乗	25	19	11	108	15.3%	27.0%	33.7%	49	56
			乗り替わり	50	36	36	215	14.8%	25.5%	36.2%	85	81

岩田望来

全体成績【304-285-265-1698/2552】勝率11.9%連対率23.1%複勝率33.5%単回値81複回値81

芝1400m以下・平坦Sで単勝回収値137円

岩田望来【坂道グループ】極秘データ

馬場	条件			1着	2着	3着	4着~	勝率	連対率	複勝率	単回値	複回値
芝	距離	上りS	~1400m	9	16	7	68	9.0%	25.0%	32.0%	89	95
			1500~1700m	10	14	11	39	13.5%	32.4%	47.3%	51	102
			1800m~	28	24	23	150	12.4%	23.1%	33.3%	103	66
		平坦S	~1400m	29	19	30	109	15.5%	25.7%	41.7%	137	105
			1500~1700m	13	19	20	107	8.2%	20.1%	32.7%	30	117
			1800m~	35	28	42	190	11.9%	21.4%	35.6%	85	94
		下りS	~1400m	6	10	7	39	9.7%	25.8%	37.1%	76	92
			1500~1700m	1	3	2	31	2.7%	10.8%	16.2%	27	52
			1800m~	13	7	10	88	11.0%	16.9%	25.4%	61	64
	継続 or 乗替	上りS	継続騎乗	16	18	16	53	15.5%	33.0%	48.5%	115	91
			乗り替わり	22	27	22	164	9.4%	20.9%	30.2%	79	76
		平坦S	継続騎乗	19	18	24	108	11.2%	21.9%	36.1%	54	82
			乗り替わり	50	32	50	247	13.2%	21.6%	34.8%	114	104
		下りS	継続騎乗	7	5	4	36	13.5%	23.1%	30.8%	55	58
			乗り替わり	12	11	11	103	8.8%	16.8%	24.8%	72	76
ダート	距離別	上りS	~1300m	5	11	11	79	4.7%	15.1%	25.5%	22	61
			1400~1600m	15	16	10	69	13.6%	28.2%	37.3%	105	85
			1700m~	63	55	40	274	14.6%	27.3%	36.6%	116	77
		平坦S	~1300m	26	17	15	91	17.4%	28.9%	38.9%	67	84
			1400~1600m	19	12	11	133	10.9%	17.7%	24.0%	60	51
			1700m~	12	17	10	107	8.2%	19.9%	26.7%	64	60
		下りS	~1300m	3	5	3	34	6.7%	17.8%	24.4%	33	71
			1400~1600m	5	7	8	63	6.0%	14.5%	24.1%	20	88
			1700m~	12	5	5	27	24.5%	34.7%	44.9%	126	97
	継続 or 乗替	上りS	継続騎乗	27	28	21	119	13.8%	28.2%	39.0%	89	73
			乗り替わり	49	44	38	262	12.5%	23.7%	33.3%	87	77
		平坦S	継続騎乗	22	16	12	83	16.5%	28.6%	37.6%	78	75
			乗り替わり	28	30	22	217	9.4%	19.5%	26.9%	56	63
		下りS	継続騎乗	8	0	3	19	26.7%	26.7%	36.7%	110	62
			乗り替わり	11	16	13	98	8.0%	19.6%	29.0%	41	92

坂井瑠星

全体成績【258-216-195-1404/2073】勝率12.4%連対率22.9%複勝率32.3%単回値83複回値81

芝・上りSの継続騎乗で単勝回収値103円

坂井瑠星【坂道グループ】極秘データ

馬場	条件			1着	2着	3着	4着〜	勝率	連対率	複勝率	単回値	複回値
芝	距離	上りS	〜1400m	13	11	11	63	13.3%	24.5%	35.7%	93	110
			1500〜1700m	7	5	4	51	10.4%	17.9%	23.9%	69	54
			1800m〜	17	14	20	116	10.2%	18.6%	30.5%	68	66
		平坦S	〜1400m	20	7	8	109	13.9%	18.8%	24.3%	103	57
			1500〜1700m	17	19	8	80	13.7%	29.0%	35.5%	107	86
			1800m〜	31	34	19	174	12.0%	25.2%	32.6%	110	70
		下りS	〜1400m	7	4	3	21	20.0%	31.4%	40.0%	93	113
			1500〜1700m	3	1	2	47	5.7%	7.5%	11.3%	31	37
			1800m〜	13	12	10	75	11.8%	22.7%	31.8%	94	101
	継続or乗替	上りS	継続騎乗	14	1	12	46	16.9%	30.1%	44.6%	103	88
			乗り替わり	18	17	17	145	9.1%	17.8%	26.4%	68	79
		平坦S	継続騎乗	18	25	10	81	13.4%	32.1%	39.6%	35	63
			乗り替わり	40	30	20	220	12.9%	22.6%	29.0%	126	74
		下りS	継続騎乗	6	8	3	29	13.0%	30.4%	37.0%	40	107
			乗り替わり	14	9	11	97	10.7%	17.6%	26.0%	96	88
ダート	距離別	上りS	〜1300m	13	8	10	52	15.7%	25.3%	37.3%	70	79
			1400〜1600m	8	7	6	57	10.3%	19.2%	26.9%	48	71
			1700m〜	41	40	32	206	12.9%	25.4%	35.4%	75	84
		平坦S	〜1300m	8	13	12	68	7.9%	20.8%	32.7%	86	76
			1400〜1600m	18	14	17	71	15.0%	26.7%	40.8%	67	85
			1700m〜	23	16	16	93	15.5%	26.4%	37.2%	92	86
		下りS	〜1300m	3	1	3	16	13.0%	17.4%	30.4%	50	77
			1400〜1600m	9	9	7	62	10.3%	20.7%	28.7%	69	158
			1700m〜	7	1	7	43	12.1%	13.8%	25.9%	56	77
	継続or乗替	上りS	継続騎乗	21	19	15	81	15.4%	29.4%	40.4%	63	79
			乗り替わり	36	33	28	206	11.9%	22.8%	32.0%	69	82
		平坦S	継続騎乗	17	15	15	53	17.5%	33.0%	45.4%	66	86
			乗り替わり	30	25	27	165	12.1%	22.3%	33.2%	94	82
		下りS	継続騎乗	7	3	9	26	15.6%	22.2%	42.2%	83	97
			乗り替わり	11	5	7	88	9.9%	14.4%	20.7%	53	123

鮫島克駿

全体成績【224-321-243-1891/2589】勝率8.7%連対率17.6%複勝率27.0%単回値90複回値81

ダ1700m以上・下りSで単勝回収値206円

鮫島克駿【坂道グループ】極秘データ

馬場	条件			1着	2着	3着	4着〜	勝率	連対率	複勝率	単回値	複回値
芝	距離	上りS	〜1400m	17	14	14	101	11.6%	21.2%	30.8%	85	82
			1500〜1700m	3	3	4	41	5.9%	11.8%	19.6%	326	155
			1800m〜	14	14	16	134	7.9%	15.7%	24.7%	57	65
		平坦S	〜1400m	23	16	18	144	11.4%	19.4%	28.4%	79	87
			1500〜1700m	12	12	11	108	8.4%	16.8%	24.5%	119	80
			1800m〜	29	36	47	256	7.9%	17.7%	30.4%	147	85
		下りS	〜1400m	12	9	7	77	11.4%	20.0%	26.7%	156	95
			1500〜1700m	1	1	1	21	4.2%	8.3%	12.5%	7	19
			1800m〜	3	7	8	75	3.2%	10.8%	19.4%	55	61
	継続 or 乗替	上りS	継続騎乗	16	9	9	59	17.2%	26.9%	36.6%	266	117
			乗り替わり	13	17	20	179	5.7%	13.1%	21.8%	40	64
		平坦S	継続騎乗	12	19	25	135	6.3%	16.2%	29.3%	36	69
			乗り替わり	43	34	39	318	9.9%	17.7%	26.7%	153	84
		下りS	継続騎乗	6	8	7	40	9.8%	23.0%	34.4%	72	96
			乗り替わり	9	5	6	115	6.7%	10.4%	14.8%	112	62
ダート	距離別	上りS	〜1300m	8	11	6	87	7.1%	17.0%	22.3%	34	75
			1400〜1600m	6	5	5	72	6.8%	12.5%	18.2%	105	61
			1700m〜	35	28	47	240	10.0%	18.0%	31.4%	59	86
		平坦S	〜1300m	15	14	8	107	10.4%	20.1%	25.7%	142	107
			1400〜1600m	9	11	16	104	6.4%	14.3%	25.7%	40	80
			1700m〜	19	28	27	200	6.9%	17.2%	27.0%	27	63
		下りS	〜1300m	3	2	2	47	5.6%	9.3%	13.0%	52	33
			1400〜1600m	2	6	2	36	4.3%	17.4%	21.7%	23	51
			1700m〜	13	14	4	41	18.1%	37.5%	43.1%	206	133
	継続 or 乗替	上りS	継続騎乗	19	18	21	107	11.5%	22.4%	35.2%	64	85
			乗り替わり	26	21	33	268	7.5%	13.5%	23.0%	59	75
		平坦S	継続騎乗	13	25	23	119	7.2%	21.1%	33.9%	82	107
			乗り替わり	26	24	27	267	7.6%	14.5%	22.4%	39	64
		下りS	継続騎乗	8	7	2	26	18.6%	34.9%	39.5%	121	89
			乗り替わり	10	13	5	94	8.2%	18.9%	23.0%	111	77

武豊

全体成績【222-204-179-1021/1626】勝率13.7%連対率26.2%複勝率37.2%単回値72複回値79

ダ 1700 m 以上・平坦Sで単勝回収値 177 円

武豊【坂道グループ】極秘データ

馬場	条件			1着	2着	3着	4着~	勝率	連対率	複勝率	単回値	複回値
芝	距離	上りS	～1400m	15	16	17	64	13.4%	27.7%	42.9%	84	90
			1500～1700m	2	2	7	33	4.5%	9.1%	25.0%	23	44
			1800m～	14	7	15	82	11.9%	17.8%	30.5%	67	69
		平坦S	～1400m	23	16	12	85	16.9%	28.7%	37.5%	86	77
			1500～1700m	11	18	8	78	9.6%	25.2%	32.2%	47	66
			1800m～	27	41	26	156	10.8%	27.2%	37.6%	42	72
		下りS	～1400m	5	1	4	18	17.9%	21.4%	35.7%	108	107
			1500～1700m	3	4	6	35	6.3%	14.6%	27.1%	32	81
			1800m～	14	6	12	63	14.7%	21.1%	33.7%	69	71
	継続 or 乗替	上りS	継続騎乗	9	10	14	59	9.8%	20.7%	35.9%	53	65
			乗り替わり	16	14	20	92	11.3%	21.1%	35.2%	68	83
		平坦S	継続騎乗	33	30	17	112	17.2%	32.8%	41.7%	69	75
			乗り替わり	19	35	23	157	8.1%	23.1%	32.9%	50	74
		下りS	継続騎乗	8	5	6	36	13.8%	22.4%	37.9%	57	77
			乗り替わり	11	6	6	69	11.6%	17.9%	27.4%	68	79
ダート	距離別	上りS	～1300m	11	5	6	39	18.0%	26.2%	36.1%	74	65
			1400～1600m	5	4	7	29	11.1%	20.0%	35.6%	126	82
			1700m～	32	34	21	95	17.6%	36.3%	47.8%	83	105
		平坦S	～1300m	12	6	6	38	19.4%	29.0%	38.7%	102	72
			1400～1600m	12	12	7	59	13.3%	26.7%	34.4%	73	79
			1700m～	23	15	10	45	24.7%	40.9%	51.6%	177	116
		下りS	～1300m	3	3	1	13	15.0%	30.0%	35.0%	34	52
			1400～1600m	5	6	7	51	7.2%	15.9%	26.1%	54	58
			1700m～	5	8	7	38	8.6%	22.4%	34.5%	26	77
	継続 or 乗替	上りS	継続騎乗	21	20	12	64	17.9%	35.0%	45.3%	68	84
			乗り替わり	22	19	18	82	15.6%	29.1%	41.8%	96	103
		平坦S	継続騎乗	16	15	7	47	18.8%	36.5%	44.7%	103	83
			乗り替わり	26	17	16	87	17.8%	29.5%	40.4%	118	98
		下りS	継続騎乗	5	8	6	36	9.1%	23.6%	34.5%	40	71
			乗り替わり	8	8	7	63	9.3%	18.6%	26.7%	43	58

菅原明良

全体成績【217-220-207-1855/2499】勝率8.7%連対率17.5%複勝率25.8%単回値78複回値78

芝・平坦Sの継続騎乗で単勝回収値107円

菅原明良【坂道グループ】極秘データ

馬場	条件			1着	2着	3着	4着~	勝率	連対率	複勝率	単回値	複回値
芝	距離	上りS	～1400m	21	21	11	122	12.0%	24.0%	30.3%	78	79
			1500～1700m	1	0	0	4	20.0%	20.0%	20.0%	98	38
			1800m～	9	14	16	98	6.6%	16.8%	28.5%	60	88
		平坦S	～1400m	9	4	6	56	12.0%	17.3%	25.3%	75	67
			1500～1700m	6	7	3	35	11.8%	25.5%	31.4%	62	70
			1800m～	31	18	25	194	11.6%	18.3%	27.6%	160	79
		下りS	～1400m	6	10	9	80	5.7%	15.2%	23.8%	34	101
			1500～1700m	18	18	21	160	8.3%	16.6%	26.3%	77	98
			1800m～	16	24	15	162	7.4%	18.4%	25.3%	72	67
	継続 or 乗替	上りS	継続騎乗	11	9	5	47	15.3%	27.8%	34.7%	110	72
			乗り替わり	16	22	17	144	8.0%	19.1%	27.6%	59	76
		平坦S	継続騎乗	13	12	6	58	14.1%	27.2%	37.0%	107	85
			乗り替わり	30	12	19	192	11.9%	16.6%	24.1%	156	72
		下りS	継続騎乗	16	17	15	109	10.2%	21.0%	30.6%	82	66
			乗り替わり	19	25	24	228	6.4%	14.9%	23.0%	54	102
ダート	距離別	上りS	～1300m	10	4	10	52	13.2%	18.4%	31.6%	246	100
			1400～1600m	3	0	0	4	42.9%	42.9%	42.9%	161	71
			1700m～	18	24	25	241	5.8%	13.6%	21.8%	42	77
		平坦S	～1300m	13	7	6	69	13.7%	21.1%	27.4%	67	62
			1400～1600m	0	2	0	8	0.0%	20.0%	20.0%	0	48
			1700m～	16	14	18	174	7.2%	13.5%	21.6%	53	59
		下りS	～1300m	15	18	17	148	7.6%	16.7%	25.3%	66	78
			1400～1600m	25	32	24	233	8.0%	18.2%	25.8%	66	79
			1700m～	0	3	1	15	0.0%	15.8%	21.1%	0	70
	継続 or 乗替	上りS	継続騎乗	13	10	13	91	10.2%	18.1%	28.3%	51	81
			乗り替わり	14	18	20	175	6.2%	14.1%	22.9%	88	86
		平坦S	継続騎乗	10	9	10	71	10.0%	19.0%	29.0%	44	64
			乗り替わり	19	12	12	173	8.8%	14.4%	19.9%	63	57
		下りS	継続騎乗	25	16	12	119	14.5%	23.8%	30.8%	92	70
			乗り替わり	15	34	27	239	4.8%	15.6%	24.1%	56	91

吉田隼人

全体成績【211-210-177-1453/2051】勝率10.3%連対率20.5%複勝率29.2%単回値90複回値79

ダ・平坦Sの継続騎乗で単勝回収値110円

吉田隼人【坂道グループ】極秘データ

馬場	条件			1着	2着	3着	4着〜	勝率	連対率	複勝率	単回値	複回値
芝	距離	上りS	〜1400m	12	10	11	87	10.0%	18.3%	27.5%	93	77
			1500〜1700m	4	6	6	40	7.1%	17.9%	28.6%	137	94
			1800m〜	15	9	16	112	9.9%	15.8%	26.3%	109	78
		平坦S	〜1400m	7	10	14	126	4.5%	10.8%	19.7%	44	46
			1500〜1700m	11	10	6	84	9.9%	18.9%	24.3%	191	86
			1800m〜	34	43	28	223	10.4%	23.5%	32.0%	82	87
		下りS	〜1400m	5	10	5	54	6.8%	20.3%	27.0%	77	100
			1500〜1700m	4	3	2	18	14.8%	25.9%	33.3%	103	121
			1800m〜	10	14	12	73	9.2%	22.0%	33.0%	95	87
	継続or乗替	上りS	継続騎乗	4	4	4	47	6.8%	13.6%	20.3%	133	70
			乗り替わり	22	16	25	162	9.8%	16.9%	28.0%	81	80
		平坦S	継続騎乗	16	17	16	108	10.2%	21.0%	31.2%	40	72
			乗り替わり	27	44	25	271	7.4%	19.3%	26.2%	94	72
		下りS	継続騎乗	11	10	1	38	18.3%	35.0%	36.7%	99	70
			乗り替わり	7	17	18	98	5.0%	17.1%	30.0%	77	112
ダート	距離別	上りS	〜1300m	6	6	4	63	7.6%	15.2%	20.3%	36	47
			1400〜1600m	4	7	12	53	5.3%	14.5%	30.3%	47	94
			1700m〜	32	24	23	156	13.6%	23.8%	33.6%	96	88
		平坦S	〜1300m	15	13	5	63	15.6%	29.2%	34.4%	78	79
			1400〜1600m	7	6	7	58	9.0%	16.7%	25.6%	118	90
			1700m〜	30	28	11	140	14.4%	27.8%	33.0%	66	65
		下りS	〜1300m	1	1	5	27	2.9%	5.9%	20.6%	4	34
			1400〜1600m	2	2	3	35	4.8%	9.5%	16.7%	15	34
			1700m〜	12	8	7	41	17.6%	29.4%	39.7%	211	118
	継続or乗替	上りS	継続騎乗	14	13	5	59	15.4%	29.7%	35.2%	57	74
			乗り替わり	26	24	29	201	9.3%	17.9%	28.2%	75	82
		平坦S	継続騎乗	28	22	11	74	20.7%	37.0%	45.2%	110	88
			乗り替わり	22	25	12	176	9.4%	20.0%	25.1%	64	69
		下りS	継続騎乗	8	2	7	25	19.0%	23.8%	40.5%	55	87
			乗り替わり	6	9	8	74	6.2%	15.5%	23.7%	127	70

■芝戦・騎手50人【坂道グループ】タイプ別判別表（註：2021〜2023年）

騎手	着別度数	上りS	下りS	平坦S	タイプ
ルメール	305- 233- 150- 557/1245	48.3%	55.6%	59.2%	平坦S
川田将雅	262- 146- 126- 393/ 927	59.6%	52.5%	59.0%	上りS
松山弘平	163- 152- 102- 891/1308	34.4%	32.9%	29.8%	上りS
横山武史	194- 168- 148- 771/1281	45.6%	36.8%	40.1%	上りS
戸崎圭太	173- 143- 125- 770/1211	35.7%	37.1%	35.9%	下りS
岩田望来	144- 140- 152- 821/1257	35.6%	27.2%	36.7%	平坦S
坂井瑠星	128- 107- 85- 736/1056	30.7%	27.8%	31.0%	平坦S
鮫島克駿	114- 112- 126- 957/1309	26.4%	20.1%	28.7%	平坦S
武豊	114- 111- 107- 614/ 946	34.7%	32.2%	36.3%	平坦S
菅原明良	117- 116- 106- 911/1250	29.3%	25.4%	27.7%	上りS
吉田隼人	102- 115- 100- 817/1134	27.1%	31.0%	27.3%	下りS
西村淳也	123- 119- 102- 788/1132	31.0%	22.0%	33.5%	平坦S
横山和生	110- 89- 73- 643/ 915	29.2%	26.6%	32.5%	平坦S
田辺裕信	97- 94- 79- 598/ 868	28.9%	32.0%	31.5%	下りS
M.デムーロ	116- 109- 130- 661/1016	40.2%	35.3%	30.8%	上りS
幸英明	79- 83- 96- 938/1196	21.3%	23.0%	21.2%	下りS
三浦皇成	63- 108- 89- 736/ 996	28.8%	24.2%	26.7%	上りS
藤岡康太	81- 100- 79- 783/1043	26.6%	28.8%	22.8%	下りS
丹内祐次	100- 130- 124- 964/1318	27.1%	21.4%	30.7%	平坦S
藤岡佑介	91- 76- 94- 561/ 822	34.6%	32.3%	30.2%	上りS
和田竜二	69- 112- 106- 930/1217	25.4%	16.0%	24.7%	上りS
津村明秀	63- 78- 84- 682/ 907	24.8%	22.8%	27.4%	平坦S
団野大成	62- 92- 86- 727/ 967	23.4%	22.4%	26.2%	平坦S
池添謙一	72- 76- 73- 559/ 780	30.7%	29.6%	26.8%	上りS
浜中俊	75- 79- 73- 522/ 749	32.1%	30.0%	29.6%	上りS
菱田裕二	58- 72- 52- 695/ 877	20.4%	17.5%	22.0%	平坦S
岩田康誠	55- 46- 66- 535/ 702	24.6%	20.1%	24.8%	平坦S
松若風馬	54- 62- 65- 709/ 890	20.6%	19.6%	20.4%	上りS
富田暁	50- 61- 58- 778/ 947	16.7%	20.8%	17.3%	下りS
石橋脩	53- 51- 56- 574/ 734	19.3%	23.6%	21.6%	下りS
大野拓弥	61- 60- 69- 689/ 879	24.0%	18.5%	25.6%	平坦S
斎藤新	52- 37- 62- 751/ 902	16.0%	15.5%	17.7%	平坦S
石川裕紀人	42- 46- 49- 660/ 797	16.7%	17.6%	16.7%	下りS
横山典弘	44- 60- 56- 404/ 564	29.8%	24.2%	29.4%	上りS
角田大和	34- 39- 51- 585/ 709	21.0%	15.4%	15.7%	上りS
内田博幸	31- 32- 42- 627/ 732	13.1%	15.0%	14.6%	下りS
永野猛蔵	30- 36- 42- 740/ 848	15.5%	11.1%	12.5%	上りS
永島まなみ	38- 22- 33- 464/ 557	16.7%	19.4%	15.5%	下りS
佐々木大輔	40- 32- 41- 398/ 511	24.0%	19.7%	22.1%	上りS
木幡巧也	28- 39- 30- 655/ 752	14.9%	13.3%	10.1%	上りS
今村聖奈	27- 33- 33- 397/ 490	18.5%	23.4%	17.7%	下りS
泉谷楓真	29- 47- 49- 534/ 659	21.0%	22.0%	16.5%	下りS
角田大河	27- 31- 35- 407/ 500	15.0%	25.7%	18.7%	下りS
小沢大仁	19- 20- 20- 602/ 661	5.9%	11.5%	10.1%	下りS
北村宏司	38- 37- 48- 395/ 518	21.5%	24.1%	25.8%	平坦S
北村友一	38- 46- 41- 398/ 523	27.4%	17.4%	24.2%	上りS
丸山元気	32- 53- 64- 632/ 781	20.7%	16.9%	19.5%	上りS
秋山稔樹	24- 27- 26- 591/ 668	14.0%	9.6%	11.1%	上りS
レーン	41- 29- 21- 80/ 171	37.2%	54.8%	63.6%	平坦S
横山琉人	27- 18- 21- 450/ 516	12.7%	11.5%	14.1%	平坦S

■ダート戦・騎手50人【坂道グループ】タイプ別判別表（註：2021～2023年）

騎手	着別度数	上りS	下りS	平坦S	タイプ
ルメール	168- 108- 90- 424/ 790	48.7%	45.8%	44.3%	上りS
川田将雅	168- 102- 71- 257/ 598	60.4%	48.5%	56.6%	上りS
松山弘平	198- 148- 144- 777/1267	39.3%	38.6%	37.8%	上りS
横山武史	163- 117- 115- 677/1072	37.3%	36.1%	38.0%	平坦S
戸崎圭太	163- 115- 107- 657/1042	39.3%	35.1%	38.1%	上りS
岩田望来	160- 145- 113- 877/1295	34.9%	29.9%	29.6%	上りS
坂井瑠星	130- 109- 110- 668/1017	34.4%	28.0%	37.1%	平坦S
鮫島克駿	110- 119- 117- 934/1280	27.5%	27.9%	26.3%	下りS
武豊	108- 93- 72- 407/ 680	43.4%	30.6%	42.0%	上りS
菅原明良	100- 104- 101- 944/1249	24.0%	25.4%	23.2%	下りS
吉田隼人	109- 95- 77- 636/ 917	30.3%	28.5%	31.9%	平坦S
西村淳也	76- 100- 84- 744/1004	25.5%	27.5%	24.5%	下りS
横山和生	89- 69- 77- 517/ 752	32.4%	28.0%	35.3%	平坦S
田辺裕信	98- 89- 78- 569/ 834	38.6%	28.8%	26.8%	上りS
M.デムーロ	75- 78- 67- 420/ 640	35.4%	34.8%	31.8%	上りS
幸英明	112- 103- 126-1025/1366	27.0%	21.0%	23.1%	上りS
三浦皇成	102- 107- 93- 653/ 955	35.3%	30.3%	28.7%	上りS
藤岡康太	80- 80- 84- 693/ 937	24.1%	30.4%	27.2%	下りS
丹内祐次	55- 96- 88- 864/1103	20.3%	20.3%	23.7%	平坦S
藤岡佑介	51- 49- 43- 383/ 526	32.7%	22.8%	24.0%	上りS
和田竜二	72- 104- 114-1065/1355	22.1%	13.1%	22.8%	平坦S
津村明秀	72- 76- 74- 657/ 879	22.3%	25.4%	28.6%	平坦S
団野大成	72- 83- 75- 754/ 984	22.7%	24.3%	23.8%	下りS
池添謙一	54- 47- 55- 446/ 602	25.6%	21.6%	27.8%	平坦S
浜中俊	51- 37- 33- 343/ 464	23.8%	21.0%	30.2%	平坦S
菱田裕二	61- 62- 56- 571/ 750	21.3%	28.9%	24.6%	下りS
岩田康誠	60- 60- 52- 547/ 719	25.2%	22.2%	23.6%	上りS
松若風馬	60- 62- 67- 725/ 914	22.9%	20.0%	18.1%	上りS
富田暁	64- 58- 70- 778/ 970	21.3%	14.7%	19.4%	上りS
石橋脩	58- 73- 60- 449/ 640	26.2%	33.9%	26.2%	下りS
大野拓弥	48- 42- 61- 742/ 893	16.5%	15.6%	23.0%	平坦S
斎藤新	49- 60- 52- 636/ 797	19.9%	23.9%	18.9%	下りS
石川裕紀人	56- 61- 45- 708/ 870	20.6%	19.7%	11.6%	上りS
横山典弘	54- 44- 40- 276/ 414	37.7%	29.6%	30.1%	上りS
角田大和	55- 69- 57- 677/ 858	19.2%	23.2%	23.1%	下りS
内田博幸	58- 70- 71- 859/1058	17.8%	20.0%	17.4%	下りS
永野猛蔵	53- 65- 53- 976/1147	15.3%	15.4%	12.2%	下りS
永島まなみ	40- 39- 36- 633/ 748	16.2%	12.9%	15.0%	上りS
佐々木大輔	37- 34- 45- 450/ 566	21.0%	19.8%	20.6%	上りS
木幡巧也	48- 49- 68- 806/ 971	16.6%	16.9%	18.2%	平坦S
今村聖奈	49- 45- 43- 465/ 602	22.4%	25.5%	22.6%	下りS
泉谷楓真	44- 43- 51- 519/ 657	21.8%	26.6%	19.1%	下りS
角田大河	45- 43- 54- 564/ 706	19.9%	21.4%	20.1%	下りS
小沢大仁	51- 58- 55- 800/ 964	16.3%	23.6%	16.4%	下りS
北村宏司	32- 29- 45- 466/ 572	18.9%	18.5%	17.6%	上りS
北村友一	31- 27- 22- 267/ 347	14.7%	21.6%	29.9%	平坦S
丸山元気	36- 37- 49- 566/ 688	17.7%	15.8%	20.6%	平坦S
秋山稔樹	43- 37- 50- 688/ 818	17.2%	10.1%	18.4%	平坦S
レーン	26- 17- 13- 65/ 121	61.9%	43.0%	42.9%	上りS
横山琉人	39- 33- 38- 627/ 737	14.4%	13.8%	17.4%	平坦S

ロードカナロア（芝）

芝成績【315-294-213-2285/3107】勝率10.1%連対率19.6%複勝率26.5%単回値81複回値73

芝1500～1700m・上りSで単勝回収値128円

ロードカナロア（芝）【坂道グループ】極秘データ

馬場	条件		1着	2着	3着	4着〜	勝率	連対率	複勝率	単回値	複回値
芝	距離	上りS	～1400m	53	43	39	390	10.1%	18.3%	25.7%	100	82
			1500～1700m	21	8	16	100	14.5%	20.0%	31.0%	128	80
			1800m～	15	25	5	172	6.9%	18.4%	20.7%	38	46
		平坦S	～1400m	64	50	31	405	11.6%	20.7%	26.4%	114	80
			1500～1700m	24	31	27	225	7.8%	17.9%	26.7%	36	84
			1800m～	42	46	23	358	9.0%	18.8%	23.7%	61	60
		下りS	～1400m	42	32	20	280	11.2%	19.8%	25.1%	112	73
			1500～1700m	31	37	25	205	10.4%	22.8%	31.2%	61	72
			1800m～	23	22	22	150	10.4%	20.3%	32.4%	45	63
	坂替わり	上りS→平坦S		32	31	19	247	9.7%	19.1%	24.9%	78	64
		上りS→下りS		16	14	12	134	9.1%	17.0%	23.9%	150	75
		平坦S→上りS		24	26	27	221	8.1%	16.8%	25.8%	64	69
		平坦S→下りS		31	22	15	192	11.9%	20.4%	26.2%	72	67
		下りS→平坦S		28	23	24	189	10.8%	19.6%	27.3%	90	97
		下りS→上りS		21	14	11	149	10.8%	17.9%	23.6%	91	77
	4角通過（今走）	上りS	1番手	18	12	5	38	24.7%	41.1%	47.9%	381	175
			2～3番手	36	22	15	122	18.5%	29.7%	37.4%	148	99
			4～6番手	22	21	17	144	10.8%	21.1%	29.4%	61	76
			7～9番手	6	12	16	138	3.5%	10.5%	19.8%	19	52
			10番手～	7	9	7	219	2.9%	6.6%	9.5%	30	34
		平坦S	1番手	30	19	6	62	25.6%	41.9%	47.0%	200	133
			2～3番手	36	45	23	203	11.7%	26.4%	33.9%	97	104
			4～6番手	44	39	28	203	14.0%	26.4%	35.4%	102	96
			7～9番手	11	16	15	193	4.7%	11.5%	17.9%	46	55
			10番手～	9	8	9	326	2.6%	4.8%	7.4%	19	21
		下りS	1番手	12	13	6	33	17.9%	37.3%	50.7%	119	141
			2～3番手	39	34	19	109	19.4%	36.3%	45.8%	91	102
			4～6番手	28	28	22	129	13.5%	27.1%	37.7%	161	85
			7～9番手	12	7	15	138	7.0%	11.0%	19.8%	34	63
			10番手～	5	9	7	223	2.0%	5.7%	8.6%	20	20

エピファネイア（芝）

芝成績【237-222-200-1933/2592】勝率9.1%連対率17.7%複勝率25.4%単回値82複回値76

芝・下りS→平坦Sで複勝回収値125円

エピファネイア（芝）【坂道グループ】極秘データ

馬場	条件			1着	2着	3着	4着～	勝率	連対率	複勝率	単回値	複回値
芝	距離	上りS	～1400m	17	21	11	180	7.4%	16.6%	21.4%	58	60
			1500～1700m	11	11	6	80	10.2%	20.4%	25.9%	222	102
			1800m～	34	34	28	319	8.2%	16.4%	23.1%	92	72
		平坦S	～1400m	12	18	12	165	5.8%	14.5%	20.3%	89	127
			1500～1700m	26	22	23	178	10.4%	19.3%	28.5%	73	76
			1800m～	67	62	65	503	9.6%	18.5%	27.8%	75	64
		下りS	～1400m	4	3	4	94	3.8%	6.7%	10.5%	88	69
			1500～1700m	27	15	14	168	12.1%	18.8%	25.0%	81	63
			1800m～	39	36	37	246	10.9%	20.9%	31.3%	59	86
	坂替わり	上りS→平坦S		20	23	32	224	6.7%	14.4%	25.1%	67	65
		上りS→下りS		13	12	10	109	9.0%	17.4%	24.3%	78	76
		平坦S→上りS		19	23	16	210	7.1%	15.7%	21.6%	42	63
		平坦S→下りS		19	14	14	140	10.3%	16.8%	24.3%	93	81
		下りS→平坦S		20	18	16	141	10.3%	19.5%	27.7%	53	125
		下りS→上りS		11	15	7	120	7.2%	17.0%	21.6%	36	50
	4角通過（今走）	上りS	1番手	11	8	3	36	19.0%	32.8%	37.9%	557	193
			2～3番手	16	20	9	101	11.0%	24.7%	30.8%	43	78
			4～6番手	20	19	17	110	12.0%	23.5%	33.7%	91	114
			7～9番手	9	10	12	147	5.1%	10.7%	17.4%	81	47
			10番手～	6	9	4	185	2.9%	7.4%	9.3%	35	24
		平坦S	1番手	20	16	10	45	22.0%	39.6%	50.5%	189	121
			2～3番手	31	26	27	147	13.4%	24.7%	36.4%	137	99
			4～6番手	26	35	34	182	9.4%	22.0%	34.3%	50	112
			7～9番手	14	16	21	195	5.7%	12.2%	20.7%	32	59
			10番手～	14	9	8	277	4.5%	7.5%	10.1%	59	34
		下りS	1番手	11	3	7	19	27.5%	35.0%	52.5%	238	181
			2～3番手	26	21	13	89	17.4%	31.5%	40.3%	91	95
			4～6番手	20	14	15	112	12.4%	21.1%	30.4%	66	65
			7～9番手	5	14	10	107	3.7%	14.0%	21.3%	31	71
			10番手～	8	2	10	181	4.0%	5.0%	10.0%	53	53

キズナ（芝）

芝成績【221-213-213-1598/2245】勝率9.8%連対率19.3%複勝率28.8%単回値99複回値96

芝1800m以上・上りSで単勝回収値136円

キズナ（芝）【坂道グループ】極秘データ

馬場	条件			1着	2着	3着	4着～	勝率	連対率	複勝率	単回値	複回値
芝	距離	上りS	～1400m	17	15	25	153	8.1%	15.2%	27.1%	51	87
			1500～1700m	11	6	7	67	12.1%	18.7%	26.4%	187	130
			1800m～	38	41	35	232	11.0%	22.8%	32.9%	136	101
		平坦S	～1400m	19	21	26	192	7.4%	15.5%	25.6%	91	98
			1500～1700m	16	15	11	137	8.9%	17.3%	23.5%	74	90
			1800m～	71	67	63	427	11.3%	22.0%	32.0%	91	97
		下りS	～1400m	7	5	9	104	5.6%	9.6%	16.8%	51	55
			1500～1700m	15	18	9	102	10.4%	22.9%	29.2%	71	92
			1800m～	27	25	28	184	10.2%	19.7%	30.3%	140	106
	坂替わり	上りS→平坦S		21	20	26	200	7.9%	15.4%	25.1%	117	119
		上りS→下りS		10	12	11	100	7.5%	16.5%	24.8%	105	108
		平坦S→上りS		23	24	21	178	9.3%	19.1%	27.6%	127	88
		平坦S→下りS		11	15	18	120	6.7%	15.9%	26.8%	43	77
		下りS→平坦S		11	21	18	125	6.3%	18.3%	28.6%	30	122
		下りS→上りS		12	9	17	75	10.6%	18.6%	33.6%	47	107
	4角通過（今走）	上りS	1番手	12	15	8	28	19.0%	42.9%	55.6%	390	201
			2～3番手	26	18	18	89	17.2%	29.1%	41.1%	212	116
			4～6番手	17	13	22	101	11.1%	19.6%	34.0%	66	121
			7～9番手	8	13	12	104	5.8%	15.3%	24.1%	44	79
			10番手～	3	3	7	130	2.1%	4.2%	9.1%	15	38
		平坦S	1番手	25	11	4	52	27.2%	39.1%	43.5%	207	106
			2～3番手	38	29	37	134	16.0%	28.2%	43.7%	222	165
			4～6番手	24	29	25	171	9.6%	21.3%	31.3%	52	86
			7～9番手	13	23	18	156	6.2%	17.1%	25.7%	29	70
			10番手～	6	11	16	242	2.2%	6.2%	12.0%	10	62
		下りS	1番手	6	7	5	24	14.3%	31.0%	42.9%	55	100
			2～3番手	13	18	17	66	11.4%	27.2%	42.1%	106	127
			4～6番手	13	16	12	84	10.4%	23.2%	32.8%	120	118
			7～9番手	9	4	5	78	9.4%	13.5%	18.8%	178	82
			10番手～	8	3	7	137	5.2%	7.1%	11.6%	44	44

モーリス（芝）

芝成績【221-162-173-1476/2032】勝率10.9%連対率18.8%複勝率27.4%単回値84複回値76

芝1800m以上・平坦Sで単勝回収値114円

モーリス（芝）【坂道グループ】極秘データ

馬場	条件			1着	2着	3着	4着～	勝率	連対率	複勝率	単回値	複回値
芝	距離	上りS	～1400m	25	14	16	183	10.5%	16.4%	23.1%	103	66
			1500～1700m	9	11	5	62	10.3%	23.0%	28.7%	53	53
			1800m～	20	13	23	159	9.3%	15.3%	26.0%	39	63
		平坦S	～1400m	29	19	10	179	12.2%	20.3%	24.5%	141	76
			1500～1700m	18	24	24	159	8.0%	18.7%	29.3%	70	64
			1800m～	62	32	44	325	13.4%	20.3%	29.8%	114	90
		下りS	～1400m	9	11	5	91	7.8%	17.2%	21.6%	81	74
			1500～1700m	18	15	22	170	8.0%	14.7%	24.4%	31	77
			1800m～	31	23	24	148	13.7%	23.9%	34.5%	70	88
	坂替わり	上りS→平坦S		24	20	20	175	10.0%	18.4%	26.8%	111	94
		上りS→下りS		8	8	8	70	8.5%	17.0%	25.5%	37	71
		平坦S→上りS		17	12	15	138	9.3%	15.9%	24.2%	98	58
		平坦S→下りS		14	17	11	127	8.3%	18.3%	24.9%	65	61
		下りS→平坦S		14	18	14	107	9.2%	20.9%	30.1%	86	80
		下りS→上りS		9	10	7	82	8.3%	17.6%	24.1%	53	52
	4角通過（今走）	上りS	1番手	19	5	5	20	38.8%	49.0%	59.2%	197	142
			2～3番手	19	15	19	87	13.6%	24.3%	37.9%	76	92
			4～6番手	7	7	8	80	6.9%	13.7%	21.6%	39	40
			7～9番手	6	6	9	88	5.4%	12.6%	20.7%	106	59
			10番手～	3	3	3	129	2.2%	4.3%	6.5%	12	25
		平坦S	1番手	27	8	8	46	30.3%	39.3%	48.3%	380	199
			2～3番手	32	27	25	130	15.0%	27.6%	39.3%	87	84
			4～6番手	32	28	23	158	13.3%	24.9%	34.4%	94	85
			7～9番手	13	9	13	129	7.9%	13.4%	21.3%	103	61
			10番手～	5	3	9	199	2.3%	3.7%	7.9%	46	36
		下りS	1番手	13	11	5	29	22.4%	41.4%	50.0%	111	104
			2～3番手	18	14	17	85	13.4%	23.9%	36.6%	95	102
			4～6番手	16	16	14	79	12.8%	25.6%	36.8%	74	128
			7～9番手	6	5	10	88	5.5%	10.1%	19.3%	20	56
			10番手～	5	3	5	126	3.6%	5.8%	9.4%	12	28

ハーツクライ（芝）

芝成績【219-206-228-1979/2632】勝率8.3%連対率16.1%複勝率24.8%単回値61複回値69

芝1800m以上・下りSで複勝率26.0%

ハーツクライ（芝）【坂道グループ】極秘データ

馬場		条件	1着	2着	3着	4着〜	勝率	連対率	複勝率	単回値	複回値
芝	距離	上りS ～1400m	11	12	8	102	8.3%	17.3%	23.3%	62	62
		上りS 1500〜1700m	2	6	6	58	2.8%	11.1%	19.4%	25	37
		上りS 1800m〜	39	45	30	385	7.8%	16.8%	22.8%	56	71
		平坦S ～1400m	4	6	12	98	3.3%	8.3%	18.3%	13	61
		平坦S 1500〜1700m	16	13	15	128	9.3%	16.9%	25.6%	95	69
		平坦S 1800m〜	82	70	96	680	8.8%	16.4%	26.7%	57	70
		下りS ～1400m	4	1	3	47	7.3%	9.1%	14.5%	56	52
		下りS 1500〜1700m	14	13	16	114	8.9%	17.2%	27.4%	63	61
		下りS 1800m〜	47	40	42	367	9.5%	17.5%	26.0%	78	79
	坂替わり	上りS→平坦S	18	17	23	214	6.6%	12.9%	21.3%	45	67
		上りS→下りS	11	15	10	127	6.7%	16.0%	22.1%	53	63
		平坦S→上りS	13	22	16	187	5.5%	14.7%	21.4%	56	68
		平坦S→下りS	19	13	19	177	8.3%	14.8%	23.0%	71	77
		下りS→平坦S	16	16	23	207	6.1%	12.2%	21.0%	63	77
		下りS→上りS	18	12	12	114	11.5%	19.2%	26.9%	87	94
	4角通過〈今走〉	上りS 1番手	7	6	1	16	23.3%	43.3%	46.7%	292	148
		上りS 2〜3番手	19	21	8	89	12.6%	26.5%	41.1%	70	144
		上りS 4〜6番手	13	16	12	130	7.6%	17.0%	24.0%	52	64
		上りS 7〜9番手	12	15	5	118	8.0%	18.0%	21.3%	64	45
		上りS 10番手〜	1	5	4	191	0.5%	3.0%	5.0%	1	11
		平坦S 1番手	13	3	9	24	26.5%	32.7%	51.0%	266	146
		平坦S 2〜3番手	35	24	36	155	14.0%	23.6%	38.0%	72	89
		平坦S 4〜6番手	29	28	40	218	9.2%	18.1%	30.8%	68	70
		平坦S 7〜9番手	19	25	30	205	6.8%	15.8%	26.5%	54	94
		平坦S 10番手〜	6	9	8	303	1.8%	4.6%	7.1%	10	21
		下りS 1番手	8	3	4	12	29.6%	40.7%	55.6%	182	147
		下りS 2〜3番手	19	15	10	84	14.8%	26.6%	34.4%	79	105
		下りS 4〜6番手	21	17	19	104	13.0%	23.6%	35.4%	133	89
		下りS 7〜9番手	9	13	16	135	5.2%	12.7%	22.0%	54	71
		下りS 10番手〜	8	6	12	193	3.7%	6.4%	11.9%	27	34

ドゥラメンテ（芝）

芝成績【212-220-202-1431/2065】勝率10.3%連対率20.9%複勝率30.7%単回値64複回値79

芝1800m以上・平坦Sで複勝率35.5%

ドゥラメンテ（芝）【坂道グループ】極秘データ

馬場	条件			1着	2着	3着	4着～	勝率	連対率	複勝率	単回値	複回値
芝	距離	上りS	～1400m	5	11	5	96	4.3%	13.7%	17.9%	9	33
			1500～1700m	6	14	7	42	8.7%	29.0%	39.1%	55	75
			1800m～	43	42	32	255	11.6%	22.8%	31.5%	71	94
		平坦S	～1400m	10	9	11	87	8.5%	16.2%	25.6%	84	71
			1500～1700m	16	8	8	132	9.8%	14.6%	19.5%	48	42
			1800m～	85	68	79	421	13.0%	23.4%	35.5%	77	97
		下りS	～1400m	1	7	2	44	1.9%	14.8%	18.5%	4	100
			1500～1700m	18	20	19	126	9.8%	20.8%	31.1%	47	61
			1800m～	28	41	39	228	8.3%	20.5%	32.1%	69	67
	坂替わり	上りS→平坦S		17	19	22	168	7.5%	15.9%	25.7%	54	81
		上りS→下りS		5	16	18	80	4.2%	17.6%	32.8%	13	94
		平坦S→上りS		16	21	14	154	7.8%	18.0%	24.9%	46	61
		平坦S→下りS		14	17	13	99	9.8%	21.7%	30.8%	54	65
		下りS→平坦S		26	13	20	104	16.0%	23.9%	36.2%	79	85
		下りS→上りS		11	11	6	73	10.9%	21.8%	27.7%	63	56
	4角通過（今走）	上りS	1番手	10	8	4	28	20.0%	36.0%	44.0%	126	107
			2～3番手	17	22	20	79	12.3%	28.3%	42.8%	62	141
			4～6番手	14	20	9	87	10.8%	26.2%	33.1%	76	70
			7～9番手	8	10	5	74	8.2%	18.6%	23.7%	47	49
			10番手～	5	7	6	123	3.5%	8.5%	12.8%	14	40
		平坦S	1番手	23	12	7	34	30.3%	46.1%	55.3%	235	176
			2～3番手	30	28	27	109	15.5%	29.9%	43.8%	75	106
			4～6番手	30	26	41	150	12.1%	22.7%	39.3%	83	90
			7～9番手	20	12	13	127	11.6%	18.6%	26.2%	51	64
			10番手～	8	7	10	219	3.3%	6.1%	10.2%	27	48
		下りS	1番手	5	14	5	19	11.6%	44.2%	55.8%	86	125
			2～3番手	17	17	16	70	14.2%	28.3%	41.7%	120	110
			4～6番手	15	23	21	78	10.9%	27.7%	43.1%	63	86
			7～9番手	5	9	14	95	4.1%	11.4%	22.8%	16	43
			10番手～	5	5	4	136	3.3%	6.7%	9.3%	24	23

ルーラーシップ（芝）

芝成績【172-168-184-1686/2210】勝率7.8%連対率15.4%複勝率23.7%単回値61複回値70

芝1500 〜 1700 m・平坦Sで勝率 11.1%

ルーラーシップ（芝）【坂道グループ】極秘データ

馬場	条件			1着	2着	3着	4着〜	勝率	連対率	複勝率	単回値	複回値
芝	距離	上りS	〜1400m	11	9	9	106	8.1%	14.8%	21.5%	36	74
			1500〜1700m	5	3	2	55	7.7%	12.3%	15.4%	122	64
			1800m〜	33	23	36	297	8.5%	14.4%	23.7%	59	60
		平坦S	〜1400m	8	16	9	114	5.4%	16.3%	22.4%	28	55
			1500〜1700m	16	9	8	111	11.1%	17.4%	22.9%	88	75
			1800m〜	56	60	61	529	7.9%	16.4%	25.1%	73	69
		下りS	〜1400m	5	9	13	66	5.4%	15.1%	29.0%	45	154
			1500〜1700m	15	15	11	117	9.5%	19.0%	25.9%	52	63
			1800m〜	23	24	35	291	6.2%	12.6%	22.0%	48	68
	坂替わり	上りS→平坦S		16	17	21	183	6.8%	13.9%	22.8%	53	59
		上りS→下りS		8	13	10	117	5.4%	14.2%	20.9%	43	100
		平坦S→上りS		13	10	19	160	6.4%	11.4%	20.8%	29	61
		平坦S→下りS		12	14	22	134	6.6%	14.3%	26.4%	42	81
		下りS→平坦S		14	14	9	151	7.2%	14.4%	22.2%	57	67
		下りS→上りS		12	5	9	98	9.3%	17.1%	24.0%	45	60
	4角通過（今走）	上りS	1番手	12	4	2	21	30.8%	41.0%	46.2%	257	124
			2〜3番手	11	10	8	75	10.4%	19.8%	29.2%	46	56
			4〜6番手	19	8	18	77	15.6%	22.1%	36.9%	65	103
			7〜9番手	5	11	13	109	3.6%	11.6%	21.0%	76	84
			10番手〜	2	2	4	176	1.1%	2.2%	4.3%	12	13
		平坦S	1番手	16	10	10	46	19.5%	31.7%	43.9%	178	124
			2〜3番手	29	29	24	118	15.4%	30.9%	37.2%	137	101
			4〜6番手	17	15	27	169	7.5%	14.0%	25.9%	56	59
			7〜9番手	12	25	8	168	5.4%	16.7%	24.0%	59	80
			10番手〜	6	6	13	252	2.2%	4.3%	9.0%	8	27
		下りS	1番手	6	6	2	18	18.8%	37.5%	43.8%	123	291
			2〜3番手	8	15	5	72	7.4%	21.3%	33.3%	37	83
			4〜6番手	14	8	17	96	10.4%	16.3%	28.9%	67	64
			7〜9番手	10	12	3	113	6.6%	14.5%	25.7%	49	94
			10番手〜	5	7	10	175	2.5%	6.1%	11.2%	30	44

ハービンジャー（芝）

芝成績【170-172-183-1689/2214】勝率7.7%連対率15.4%複勝率23.7%単回値69複回値68

芝 1500 ～ 1700 m・下りSで複勝率 31.6%

ハービンジャー（芝）【坂道グループ】極秘データ

馬場	条件			1着	2着	3着	4着～	勝率	連対率	複勝率	単回値	複回値
芝	距離	上りS	～1400m	6	9	8	92	5.2%	13.0%	20.0%	64	58
			1500～1700m	3	1	5	43	5.8%	7.7%	17.3%	16	39
			1800m～	31	33	46	313	7.3%	15.1%	26.0%	48	68
		平坦S	～1400m	7	2	6	101	6.0%	7.8%	12.9%	86	59
			1500～1700m	9	14	11	107	6.4%	16.3%	24.1%	59	97
			1800m～	62	68	59	586	8.0%	16.8%	24.4%	84	67
		下りS	～1400m	3	3	3	58	4.5%	9.0%	13.4%	35	65
			1500～1700m	10	17	15	91	7.5%	20.3%	31.6%	49	95
			1800m～	39	25	30	298	9.9%	16.3%	24.0%	81	63
	坂替わり	上りS→平坦S		13	22	22	178	5.5%	14.9%	24.3%	83	91
		上りS→下りS		9	9	15	94	7.1%	14.2%	26.0%	31	62
		平坦S→上りS		11	12	24	177	4.9%	10.3%	21.0%	44	58
		平坦S→下りS		17	8	9	129	10.4%	15.3%	20.9%	98	73
		下りS→平坦S		17	15	12	153	8.6%	16.2%	22.3%	77	63
		下りS→上りS		7	9	7	83	6.6%	15.1%	21.7%	45	57
	4角通過（今走）	上りS	1番手	6	6	4	23	15.4%	30.8%	41.0%	181	107
			2～3番手	10	11	19	69	9.2%	19.3%	36.7%	53	99
			4～6番手	16	12	14	81	13.0%	22.8%	34.1%	73	75
			7～9番手	6	8	18	100	4.5%	10.6%	24.2%	28	61
			10番手～	2	6	4	174	1.1%	4.3%	6.5%	16	28
		平坦S	1番手	11	7	3	17	28.9%	47.4%	55.3%	270	161
			2～3番手	26	27	22	121	13.3%	27.0%	38.3%	168	104
			4～6番手	21	24	31	161	8.9%	19.0%	32.1%	89	100
			7～9番手	11	18	14	185	4.8%	12.7%	18.9%	36	63
			10番手～	9	8	6	309	2.7%	5.1%	6.9%	33	23
		下りS	1番手	6	3	2	16	22.2%	33.3%	40.7%	262	107
			2～3番手	15	12	12	54	16.1%	29.0%	41.9%	105	88
			4～6番手	18	15	17	88	13.0%	23.9%	36.2%	102	85
			7～9番手	9	8	11	88	7.8%	14.7%	24.1%	56	93
			10番手～	4	7	6	200	1.8%	5.1%	7.8%	15	38

ヘニーヒューズ(ダート)

ダート成績【266-258-210-1803/2537】勝率10.5%連対率20.7%複勝率28.9%単回値65複回値78

ダ・下りS→平坦Sで単勝回収値161円

ヘニーヒューズ(ダ)【坂道グループ】極秘データ

馬場	条件			1着	2着	3着	4着~	勝率	連対率	複勝率	単回値	複回値
ダート	距離	上りS	~1300m	26	30	24	199	9.3%	20.1%	28.7%	45	86
			1400~1600m	12	14	6	125	7.6%	16.6%	20.4%	66	47
			1700m~	40	52	39	320	8.9%	20.4%	29.0%	53	85
		平坦S	~1300m	32	35	24	216	10.4%	21.8%	29.6%	82	73
			1400~1600m	28	17	9	152	13.6%	21.8%	26.2%	128	55
			1700m~	32	39	28	216	10.2%	22.5%	31.4%	47	99
		下りS	~1300m	43	19	28	208	14.4%	20.8%	30.2%	77	69
			1400~1600m	49	48	49	322	10.5%	20.7%	31.2%	55	87
			1700m~	4	4	4	45	7.1%	14.3%	19.6%	48	58
	坂替わり	上りS→平坦S		21	32	11	184	8.5%	21.4%	25.8%	70	58
		上りS→下りS		14	27	15	132	7.4%	21.8%	29.8%	51	89
		平坦S→上りS		18	26	19	183	7.3%	17.9%	25.6%	41	67
		平坦S→下りS		18	12	13	101	12.5%	20.8%	29.9%	82	84
		下りS→平坦S		27	13	14	147	17.3%	25.6%	33.3%	161	92
		下りS→上りS		19	11	12	147	10.1%	15.9%	22.2%	68	65
	4角通過〈今走〉	上りS	1番手	12	13	10	19	22.2%	46.3%	64.8%	98	132
			2~3番手	28	30	13	95	17.2%	35.6%	41.7%	103	103
			4~6番手	21	33	24	132	10.0%	25.7%	37.1%	45	104
			7~9番手	14	10	12	170	6.8%	11.7%	17.5%	60	63
			10番手~	3	10	12	225	1.2%	5.2%	10.4%	12	44
		平坦S	1番手	19	17	8	29	26.0%	49.3%	60.3%	108	129
			2~3番手	34	31	19	66	22.7%	43.3%	56.0%	191	120
			4~6番手	22	19	21	132	11.3%	21.1%	32.0%	84	113
			7~9番手	11	18	11	119	6.9%	18.2%	25.2%	59	75
			10番手~	6	6	2	237	2.4%	4.8%	5.6%	16	15
		下りS	1番手	11	13	6	23	20.8%	45.3%	56.6%	107	160
			2~3番手	42	18	23	87	24.7%	35.3%	48.8%	130	125
			4~6番手	18	15	26	116	10.3%	18.9%	33.7%	55	69
			7~9番手	15	14	12	130	8.8%	17.0%	24.0%	42	73
			10番手~	10	11	13	218	4.0%	8.3%	13.5%	27	40

シニスターミニスター（ダート）

ダート成績【187-156-150-1168/1661】勝率11.3%連対率20.7%複勝率29.7%単回値100複回値95

ダ・下りS→上りSで単勝回収値164円

シニスターミニスター（ダ）【坂道グループ】極秘データ

馬場	条件			1着	2着	3着	4着～	勝率	連対率	複勝率	単回値	複回値
ダート	距離	上りS	～1300m	17	15	13	127	9.9%	18.6%	26.2%	129	95
			1400～1600m	8	6	7	58	10.1%	17.7%	26.6%	82	70
			1700m～	71	51	45	292	15.5%	26.6%	36.4%	124	113
		平坦S	～1300m	15	16	9	107	10.2%	21.1%	27.2%	69	71
			1400～1600m	6	7	14	63	6.7%	14.4%	30.0%	54	110
			1700m～	31	25	16	217	10.7%	19.4%	24.9%	118	80
		下りS	～1300m	11	12	13	115	7.3%	15.2%	23.8%	47	106
			1400～1600m	23	19	26	153	10.4%	19.0%	30.8%	103	95
			1700m～	5	5	7	36	9.4%	18.9%	32.1%	39	84
	坂替わり	上りS→平坦S		21	13	10	137	11.6%	18.8%	24.3%	89	73
		上りS→下りS		8	10	9	88	7.0%	15.7%	23.5%	51	88
		平坦S→上りS		24	18	18	124	13.0%	22.8%	32.6%	107	114
		平坦S→下りS		4	8	7	48	6.0%	17.9%	28.4%	32	114
		下りS→平坦S		7	8	6	60	8.6%	18.5%	25.9%	226	94
		下りS→上りS		15	12	10	70	14.0%	25.2%	34.6%	164	102
	4角通過（今走）	上りS	1番手	28	9	6	21	43.8%	57.8%	67.2%	352	204
			2～3番手	42	37	26	86	22.0%	41.4%	55.0%	246	188
			4～6番手	18	15	16	100	12.1%	22.1%	32.9%	81	80
			7～9番手	3	7	11	120	2.1%	7.1%	14.9%	9	60
			10番手～	5	4	6	148	3.1%	5.5%	9.2%	17	27
		平坦S	1番手	19	10	3	23	34.5%	52.7%	58.2%	217	164
			2～3番手	18	21	12	69	15.0%	32.5%	42.5%	200	127
			4～6番手	10	14	14	100	7.2%	17.4%	27.5%	55	71
			7～9番手	4	1	5	81	4.4%	5.5%	11.0%	45	55
			10番手～	1	2	5	113	0.8%	2.5%	6.6%	13	35
		下りS	1番手	11	5	6	13	34.4%	43.8%	59.4%	309	191
			2～3番手	15	14	17	49	15.8%	30.5%	48.4%	97	164
			4～6番手	6	7	12	75	6.0%	13.0%	25.0%	36	91
			7～9番手	4	7	7	64	4.9%	13.4%	22.0%	62	78
			10番手～	3	5	5	103	2.6%	6.9%	11.2%	37	36

ドレフォン（ダート）

ダート成績【171-110-118-986/1385】勝率12.3%連対率20.3%複勝率28.8%単回値85複回値75

ダ・平坦S→上りSで単勝回収値175円

ドレフォン（ダ）【坂道グループ】極秘データ

馬場	条件			1着	2着	3着	4着〜	勝率	連対率	複勝率	単回値	複回値
ダート	距離	上りS	〜1300m	18	8	10	77	15.9%	23.0%	31.9%	144	84
			1400〜1600m	5	5	4	48	8.1%	16.1%	22.6%	61	49
			1700m〜	51	30	34	275	13.1%	20.8%	29.5%	109	79
		平坦S	〜1300m	12	10	14	85	9.9%	18.2%	29.8%	56	77
			1400〜1600m	13	7	11	100	9.9%	15.3%	23.7%	65	57
			1700m〜	27	22	18	147	12.6%	22.9%	31.3%	55	69
		下りS	〜1300m	12	9	8	76	11.4%	20.0%	27.6%	56	71
			1400〜1600m	27	17	15	153	12.7%	20.8%	27.8%	68	81
			1700m〜	6	2	4	25	16.2%	21.6%	32.4%	221	117
	坂替わり	上りS→平坦S		23	13	14	109	14.5%	22.6%	31.4%	78	75
		上りS→下りS		11	10	7	59	12.6%	24.1%	32.2%	92	135
		平坦S→上りS		28	14	17	111	16.5%	24.7%	34.7%	175	115
		平坦S→下りS		6	3	3	48	10.0%	15.0%	20.0%	57	49
		下りS→平坦S		7	4	4	48	10.6%	16.7%	27.3%	41	56
		下りS→上りS		11	9	3	70	11.8%	21.5%	24.7%	112	66
	4角通過（今走）	上りS	1番手	24	5	6	32	35.8%	43.3%	52.2%	258	108
			2〜3番手	32	19	20	77	21.6%	34.5%	48.0%	176	136
			4〜6番手	9	17	13	95	6.7%	19.4%	29.1%	48	75
			7〜9番手	4	3	4	79	4.3%	6.5%	15.1%	65	49
			10番手〜	5	0	1	116	4.1%	4.1%	4.9%	55	13
		平坦S	1番手	8	10	5	14	21.6%	48.6%	62.2%	117	147
			2〜3番手	26	20	14	55	22.6%	40.0%	52.2%	124	113
			4〜6番手	8	7	12	77	7.7%	14.4%	26.0%	35	69
			7〜9番手	8	2	6	75	8.8%	11.0%	17.6%	49	44
			10番手〜	2	0	1	111	1.7%	1.7%	6.7%	4	15
		下りS	1番手	8	5	3	6	36.4%	59.1%	72.7%	291	175
			2〜3番手	20	8	8	40	26.3%	36.8%	47.4%	96	116
			4〜6番手	11	10	5	50	14.5%	27.6%	34.2%	91	82
			7〜9番手	6	4	9	65	7.1%	11.9%	22.6%	94	109
			10番手〜	0	1	2	93	0.0%	1.0%	3.1%	0	9

■芝戦・種牡馬50頭【坂道グループ】タイプ別判別表（註：2021～2023年）

種牡馬	着別度数	上りS	下りS	平坦S	タイプ
ロードカナロア	315- 294- 213-2285/3107	25.4%	29.0%	25.5%	下りS
ディープインパクト	370- 324- 305-2341/3340	29.9%	29.4%	30.1%	平坦S
キズナ	221- 213- 213-1598/2245	30.1%	26.8%	29.0%	上りS
ドゥラメンテ	212- 220- 202-1431/2065	29.6%	30.5%	31.5%	平坦S
ハーツクライ	219- 206- 228-1979/2632	22.6%	25.4%	25.7%	平坦S
モーリス	221- 162- 173-1476/2032	25.2%	27.9%	28.3%	平坦S
ルーラーシップ	172- 168- 184-1686/2210	22.2%	24.0%	24.4%	平坦S
エピファネイア	237- 222- 200-1933/2592	23.0%	26.1%	26.6%	平坦S
ヘニーヒューズ	3- 11- 11- 157/ 182	18.6%	8.5%	13.2%	上りS
キングカメハメハ	114- 118- 90- 809/1131	28.1%	29.7%	27.9%	下りS
ダイワメジャー	141- 144- 132-1290/1707	24.2%	26.0%	23.4%	下りS
ドレフォン	45- 44- 47- 479/ 615	22.6%	20.9%	22.5%	上りS
オルフェーヴル	108- 105- 123-1041/1377	26.3%	23.3%	23.7%	上りS
ハービンジャー	170- 172- 183-1689/2214	24.1%	24.5%	23.1%	下りS
シニスターミニスター	0- 0- 0- 32/ 32	0.0%	0.0%	0.0%	－
ジャスタウェイ	91- 84- 83- 961/1219	18.5%	19.3%	24.0%	平坦S
リオンディーズ	91- 98- 92- 857/1138	29.4%	19.3%	24.7%	上りS
キタサンブラック	105- 80- 70- 573/ 828	32.0%	31.3%	29.8%	上りS
スクリーンヒーロー	89- 96- 88- 869/1142	22.7%	24.0%	24.8%	平坦S
キンシャサノキセキ	28- 45- 48- 670/ 791	15.1%	13.6%	16.7%	平坦S
ゴールドシップ	115- 148- 135-1354/1752	26.1%	19.7%	23.0%	上りS
ミッキーアイル	59- 65- 51- 520/ 695	27.8%	17.3%	28.7%	平坦S
ホッコータルマエ	2- 5- 1- 66/ 74	10.0%	20.0%	5.9%	下りS
マジェスティックウォリアー	10- 8- 17- 224/ 259	19.5%	7.4%	12.5%	上りS
パイロ	5- 5- 4- 92/ 106	17.5%	13.3%	8.3%	上りS
シルバーステート	88- 94- 86- 736/1004	26.5%	23.6%	29.1%	平坦S
イスラボニータ	64- 60- 64- 549/ 737	24.9%	25.7%	25.9%	平坦S
ブラックタイド	46- 54- 73- 736/ 909	22.1%	16.3%	18.7%	上りS
マクフィ	33- 41- 32- 333/ 439	25.9%	18.6%	27.6%	平坦S
ディスクリートキャット	21- 22- 28- 303/ 374	23.4%	15.1%	17.6%	上りS
アジアエクスプレス	9- 4- 4- 91/ 108	16.7%	0.0%	20.8%	平坦S
リアルスティール	53- 44- 40- 302/ 439	30.5%	37.0%	27.4%	下りS
ヴィクトワールピサ	56- 62- 59- 779/ 956	19.7%	14.9%	20.0%	平坦S
エイシンフラッシュ	46- 50- 42- 778/ 916	19.0%	16.8%	11.2%	上りS
カレンブラックヒル	17- 23- 19- 329/ 388	14.8%	14.3%	16.4%	平坦S
ビッグアーサー	53- 45- 49- 439/ 586	30.5%	21.5%	22.5%	上りS
アメリカンペイトリオット	37- 37- 39- 344/ 457	21.5%	29.2%	24.5%	下りS
リアルインパクト	28- 23- 39- 365/ 455	21.4%	19.5%	18.9%	上りS
ダノンレジェンド	4- 5- 12- 195/ 216	14.8%	9.5%	3.3%	上りS
コパノリッキー	3- 3- 2- 82/ 90	3.8%	13.3%	8.8%	下りS
エスポワールシチー	1- 2- 3- 46/ 52	19.0%	0.0%	10.0%	上りS
ダンカーク	7- 3- 2- 186/ 198	9.8%	3.6%	4.9%	上りS
アイルハヴアナザー	12- 8- 6- 124/ 150	14.3%	15.8%	20.6%	平坦S
サトノアラジン	22- 24- 23- 327/ 396	17.4%	19.8%	15.9%	下りS
ディープブリランテ	28- 38- 49- 456/ 571	20.5%	19.0%	20.7%	平坦S
ラブリーデイ	24- 31- 31- 366/ 452	20.8%	16.0%	20.2%	上りS
サトノダイヤモンド	38- 24- 37- 288/ 387	24.0%	23.5%	27.6%	平坦S
エイシンヒカリ	31- 32- 32- 344/ 439	22.8%	25.2%	17.7%	下りS
ザファクター	11- 9- 9- 174/ 203	19.3%	11.8%	9.4%	上りS
クロフネ	21- 15- 17- 171/ 224	25.8%	23.8%	22.1%	上りS

166

種牡馬	着別度数	上りS	下りS	平坦S	タイプ
ロードカナロア	177- 149- 148-1579/2053	23.0%	26.2%	20.6%	下りS
ディープインパクト	57- 47- 36- 537/ 677	23.2%	17.1%	19.7%	上りS
キズナ	146- 121- 128-1070/1465	28.7%	24.5%	26.0%	上りS
ドゥラメンテ	123- 106- 91- 925/1245	27.9%	27.8%	20.9%	上りS
ハーツクライ	104- 99- 85- 853/1141	27.5%	22.8%	23.7%	上りS
モーリス	86- 63- 53- 697/ 899	19.9%	23.5%	24.2%	平坦S
ルーラーシップ	118- 118- 147-1407/1790	21.5%	21.2%	21.4%	上りS
エピファネイア	48- 55- 63- 693/ 859	19.6%	16.6%	20.4%	平坦S
ヘニーヒューズ	266- 258- 210-1803/2537	27.4%	30.0%	29.5%	下りS
キングカメハメハ	107- 94- 75- 706/ 982	26.3%	30.5%	28.6%	下りS
ダイワメジャー	76- 81- 59- 922/1138	19.0%	17.3%	19.9%	平坦S
ドレフォン	171- 110- 118- 986/1385	29.2%	28.2%	28.8%	上りS
オルフェーヴル	95- 80- 76- 845/1096	24.5%	23.9%	20.2%	上りS
ハービンジャー	20- 34- 32- 421/ 507	18.9%	14.9%	15.7%	上りS
シニスターミニスター	187- 156- 150-1168/1661	32.8%	28.5%	26.4%	上りS
ジャスタウェイ	76- 72- 64- 884/1096	19.2%	27.0%	13.9%	下りS
リオンディーズ	72- 76- 68- 741/ 957	23.0%	23.3%	21.6%	下りS
キタサンブラック	41- 27- 34- 233/ 335	30.7%	29.3%	30.7%	上りS
スクリーンヒーロー	51- 60- 68- 501/ 680	28.6%	18.8%	29.3%	平坦S
キンシャサノキセキ	106- 122- 136-1257/1621	21.1%	25.0%	21.4%	下りS
ゴールドシップ	16- 15- 15- 287/ 333	15.3%	5.5%	15.8%	平坦S
ミッキーアイル	67- 66- 45- 518/ 696	29.2%	26.7%	20.6%	上りS
ホッコータルマエ	122- 114- 115-1088/1439	23.5%	23.0%	26.7%	平坦S
マジェスティックウォリアー	109- 100- 109-1061/1379	21.4%	23.5%	24.7%	平坦S
パイロ	109- 107- 126- 961/1303	29.2%	19.6%	27.8%	上りS
シルバーステート	21- 22- 21- 297/ 361	21.2%	17.2%	14.7%	上りS
イスラボニータ	43- 47- 42- 406/ 538	25.8%	28.2%	19.4%	下りS
ブラックタイド	54- 54- 56- 570/ 734	22.2%	22.4%	22.5%	平坦S
マクフィ	64- 56- 66- 729/ 915	15.8%	21.5%	24.4%	平坦S
ディスクリートキャット	69- 69- 78- 691/ 907	23.0%	25.4%	22.9%	下りS
アジアエクスプレス	79- 100- 86- 899/1164	21.9%	24.7%	21.8%	下りS
リアルスティール	27- 30- 31- 165/ 253	36.1%	40.0%	29.7%	下りS
ヴィクトワールピサ	20- 28- 25- 470/ 543	10.7%	17.9%	14.1%	下りS
エイシンフラッシュ	28- 39- 39- 565/ 671	17.7%	10.0%	18.1%	平坦S
カレンブラックヒル	56- 69- 52- 570/ 747	23.1%	26.2%	21.7%	下りS
ビッグアーサー	19- 26- 23- 364/ 432	14.4%	13.2%	19.5%	平坦S
アメリカンペイトリオット	34- 35- 31- 330/ 430	28.2%	16.0%	23.1%	上りS
リアルインパクト	41- 28- 40- 443/ 552	19.5%	17.9%	21.7%	平坦S
ダノンレジェンド	62- 53- 49- 430/ 594	31.9%	25.8%	23.7%	上りS
コパノリッキー	63- 52- 60- 672/ 847	20.0%	18.8%	23.4%	平坦S
エスポワールシチー	60- 55- 72- 549/ 736	28.5%	24.9%	21.7%	上りS
ダンカーク	50- 41- 50- 616/ 757	24.1%	12.6%	14.5%	上りS
アイルハヴアナザー	44- 56- 48- 603/ 751	20.2%	20.7%	18.3%	下りS
サトノアラジン	34- 25- 34- 332/ 425	25.0%	18.5%	19.4%	上りS
ディープブリランテ	23- 30- 43- 444/ 540	19.1%	19.6%	14.2%	下りS
ラブリーデイ	27- 32- 35- 481/ 575	18.1%	12.5%	17.2%	上りS
サトノダイヤモンド	12- 8- 12- 118/ 150	26.5%	19.0%	16.4%	上りS
エイシンヒカリ	18- 31- 33- 251/ 333	18.5%	30.2%	28.7%	下りS
ザファクター	38- 42- 47- 399/ 526	23.7%	25.6%	23.2%	下りS
クロフネ	28- 35- 34- 448/ 545	19.3%	15.9%	17.0%	上りS

現役馬【坂道グループ】判別表

　中央競馬に在籍する現役馬（2024年1月1日現在。収得賞金901万円以上＝オープン・3勝クラスの4歳以上）が「どの坂道グループ」を得意にしているかをまとめた。2勝クラス以下の在籍馬まで掲載するとページ数が膨大になりすぎるため、キャリアの浅い3歳馬はすぐに数字が変わってしまう可能性があるため、それぞれ掲載を割愛した。

　掲載したのは上りスタート、下りスタート、平坦スタートにおけるそれぞれの複勝率。そして、もっとも複勝率を記録している坂道グループを「タイプ」として表しているので、各馬が得意とする坂道グループがひと目でわかる仕組みだ。

　なお、各坂道グループの複勝率が同等の場合は、より出走回数が多い坂道グループを「タイプ」に掲載。出走回数まで同じというケースもありうるが、その場合は上りS＞下りS＞平坦Sの優先順になっている。

■**現役馬【坂道グループ】判別表**（註：2024年1月1日現在、収得賞金901万円以上の古馬を対象）

馬名	性齢	父	全着別度数	上りS	下りS	平坦S	タイプ
アースライザー	セ7	アイルハヴアナザー	3- 1- 1-26/31	12.5%	20.0%	20.0%	平坦S
アーティット	牡5	ディープインパクト	4- 1- 4- 5/14	42.9%	80.0%	100.0%	平坦S
アーテルアストレア	牝5	リーチザクラウン	5- 1- 1- 7/14	50.0%	－	50.0%	上りS
アーバンイェーガー	牡10	エンパイアメーカー	5- 8- 8-38/59	47.4%	29.6%	30.8%	上りS
アームズレイン	牡4	コパノリッキー	5- 0- 1- 5/11	33.3%	－	80.0%	平坦S
アールバロン	牡6	モーリス	3- 0- 3-10/16	37.5%	60.0%	0.0%	下りS
アイアムハヤブギル	牡8	ヨハネスブルグ	4- 5- 3-17/29	75.0%	36.4%	33.3%	上りS
アイアンバローズ	牡7	オルフェーヴル	5- 5- 3-15/28	50.0%	0.0%	50.0%	平坦S
アイヴォリードレス	牝5	イスラボニータ	3- 1- 1- 5/10	0.0%	62.5%	－	下りS
アイオライト	牡7	ローレルゲレイロ	6- 2- 1-15/24	41.7%	60.0%	14.3%	下りS
アイコンテーラー	牝6	ドゥラメンテ	5- 2- 3-12/22	25.0%	50.0%	58.3%	平坦S
アイスグリーン	牡4	モーリス	3- 1- 1- 4/ 9	0.0%	－	71.4%	平坦S
アイスジャイアント	セ5	ダンカーク	1- 0- 0- 2/ 3	50.0%	0.0%	－	上りS
アイスリアン	牝5	キズナ	5- 3- 3-13/24	42.9%	66.7%	42.9%	下りS
アイファーシアトル	牝4	ベストウォーリア	3- 0- 0- 3/ 6	66.7%	50.0%	0.0%	上りS
アイブランコ	牡7	ケープブランコ	3- 4- 9-26/42	33.3%	50.0%	37.5%	下りS
アヴェラーレ	牝6	ドゥラメンテ	5- 2- 2- 6/15	62.5%	50.0%	66.7%	平坦S
アウスヴァール	セ6	ノヴェリスト	3- 2- 4-11/20	75.0%	25.0%	25.0%	上りS
アウトレンジ	牡4	レガーロ	3- 0- 1- 3/ 7	75.0%	－	33.3%	上りS
アウリガテソーロ	牝6	ドゥラメンテ	3- 0- 0-19/22	11.1%	15.4%	－	下りS
アオイイーグル	牡4	カレンブラックヒル	3- 1- 0- 3/ 7	50.0%	50.0%	100.0%	平坦S
アクションプラン	牡4	リオンディーズ	3- 3- 1- 5/12	83.3%	50.0%	25.0%	上りS
アグリ	牡5	Caravaggio	5- 2- 3- 3/13	－	66.7%	80.0%	平坦S
アケルナルスター	牡5	トーセンラー	4- 1- 2-13/20	0.0%	0.0%	53.8%	平坦S
アサカラキング	牡4	キズナ	3- 1- 0- 5/ 9	100.0%	40.0%	33.3%	上りS
アサクサゲンキ	セ9	Stormy Atlantic	2- 3- 1- 9/15	40.0%	75.0%	16.7%	下りS
アジアノジュンシン	牝6	アジアエクスプレス	3- 2- 2-11/18	33.3%	50.0%	0.0%	下りS
アシタバ	牝6	シニスターミニスター	3- 4- 2- 9/18	62.5%	50.0%	25.0%	上りS
アシャカトブ	牡8	シニスターミニスター	6- 2- 3-14/25	63.6%	33.3%	20.0%	上りS

168

馬名	性齢	父	全着別度数	上りS	下りS	平坦S	タイプ
アスクコンナモンダ	牡5	ダイワメジャー	1- 3- 1 1/12	75.0%	75.0%	50.0%	上りS
アスクドゥポルテ	牡4	ハービンジャー	3- 3- 2- 5/13	62.5%	－	60.0%	上りS
アスクドゥラメンテ	牡5	ドゥラメンテ	4- 1- 0- 1/ 6	100.0%	－	66.7%	上りS
アスクビックスター	牡5	キングカメハメハ	3- 3- 2-11/19	42.9%	60.0%	28.6%	下りS
アスクワイルドモア	牡5	キズナ	2- 3- 0- 7/12	0.0%	33.3%	66.7%	平坦S
アスコルターレ	牡6	ドゥラメンテ	3- 0- 0-12/15	0.0%	0.0%	30.0%	平坦S
アスティ	セ8	オルフェーヴル	2- 0- 4-27/33	33.3%	0.0%	11.1%	上りS
アステロイドベルト	セ7	ルーラーシップ	3- 5- 3-19/30	0.0%	42.9%	44.4%	平坦S
アッティーヴォ	牡10	フリオーソ	5- 2-10-29/46	18.8%	50.0%	45.0%	下りS
アップデート	牡5	エピファネイア	3- 0- 1-10/14	37.5%	0.0%	25.0%	上りS
アップリバー	牝6	スクリーンヒーロー	3- 4- 5-16/28	50.0%	43.8%	33.3%	上りS
アティード	牡6	サウスヴィグラス	3- 1- 1- 8/13	40.0%	50.0%	0.0%	下りS
アドヴァイス	牝5	モーリス	3- 2- 1-12/18	33.3%	42.9%	0.0%	下りS
アドマイヤアルバ	セ9	ハーツクライ	2- 6- 2-32/42	33.3%	0.0%	27.3%	上りS
アドマイヤハダル	牡6	ロードカナロア	3- 3- 2- 7/15	80.0%	0.0%	57.1%	上りS
アドマイヤハレー	牡6	モーリス	3- 3- 5-12/23	50.0%	56.3%	20.0%	下りS
アドマイヤビルゴ	牡7	ディープインパクト	5- 1- 2-10/18	44.4%	33.3%	50.0%	平坦S
アドマイヤラヴィ	牝5	ロードカナロア	3- 2- 4- 3/12	60.0%	100.0%	75.0%	下りS
アドマイヤルプス	セ7	ヘニーヒューズ	5- 4- 2- 7/18	50.0%	57.1%	100.0%	平坦S
アナゴサン	牡6	ミッキーアイル	4- 7- 2-14/27	66.7%	25.0%	36.4%	上りS
アナザーリリック	牝6	リオンディーズ	4- 1- 0- 8/13	33.3%	28.6%	66.7%	平坦S
アナンシエーション	セ6	Union Rags	4- 6- 2- 5/17	25.0%	83.3%	100.0%	平坦S
アネゴハダ	牝5	キズナ	3- 2- 4-10/19	80.0%	40.0%	33.3%	上りS
アバンチュリエ	セ5	モーリス	3- 1- 1-10/15	0.0%	44.4%	33.3%	下りS
アビエルト	牡7	キンシャサノキセキ	2- 5- 6-27/40	23.1%	36.4%	37.5%	平坦S
アビッグチア	牝6	リオンディーズ	4- 1- 0-12/17	44.4%	25.0%	0.0%	上りS
アフリカンゴールド	セ9	ステイゴールド	5- 3- 1-30/39	17.6%	28.6%	26.7%	下りS
アメトリーチェ	牝5	イスラボニータ	3- 0- 0-10/13	0.0%	14.3%	66.7%	平坦S
アメリカンフェイス	牡7	Tapit	4- 3- 1-19/27	33.3%	0.0%	30.0%	上りS
アライバル	牡5	ハービンジャー	1- 2- 0- 3/ 6	100.0%	50.0%	33.3%	上りS
アラタ	牡7	キングカメハメハ	6- 1- 3-12/22	60.0%	50.0%	20.0%	上りS
アランチャータ	牝5	リーチザクラウン	3- 0- 0- 6/ 9	0.0%	－	60.0%	平坦S
アリーヴォ	牡6	ドゥラメンテ	5- 1- 3- 3/12	66.7%	50.0%	85.7%	平坦S
アリストテレス	牡7	エピファネイア	4- 6- 0-13/23	33.3%	60.0%	41.7%	平坦S
アルーブルト	牡6	フェノーメノ	4- 4- 1- 9/18	54.5%	50.0%	40.0%	上りS
アルーリングウェイ	牝5	ジャスタウェイ	3- 1- 2- 9/15	33.3%	0.0%	50.0%	平坦S
アルドーレ	牡9	オルフェーヴル	6- 3- 2-15/26	41.7%	33.3%	45.5%	平坦S
アルトシュタット	牡5	ロードカナロア	3- 2- 1-10/16	33.3%	25.0%	44.4%	平坦S
アルナシーム	牡5	モーリス	5- 1- 0- 8/14	0.0%	50.0%	66.7%	平坦S
アルビージャ	牡6	モーリス	4- 2- 0- 3/ 9	－	66.7%	66.7%	平坦S
アルファマム	牝5	マジェスティックウォリアー	6- 1- 1- 7/15	66.7%	16.7%	83.3%	平坦S
アルムブラーヴ	牡5	ブラックタイド	3- 4- 2-12/21	50.0%	0.0%	40.0%	上りS
アルムラトゥール	牡4	コパノリッキー	3- 2- 1- 4/10	75.0%	100.0%	40.0%	下りS
アルメイダミノル	牡6	ルーラーシップ	3- 0- 4-15/22	0.0%	42.9%	36.4%	下りS
アレグロモデラート	牝5	ハーツクライ	3- 1- 0- 6/10	100.0%	40.0%	0.0%	上りS
アロマデローサ	牝4	キンシャサノキセキ	2- 0- 0- 2/ 4	100.0%	100.0%	0.0%	上りS
アンダープロット	セ6	ハーツクライ	3- 1- 4- 7/15	50.0%	40.0%	62.5%	平坦S
アンドヴァラナウト	牝6	キングカメハメハ	3- 4- 2- 7/16	60.0%	20.0%	83.3%	平坦S
アンブロジオ	セ9	ローズキングダム	3- 5- 2-15/25	44.4%	37.5%	37.5%	上りS
イーサンバーニング	牡5	ホッコータルマエ	3- 4- 3-10/20	50.0%	33.3%	60.0%	平坦S
イーサンパンサー	牡8	スズカフェニックス	4- 5- 4-25/38	40.0%	0.0%	38.9%	上りS
イグザルト	牡5	ドゥラメンテ	3- 4- 3-11/21	25.0%	61.5%	－	下りS
イクスプロージョン	牡6	オルフェーヴル	5- 2- 3-14/24	25.0%	50.0%	37.5%	下りS
イスラアネーロ	牡5	イスラボニータ	4- 4- 1- 6/15	50.0%	66.7%	66.7%	平坦S

馬名	性齢	父	全着別度数	上りS	下りS	平坦S	タイプ
イチザウイナー	牡5	ヴァンセンヌ	1- 0- 0-10/11	0.0%	50.0%	0.0%	下りS
イチネンエーグミ	牡5	ポアゾンブラック	3- 0- 1-10/14	20.0%	–	33.3%	平坦S
イティネラートル	牝4	キズナ	3- 0- 1- 6/10	100.0%	–	33.3%	上りS
イフティファール	牡5	キズナ	4- 1- 2- 6/13	25.0%	0.0%	75.0%	平坦S
イヤサカ	牝7	アイルハヴアナザー	1- 2- 2-11/16	20.0%	0.0%	44.4%	平坦S
イルーシヴパンサー	牡6	ハーツクライ	6- 2- 0- 8/16	33.3%	55.6%	50.0%	下りS
イルクオーレ	セ6	ロードカナロア	3- 5- 1-13/22	45.5%	57.1%	0.0%	下りS
イロゴトシ	牡7	ヴァンセンヌ	3- 0- 2-16/21	40.0%	33.3%	10.0%	上りS
インヴァリアンス	セ6	ハーツクライ	3- 5- 1-12/21	66.7%	33.3%	–	上りS
インザオベーション	牝5	ハーツクライ	3- 1- 4- 7/15	50.0%	–	62.5%	平坦S
インダストリア	牡5	リオンディーズ	4- 1- 0- 7/12	–	45.5%	0.0%	下りS
インディゴブラック	牡5	キタサンブラック	3- 0- 1-10/14	50.0%	25.0%	16.7%	上りS
インテグリフォリア	牝6	ロードカナロア	2- 0- 1- 6/ 9	50.0%	20.0%	50.0%	上りS
インヒズアイズ	牝4	Race Day	3- 1- 3- 3/10	66.7%	–	75.0%	平坦S
インプレス	牡5	キズナ	4- 1- 1- 8/14	66.7%	0.0%	40.0%	上りS
インベルシオン	牡5	キズナ	3- 0- 1-12/16	33.3%	–	0.0%	上りS
ヴアーサ	牡6	キズナ	3- 5- 4-16/28	42.9%	0.0%	47.4%	平坦S
ヴァーンフリート	牡5	リオンディーズ	3- 3- 3- 7/16	75.0%	54.5%	0.0%	上りS
ヴァガボンド	牡6	ディスクリートキャット	4- 1- 2-10/17	40.0%	50.0%	40.0%	下りS
ヴァトレニ	セ6	グラスワンダー	6- 0- 2-16/24	22.2%	100.0%	35.7%	下りS
ヴァリアメンテ	牡6	ドゥラメンテ	4- 1- 2- 8/15	50.0%	–	44.4%	上りS
ヴァリアント	牡5	スクリーンヒーロー	3- 6- 5-13/27	66.7%	50.0%	47.1%	上りS
ヴァルツァーシャル	牡5	マクフィ	4- 2- 2- 9/17	60.0%	41.7%	–	上りS
ヴァレーデラルナ	牝6	ドゥラメンテ	4- 4- 0- 1/ 9	100.0%	–	50.0%	上りS
ヴァンケドミンゴ	牡6	ルーラーシップ	4- 3- 3-24/34	50.0%	33.3%	15.4%	上りS
ヴァンデリオン	牡6	First Samurai	3- 3- 6-27/39	11.1%	36.4%	37.5%	平坦S
ヴァンヤール	牡6	タートルボウル	3- 4- 4- 7/18	50.0%	100.0%	71.4%	下りS
ヴィアドロローサ	牡5	ロードカナロア	2- 2- 1-13/18	44.4%	0.0%	12.5%	上りS
ヴィアメント	セ7	キングカメハメハ	4- 1- 4-18/27	40.0%	30.0%	33.3%	上りS
ヴィアルークス	牡6	ディープインパクト	3- 2- 2-12/19	66.7%	16.7%	28.6%	上りS
ヴィクティファルス	セ6	ハーツクライ	3- 1- 0-11/15	25.0%	25.0%	28.6%	平坦S
ヴィジュネル	牡6	マクフィ	4- 5- 0-14/23	55.6%	0.0%	36.4%	上りS
ヴィジョンオブラヴ	牡9	キングヘイロー	4- 3- 2-20/29	20.0%	44.4%	26.7%	下りS
ヴィズサクセス	牡7	Siyouni	5- 3- 0-11/19	66.7%	60.0%	12.5%	上りS
ウィズユアドリーム	牡4	サトノダイヤモンド	3- 1- 0- 3/ 7	66.7%	0.0%	66.7%	上りS
ヴィブラフォン	牝5	ドレフォン	4- 1- 0- 9/14	50.0%	33.3%	20.0%	上りS
ウィリアムバローズ	牡6	ミッキーアイル	6- 5- 1- 4/16	81.8%	–	60.0%	上りS
ウィリン	牝6	スクリーンヒーロー	3- 1- 1- 4/ 9	75.0%	50.0%	33.3%	上りS
ウィルソンテソーロ	牡5	キタサンブラック	4- 1- 0- 4/ 9	50.0%	100.0%	33.3%	下りS
ヴィルヘルム	牡6	エピファネイア	3- 5- 0- 7/15	60.0%	50.0%	50.0%	上りS
ウインアキレウス	牡6	スクリーンヒーロー	3- 4- 4-14/25	50.0%	28.6%	50.0%	平坦S
ウインエアフォルク	牡7	ゴールドシップ	2- 1- 1-25/29	42.9%	0.0%	6.3%	上りS
ウインエクレール	牝5	ディープインパクト	2- 1- 0- 9/12	0.0%	33.3%	25.0%	下りS
ウインオーディン	牡4	エピファネイア	1- 2- 0- 5/ 8	0.0%	0.0%	75.0%	平坦S
ウインカーネリアン	牡7	スクリーンヒーロー	8- 3- 0-11/22	75.0%	50.0%	37.5%	上りS
ウイングレイテスト	牡7	スクリーンヒーロー	4- 7- 5-17/33	37.5%	60.0%	40.0%	下りS
ウインシャーロット	牝6	スクリーンヒーロー	5- 7- 2- 2/16	75.0%	100.0%	50.0%	下りS
ウインジョイフル	牡7	リアルインパクト	1- 3- 3-28/35	15.4%	30.0%	16.7%	下りS
ウインスノーライト	牡4	エイシンヒカリ	3- 2- 0- 3/ 8	50.0%	0.0%	80.0%	平坦S
ヴィンテージボンド	牡5	キズナ	2- 1- 0- 7/10	28.6%	–	33.3%	平坦S
ウインピクシス	牝5	ゴールドシップ	4- 2- 1- 6/13	60.0%	33.3%	60.0%	上りS
ウインマーベル	牡5	アイルハヴアナザー	5- 4- 3- 8/20	71.4%	50.0%	54.5%	上りS
ウインモナーク	牡5	ビッグアーサー	3- 2- 2- 7/14	66.7%	40.0%	33.3%	上りS
ウインリブルマン	牡6	エピファネイア	3- 8- 1- 9/21	50.0%	66.7%	60.0%	下りS

170

馬名	性齢	父	全着別度数	上りS	下りS	平坦S	タイプ
ウインルーティン	牡4	ゴールドシップ	3- 1- 3- 3/10	100.0%	100.0%	40.0%	下りS
ウヴァロヴァイト	牝4	サトノクラウン	2- 1- 1- 3/ 7	0.0%	60.0%	100.0%	平坦S
ヴェイルネビュラ	セ6	ロードカナロア	2- 0- 0-14/16	0.0%	20.0%	33.3%	平坦S
ヴェールアンレーヴ	牝5	リオンディーズ	3- 1- 1- 9/14	45.5%	0.0%	–	上りS
ヴェールランス	牡5	キタサンブラック	3- 1- 0- 9/13	42.9%	33.3%	0.0%	上りS
ヴェノム	牡6	リオンディーズ	2- 2- 2-17/23	21.4%	0.0%	50.0%	平坦S
ウェルカムニュース	牡5	サトノアラジン	5- 1- 2- 5/13	71.4%	50.0%	50.0%	上りS
ヴェルトハイム	牝6	ロードカナロア	3- 6- 1-10/20	66.7%	0.0%	33.3%	上りS
ヴェルトライゼンデ	牡7	ドリームジャーニー	4- 4- 2- 4/14	50.0%	66.7%	100.0%	平坦S
ヴェローナシチー	牡5	エピファネイア	1- 4- 3- 3/11	100.0%	60.0%	66.7%	上りS
ヴェントヴォーチェ	牡7	タートルボウル	7- 1- 1- 6/15	71.4%	60.0%	33.3%	上りS
ウォームライト	牡5	パイロ	3- 1- 0- 7/11	0.0%	50.0%	42.9%	下りS
ウォーロード	牡6	ヴァンセンヌ	3- 2- 4- 6/15	60.0%	50.0%	62.5%	平坦S
ウシュバテソーロ	牡7	オルフェーヴル	6- 1- 5-14/26	66.7%	55.6%	35.7%	上りS
ウナギノボリ	牡5	ドレフォン	3- 1- 3-20/27	40.0%	33.3%	9.1%	上りS
ウメムスビ	牡4	ファインニードル	2- 1- 0- 8/11	0.0%	50.0%	25.0%	上りS
ウラカワノキセキ	牝5	ヘニーヒューズ	3- 3- 2- 6/14	66.7%	50.0%	0.0%	上りS
ウラヤ	牡5	New Approach	3- 1- 0-10/14	33.3%	33.3%	25.0%	上りS
ウンブライル	牝4	ロードカナロア	2- 2- 0- 2/ 6	100.0%	66.7%	50.0%	上りS
エアサージュ	牡6	Point of Entry	3- 3- 1- 3/10	75.0%	100.0%	50.0%	下りS
エアファンディタ	牡7	Hat Trick	6- 4- 1-13/24	50.0%	0.0%	52.6%	平坦S
エアミアーニ	セ6	ロードカナロア	3- 0- 5-14/22	37.5%	25.0%	40.0%	平坦S
エアロロノア	牡7	キングカメハメハ	6- 2- 4-12/24	50.0%	0.0%	62.5%	平坦S
エイカイステラ	牝6	オルフェーヴル	3- 2- 5- 8/18	58.3%	0.0%	60.0%	平坦S
エイシンエイト	牝4	エーシントップ	1- 1- 1- 3/ 6	50.0%	50.0%	50.0%	上りS
エイシンギアアップ	牡6	エイシンフラッシュ	4- 2- 2-11/19	66.7%	25.0%	33.3%	上りS
エイシンクリック	牡10	ルーラーシップ	3- 1- 6-13/23	55.6%	50.0%	33.3%	上りS
エイシンスポッター	牡5	エイシンヒカリ	5- 1- 3- 9/18	50.0%	75.0%	40.0%	下りS
エイシンフェンサー	牝4	ファインニードル	3- 1- 2- 4/10	100.0%	–	33.3%	上りS
エーティーマクフィ	牡5	マクフィ	4- 8- 4- 3/19	75.0%	100.0%	88.9%	下りS
エーデルブルーメ	牝5	ハービンジャー	3- 3- 4- 2/12	0.0%	100.0%	87.5%	下りS
エエヤン	牡4	シルバーステート	3- 0- 1- 5/ 9	–	50.0%	33.3%	下りS
エクスパートラン	牡9	ステイゴールド	4- 3- 0-27/34	14.3%	50.0%	22.2%	下りS
エクセトラ	牡5	Exceed And Excel	4- 1- 1-11/17	16.7%	100.0%	40.0%	下りS
エクセレントタイム	セ6	ハーツクライ	3- 0- 1-16/20	50.0%	0.0%	20.0%	上りS
エグレムニ	牡7	キズナ	3- 2- 3-27/35	25.0%	60.0%	13.6%	下りS
エクロジャイト	牡4	ヘニーヒューズ	3- 0- 2- 4/ 9	66.7%	50.0%	50.0%	上りS
エコロアイ	牝4	Shackleford	2- 1- 1- 6/10	60.0%	0.0%	25.0%	上りS
エスコーラ	牡6	ディープインパクト	4- 0- 1- 1/ 6	0.0%	100.0%	100.0%	平坦S
エスコバル	セ6	モーリス	3- 2- 1- 8/14	100.0%	16.7%	57.1%	上りS
エターナリー	牡7	ゴールドアリュール	3- 9- 3-19/34	20.0%	42.9%	50.0%	平坦S
エターナルヴィテス	牡8	トゥザグローリー	3- 2- 2-36/43	11.1%	22.2%	12.5%	下りS
エターナルタイム	牝5	ロードカナロア	4- 1- 1- 2/ 8	100.0%	66.7%	100.0%	上りS
エナジーグラン	牡5	ジャングルポケット	4- 1- 4- 9/18	57.1%	50.0%	42.9%	上りS
エナハツホ	牝5	トビーズコーナー	4- 0- 2- 8/14	50.0%	–	25.0%	上りS
エニシノウタ	牝6	キズナ	3- 5- 5-17/30	0.0%	40.0%	52.4%	平坦S
エヒト	牡7	ルーラーシップ	6- 3- 3-17/29	37.5%	36.4%	50.0%	平坦S
エピファニー	牡5	エピファネイア	5- 1- 2- 4/12	75.0%	71.4%	0.0%	上りS
エピブランセス	牝5	エピファネイア	3- 2- 2- 7/14	25.0%	–	60.0%	平坦S
エミュー	牝4	ハービンジャー	3- 0- 0- 7/10	100.0%	20.0%	0.0%	上りS
エメヴィベール	牝5	ダイワメジャー	3- 0- 2- 9/14	42.9%	50.0%	20.0%	下りS
エリオトロピオ	牝5	ゴールドシップ	3- 1- 1-15/20	30.0%	33.3%	0.0%	下りS
エリカヴァレリア	牝6	オルフェーヴル	3- 1- 6- 4/14	100.0%	0.0%	66.7%	上りS
エリカヴィータ	牝5	キングカメハメハ	2- 0- 0- 9/11	0.0%	20.0%	50.0%	平坦S

馬名	性齢	父	全着別度数	上りS	下りS	平坦S	タイプ
エリモグリッター	セ7	ゴールドアリュール	4- 4- 1-20/29	44.4%	27.3%	22.2%	上りS
エルゲルージ	牡5	ドゥラメンテ	3- 3- 2- 2/10	100.0%	100.0%	66.7%	上りS
エルソール	牝6	ディープインパクト	3- 2- 1-13/19	41.7%	0.0%	16.7%	上りS
エルトンバローズ	牡4	ディープブリランテ	4- 3- 0- 2/ 9	100.0%	50.0%	83.3%	上りS
エルバリオ	牡5	ドレフォン	4- 2- 3-11/20	50.0%	33.3%	42.9%	上りS
エンデュミオン	牡7	ヴィクトワールピサ	4- 3- 5-20/32	36.4%	28.6%	42.9%	平坦S
エンドウノハナ	牡5	トーセンラー	3- 2- 3- 7/15	50.0%	80.0%	37.5%	下りS
エンドロール	牡5	ガルボ	3- 2- 0-16/21	0.0%	0.0%	41.7%	平坦S
エンペザー	牡4	ロードカナロア	4- 2- 1- 7/14	100.0%	40.0%	33.3%	上りS
エンペラーワケア	牡4	ロードカナロア	4- 1- 0- 1/ 6	100.0%	–	80.0%	上りS
オウケンムーン	牡9	オウケンブルースリ	3- 0- 1-15/19	0.0%	25.0%	28.6%	平坦S
オーヴァーネクサス	牡7	キズナ	5- 4- 2-15/26	33.3%	25.0%	53.8%	平坦S
オーサムリザルト	牝5	Justify	4- 0- 0- 0/ 4	100.0%	–	100.0%	上りS
オードゥメール	牝5	ルーラーシップ	3- 1- 3-11/18	44.4%	37.5%	0.0%	上りS
オオバンブルマイ	牡4	ディスクリートキャット	3- 0- 1- 1/ 5	100.0%	100.0%	50.0%	上りS
オープンファイア	牡4	ディープインパクト	1- 1- 1- 0/ 3	100.0%	100.0%	–	上りS
オールイズウェル	牡8	ルーラーシップ	3- 5- 5-17/30	28.6%	57.1%	43.8%	下りS
オールザワールド	牡7	キズナ	3- 9- 3-19/34	50.0%	60.0%	35.3%	下りS
オールパルフェ	牡4	リアルスティール	2- 1- 0- 6/ 9	0.0%	66.7%	50.0%	下りS
オールフラッグ	牡5	トゥザワールド	3- 2- 2- 1- 7/13	75.0%	28.6%	50.0%	上りS
オーロイプラータ	牡4	リアルインパクト	4- 0- 2- 6/12	42.9%	100.0%	50.0%	下りS
オーロラテソーロ	牡7	Malibu Moon	7- 3- 5-16/31	75.0%	25.0%	72.7%	上りS
オシリスブレイン	牡7	バゴ	3- 5- 3-15/26	20.0%	56.3%	20.0%	下りS
オセアダイナスティ	牡6	オルフェーヴル	4- 0- 1-12/17	0.0%	50.0%	25.0%	下りS
オタルエバー	牡5	リオンディーズ	5- 2- 2- 4/13	100.0%	33.3%	66.7%	上りS
オディロン	牡5	キタサンブラック	4- 2- 0-10/16	55.6%	25.0%	0.0%	上りS
オニャンコポン	牡6	エイシンフラッシュ	3- 1- 0- 7/11	0.0%	33.3%	50.0%	平坦S
オブジェダート	牡5	オルフェーヴル	3- 2- 1- 6/12	25.0%	100.0%	0.0%	下りS
オマツリオトコ	牡4	ヴィットリオドーロ	2- 0- 1- 3/ 6	100.0%	0.0%	–	上りS
オメガギネス	牡4	ロゴタイプ	3- 1- 0- 0/ 4	100.0%	100.0%	100.0%	上りS
オメガシンフォニー	牝4	ヘニーヒューズ	4- 1- 2- 1/ 8	100.0%	100.0%	50.0%	下りS
オメガタキシード	セ4	ハービンジャー	3- 0- 2- 4/ 9	100.0%	100.0%	50.0%	上りS
オメガリッチマン	牡4	イスラボニータ	1- 1- 0- 8/10	0.0%	25.0%	33.3%	平坦S
オルダージュ	セ8	タイキシャトル	3- 4- 7-25/39	33.3%	35.3%	42.9%	平坦S
オレデイイノカ	牡6	サウスヴィグラス	3- 7- 3-12/25	50.0%	55.6%	0.0%	下りS
オンザダブル	牡5	ジャスタウェイ	3- 3- 0- 6/12	75.0%	–	37.5%	上りS
オンザフェーヴル	牡7	オルフェーヴル	3- 4- 6-10/23	44.4%	77.8%	40.0%	下りS
オンザライン	牡6	スクリーンヒーロー	3- 5- 4-11/23	50.0%	33.3%	75.0%	平坦S
カーペンタリア	牝5	ロードカナロア	3- 0- 2- 2/ 7	0.0%	100.0%	0.0%	下りS
ガイアフォース	牡5	キタサンブラック	3- 3- 0- 6/12	66.7%	25.0%	60.0%	上りS
カイカノキセキ	牝5	キンシャサノキセキ	1- 3- 1-10/15	25.0%	40.0%	33.3%	下りS
カイザーバローズ	牡6	ディープインパクト	4- 1- 1- 7/13	60.0%	50.0%	33.3%	上りS
カイザーメランジェ	牡9	サクラオリオン	5- 2- 3-39/49	28.6%	17.6%	16.7%	上りS
ガウラ	牝4	ラニ	3- 0- 1- 4/ 8	50.0%	–	50.0%	上りS
カサデガ	牡6	ブラックタイド	2- 4- 0-21/27	30.8%	0.0%	25.0%	上りS
カシノブレンド	セ8	キャプテントゥーレ	3- 1- 4-28/36	35.7%	7.1%	25.0%	上りS
カジュフェイス	牡5	エイシンヒカリ	2- 1- 0-13/16	12.5%	33.3%	20.0%	下りS
ガストリック	牡3	ジャスタウェイ	2- 0- 0- 1/ 3	–	66.7%	–	下りS
カズプレスト	牡5	カレンブラックヒル	2- 4- 1- 8/15	71.4%	50.0%	16.7%	上りS
カセノダンサー	牝5	ヘニーヒューズ	4- 2- 2- 8/16	60.0%	33.3%	50.0%	上りS
カッコヨカ	牡5	パドトロワ	0- 1- 1- 8/10	0.0%	0.0%	0.0%	下りS
カテドラル	牡8	ハーツクライ	4- 6- 1-20/31	33.3%	28.6%	42.9%	平坦S
カナテープ	牝5	ロードカナロア	3- 2- 1- 3/ 9	0.0%	100.0%	0.0%	下りS
カネフラ	牡4	グランデッツァ	3- 1- 2- 2/ 8	100.0%	–	50.0%	上りS

172

馬名	性齢	父	全着別度数	上りS	下りS	平坦S	タイプ
カフジエニアゴン	牡5	トランセンド	3- 2- 2- 5/12	50.0%	−	66.7%	平坦S
カフジオクタゴン	牡5	モーリス	4- 2- 0- 8/14	57.1%	50.0%	20.0%	上りS
カフジテトラゴン	牡5	キズナ	3- 5- 4- 6/18	75.0%	66.7%	63.6%	上りS
カヨウネンカ	牝5	ゴールドシップ	3- 8- 3-14/28	60.0%	47.1%	50.0%	上りS
カラテ	牡8	トゥザグローリー	8- 2- 1-26/37	14.3%	30.0%	40.0%	平坦S
カラフルキューブ	牝5	ドレフォン	4- 3- 3- 8/18	57.1%	33.3%	62.5%	平坦S
カランセ	牝5	ドレフォン	3- 0- 0-14/17	33.3%	0.0%	0.0%	上りS
カランドゥーラ	牝6	モーリス	3- 4- 2-10/19	25.0%	57.1%	50.0%	下りS
カリボール	牡8	ジャスタウェイ	4- 2- 2-22/30	12.5%	0.0%	36.8%	平坦S
カルネアサーダ	牝5	ドレフォン	5- 6- 1- 9/21	42.9%	0.0%	81.8%	平坦S
カルリーノ	牡8	マツリダゴッホ	4- 5- 6-39/54	32.3%	25.0%	14.3%	上りS
カルロヴェローチェ	牡4	シルバーステート	2- 1- 0- 2/ 5	66.7%	0.0%	100.0%	平坦S
カレンシュトラウス	牡7	ルーラーシップ	5- 4- 3- 5/17	100.0%	33.3%	75.0%	上りS
カレンルシェルブル	牡6	ハービンジャー	5- 3- 4-10/22	57.1%	57.1%	50.0%	上りS
ガロアクリーク	牡7	キンシャサノキセキ	2- 1- 3- 9/15	40.0%	37.5%	50.0%	平坦S
カワキタレブリー	牡5	ドレフォン	4- 1- 4-10/19	71.4%	40.0%	28.6%	上りS
ガンダルフ	牡6	キングカメハメハ	4- 6- 0- 9/19	60.0%	55.6%	40.0%	上りS
カンティーユ	牡6	オルフェーヴル	2- 2- 1- 0/ 5	−	100.0%	100.0%	下りS
カントル	牡8	ディープインパクト	5- 5- 2-13/25	28.6%	25.0%	64.3%	平坦S
ギガバッケン	セ9	アイルハヴアナザー	3- 1- 4-24/32	30.8%	0.0%	40.0%	平坦S
キスラー	牡8	ディープインパクト	4- 4- 1-14/23	40.0%	33.3%	40.0%	上りS
キタウイング	牝4	ダノンバラード	3- 0- 0- 8/11	0.0%	50.0%	25.0%	下りS
キタノヴィジョン	牡7	メイショウボーラー	5- 3- 3-14/25	27.3%	33.3%	63.6%	平坦S
キタノブレイド	牡5	カレンブラックヒル	3- 3- 0-12/18	0.0%	41.7%	33.3%	下りS
キタノリューオー	牡6	ジョーカプチーノ	5- 3- 2-14/24	44.4%	41.7%	33.3%	上りS
キミワクイーン	牝5	ロードカナロア	5- 2- 0- 7/14	75.0%	50.0%	33.3%	上りS
キミワテル	牡5	アジアエクスプレス	3- 2- 3- 8/16	0.0%	61.5%	−	下りS
キャプテンドレイク	牡7	ロードカナロア	3- 2- 1-19/25	14.3%	60.0%	15.4%	下りS
ギャラクシーナイト	牡5	ドゥラメンテ	3- 2- 0-10/15	50.0%	37.5%	上りS	上りS
ギャラントウォリア	セ6	スクリーンヒーロー	3- 2- 4- 6/15	0.0%	0.0%	75.0%	平坦S
キュールエフウジン	牡5	ホッコータルマエ	2- 1- 1- 8/12	33.3%	100.0%	下りS	下りS
キラーアビリティ	牡5	ディープインパクト	3- 1- 0- 9/13	25.0%	25.0%	40.0%	平坦S
キリンジ	牡4	キズナ	2- 0- 0- 5/ 7	50.0%	0.0%	0.0%	上りS
キングエルメス	牡5	ロードカナロア	3- 0- 1- 5/ 9	100.0%	0.0%	50.0%	上りS
キングズソード	牡5	シニスターミニスター	6- 1- 1- 4/12	66.7%	−	66.7%	上りS
キングストンボーイ	セ6	ドゥラメンテ	2- 2- 0- 9/13	0.0%	14.3%	60.0%	平坦S
キングズパレス	牡5	キングカメハメハ	3- 8- 1- 3/15	100.0%	75.0%	80.0%	上りS
キングズレイン	牡4	ルーラーシップ	3- 0- 2- 3/ 8	0.0%	50.0%	80.0%	平坦S
クインズジュピタ	牝5	ヘニーハウンド	3- 3- 1- 5/12	20.0%	50.0%	100.0%	平坦S
クインズバジル	牝6	クリエイター2	3- 0- 0-14/17	18.2%	−	16.7%	上りS
クインズメリッサ	牝6	パイロ	4- 0- 3- 9/16	40.0%	33.3%	50.0%	平坦S
グーデンドラーク	牡5	ハーツクライ	3- 1- 0- 6/10	50.0%	−	25.0%	上りS
クールミラボー	牡4	ドレフォン	3- 2- 1- 3/ 9	80.0%	−	50.0%	上りS
クールムーア	牡4	ジャスタウェイ	3- 0- 3-11/17	33.3%	33.3%	40.0%	平坦S
ククナ	牝6	キングカメハメハ	3- 4- 4- 7/18	33.3%	83.3%	55.6%	下りS
グットディール	セ5	ビッグアーサー	3- 3- 1-11/18	40.0%	20.0%	50.0%	平坦 S
クムシラコ	牝6	ディスクリートキャット	3- 2- 4 24/33	42.9%	25.0%	0.0%	上りS
クライミングリリー	牝6	ディープインパクト	3- 3- 1- 8/15	83.3%	0.0%	40.0%	上りS
クラウンプライド	牡5	リーチザクラウン	2- 1- 0- 2/ 5	75.0%	0.0%	−	上りS
グラストンベリー	牝5	ロードカナロア	3- 0- 0-13/16	14.3%	0.0%	33.3%	平坦S
グラスミヤラビ	牝5	サトノアラジン	4- 2- 1-13/20	18.2%	40.0%	75.0%	平坦S
グラティアス	牡6	ハーツクライ	2- 2- 4-13/21	50.0%	28.6%	41.7%	上りS
グラニット	牡4	ダノンバラード	1- 1- 1-10/13	33.3%	25.0%	0.0%	上りS
グランアリエル	牝5	ビッグアーサー	3- 0- 0- 9/12	20.0%	0.0%	66.7%	平坦S

馬名	性齢	父	全着別度数	上りS	下りS	平坦S	タイプ
グランヴィノス	牡4	キタサンブラック	3- 0- 0- 2/ 5	50.0%	–	66.7%	平坦S
グランオフィシエ	牡6	キングカメハメハ	5- 3- 1-11/20	0.0%	40.0%	70.0%	平坦S
グランスピード	牡7	キズナ	3- 2- 1- 5/11	100.0%	–	50.0%	上りS
グランスラムアスク	牝5	ディープインパクト	4- 1- 3-13/21	50.0%	40.0%	30.0%	上りS
グランツアーテム	牡6	マクフィ	3- 2- 2- 9/16	50.0%	45.5%	0.0%	上りS
グランディア	セ5	ハービンジャー	3- 3- 2- 7/15	62.5%	100.0%	33.3%	下りS
グランデマーレ	牡7	ロードカナロア	5- 2- 0- 9/16	100.0%	28.6%	50.0%	上りS
グランブリッジ	牝5	シニスターミニスター	2- 0- 2- 1/ 5	66.7%	–	100.0%	平坦S
グランベルナデット	牝4	キズナ	2- 0- 0- 5/ 7	50.0%	25.0%	–	上りS
グランレイ	牡7	ルーラーシップ	3- 4- 6-15/28	0.0%	70.0%	35.3%	下りS
クリーンジーニアス	牝5	ビッグアーサー	2- 6- 2- 6/15	50.0%	50.0%	66.7%	平坦S
クリスタルブラック	牡7	キズナ	2- 0- 0- 3/ 5	100.0%	25.0%	–	上りS
クリダーム	牡4	ハーツクライ	1- 1- 0- 4/ 6	50.0%	0.0%	–	上りS
クリノガウディー	牡8	スクリーンヒーロー	3- 2- 2-22/29	50.0%	12.5%	23.5%	上りS
クリノドラゴン	牡6	アスカクリチャン	4- 3- 5-18/30	40.0%	33.3%	50.0%	平坦S
クリノフラッシュ	牝9	エイシンフラッシュ	4- 3- 2-27/36	23.1%	0.0%	28.6%	平坦S
クリノプレミアム	牝7	オルフェーヴル	5- 6- 3-17/31	66.7%	35.0%	50.0%	上りS
クリノホノオ	牡7	メイショウサムソン	1- 3- 3-17/24	23.1%	50.0%	33.3%	下りS
クリノマジン	牝5	ビッグアーサー	4- 3- 1-12/20	37.5%	60.0%	28.6%	下りS
グリューヴルム	牝5	キズナ	3- 2- 1- 3/ 9	75.0%	33.3%	100.0%	平坦S
グリュースゴット	セ6	ヘニーヒューズ	3- 3- 1-15/22	28.6%	41.7%	0.0%	下りS
グリューネグリーン	牡4	ラブリーデイ	2- 0- 1- 7/10	100.0%	16.7%	33.3%	上りS
グルーヴィット	牡8	ロードカナロア	4- 2- 2-17/25	33.3%	42.9%	22.2%	下りS
クルゼイロドスル	牡4	ファインニードル	2- 3- 0- 3/ 8	0.0%	80.0%	50.0%	下りS
グレイングリーン	牡6	ディープインパクト	4- 2- 4-13/23	80.0%	0.0%	35.3%	上りS
グレイトゲイナー	牡7	キンシャサノキセキ	5- 4- 2-24/35	22.2%	50.0%	30.0%	下りS
グレートサンドシー	牡4	Into Mischief	2- 0- 0- 3/ 5	100.0%	33.3%	–	上りS
クレスコジョケツ	牝5	アメリカンペイトリオット	3- 2- 0-12/17	37.5%	–	22.2%	上りS
クレド	牡5	モンテロッソ	3- 0- 2- 3/ 8	100.0%	0.0%	71.4%	平坦S
クレメダンジュ	牝4	ラニ	2- 2- 0- 4/ 8	100.0%	0.0%	40.0%	上りS
グレンガリー	セ9	ハービンジャー	4- 0- 2-11/17	20.0%	33.3%	44.4%	平坦S
クロジシジョー	牡5	フリオーソ	4- 4- 5- 9/22	60.0%	20.0%	75.0%	平坦S
クロスマジェスティ	牝5	ディーマジェスティ	2- 1- 1-13/17	0.0%	40.0%	0.0%	下りS
クロデメニル	牝5	Practical Joke	2- 0- 1-12/15	0.0%	16.7%	40.0%	平坦S
クロニクル	牡5	ハーツクライ	3- 4- 1- 7/15	62.5%	100.0%	33.3%	下りS
クロパラントゥ	セ6	キズナ	3- 0- 0- 8/11	0.0%	25.0%	50.0%	平坦S
クロミナンス	牡7	ロードカナロア	4- 1- 1- 4/10	50.0%	75.0%	50.0%	下りS
グロリアムンディ	牡7	キングカメハメハ	6- 3- 1- 7/17	44.4%	66.7%	100.0%	平坦S
ケイアイアニラ	牡4	パイロ	3- 0- 0- 2/ 5	0.0%	–	100.0%	平坦S
ケイアイシェルビー	牡6	ディープインパクト	4- 1- 3-10/18	57.1%	40.0%	33.3%	上りS
ケイアイセナ	牡5	ディープインパクト	3- 1- 1- 3/ 8	50.0%	–	66.7%	平坦S
ケイアイドリー	牡7	エスポワールシチー	7- 4- 3- 4/18	100.0%	50.0%	78.6%	上りS
ケイアイパープル	牡7	パイロ	6- 2- 1-11/20	40.0%	0.0%	71.4%	平坦S
ケイアイメープル	牡7	カレンブラックヒル	3- 3- 0- 9/15	25.0%	37.5%	66.7%	平坦S
ケイアイロベージ	セ6	ヘニーヒューズ	4- 1- 3- 5/13	71.4%	33.3%	66.7%	上りS
ケイティクレバー	牝9	ハービンジャー	3- 1- 1- 9/14	28.6%	25.0%	50.0%	平坦S
ケデシュ	牝5	リオンディーズ	3- 1- 0-11/15	20.0%	50.0%	25.0%	下りS
ケリーズノベル	セ5	ハーツクライ	2- 2- 1- 5/10	25.0%	66.7%	66.7%	下りS
ケルンキングダム	セ8	ローズキングダム	2- 4- 5-41/52	23.1%	0.0%	23.5%	平坦S
ケンシンコウ	牡7	パイロ	4- 1- 2-15/22	28.6%	33.3%	50.0%	平坦S
ゲンパチハマジ	牡6	ダンカーク	3- 1- 1- 7/12	62.5%	0.0%	0.0%	上りS
ゲンパチルシファー	牡8	トゥザグローリー	5- 5- 9-17/36	47.1%	0.0%	64.7%	平坦S
コウユーヌレエフ	牡10	ロージズインメイ	0- 0- 1-11/12	0.0%	–	14.3%	平坦S
ゴーゴーユタカ	牡5	ルーラーシップ	3- 4- 1- 6/14	66.7%	100.0%	0.0%	下りS

馬名	性齢	父	全着別度数	上りS	下りS	平坦S	タイプ
ゴールデンシロップ	牡6	Havana Gold	4- 1- 0- 6/11	–	71.4%	0.0%	下りS
ゴールデンハインド	牝4	ゴールドシップ	2- 2- 0- 4/ 8	50.0%	50.0%	50.0%	上りS
ゴールドエクリプス	牝5	ドゥラメンテ	4- 1- 1- 5/11	0.0%	–	75.0%	平坦S
ゴールドハイアー	牝4	ヘニーヒューズ	4- 5- 2- 8/19	60.0%	66.7%	0.0%	下りS
ゴールドパラディン	牡7	スクリーンヒーロー	4- 8- 3-19/34	42.9%	50.0%	42.9%	下りS
ゴールドバランサー	牡4	ゴールドアクター	3- 2- 2- 5/12	40.0%	60.0%	100.0%	平坦S
ゴールドブリーズ	牡6	トゥザワールド	3- 1- 3-13/20	45.5%	20.0%	25.0%	上りS
ゴールドプリンセス	牝4	ゴールドアクター	3- 0- 2- 2/ 7	66.7%	0.0%	100.0%	平坦S
コスタノヴァ	牡4	ロードカナロア	3- 1- 0- 1/ 5	100.0%	66.7%	100.0%	上りS
コスタボニータ	牝5	イスラボニータ	4- 3- 2- 5/14	100.0%	40.0%	66.7%	上りS
コスモエスパーダ	牡8	レッドスパーダ	2- 3- 4-31/40	21.1%	25.0%	23.1%	下りS
コスモカレンドゥラ	牡8	ノヴェリスト	5- 2- 3-19/29	27.3%	37.5%	40.0%	平坦S
コスモサガルマータ	牡4	ヴィクトワールピサ	3- 1- 0- 4/ 8	0.0%	0.0%	80.0%	平坦S
コスモノアゼット	牡6	ロージズインメイ	3- 3- 4-10/20	33.3%	50.0%	71.4%	平坦S
コナコースト	牝4	キタサンブラック	1- 3- 0- 3/ 7	100.0%	0.0%	60.0%	上りS
コパノニコルソン	牡5	コパノリッキー	3- 4- 5-12/24	30.0%	50.0%	70.0%	平坦S
コパノパサディナ	牡4	コパノリッキー	3- 5- 0- 6/14	25.0%	50.0%	83.3%	平坦S
コパノハンプトン	牡4	シャンハイボビー	3- 4- 3- 4/14	80.0%	–	66.7%	上りS
コパノマーキュリー	牡7	サウスヴィグラス	4- 2- 4-32/42	30.0%	20.0%	22.7%	上りS
コパノリッチマン	牡7	ヘニーヒューズ	1- 2- 1-26/30	17.6%	0.0%	9.1%	上りS
コマンドライン	セ5	ディープインパクト	2- 0- 0- 4/ 6	–	50.0%		下りS
コムストックロード	牝5	シルバーステート	3- 1- 1-16/22	40.0%		33.3%	上りS
ゴライコウ	牡4	ホッコータルマエ	1- 1- 0- 3/ 5	100.0%	0.0%	50.0%	上りS
コラリン	牝5	ダイワメジャー	2- 0- 1- 5/ 8	66.7%	33.3%	0.0%	上りS
コルドンルージュ	牝5	American Pharoah	3- 1- 2- 3/ 9	71.4%	0.0%	100.0%	平坦S
コレペティトール	牡4	ジャスタウェイ	4- 0- 1- 4/ 9	50.0%	33.3%	75.0%	平坦S
コンクシェル	牝4	キズナ	3- 2- 1- 7/13	50.0%	60.0%	33.3%	下りS
コンシリエーレ	牡5	ドレフォン	5- 0- 0- 1/ 6	–	100.0%	50.0%	下りS
コンスタンティン	牝5	オルフェーヴル	3- 1- 1-15/20	20.0%	0.0%	33.3%	平坦S
コンティノアール	牡4	ドレフォン	2- 1- 0- 0/ 3	100.0%	100.0%	0.0%	上りS
コントラポスト	牡4	ルーラーシップ	3- 1- 3- 1/ 8	–	87.5%	–	下りS
コンバスチョン	牡5	ディスクリートキャット	3- 0- 0- 6/ 9	33.3%	50.0%	0.0%	下りS
サーマルウインド	牝4	ドレフォン	5- 2- 0- 5/12	33.3%	57.1%	100.0%	平坦S
サーマルソアリング	牝4	ドゥラメンテ	4- 1- 0- 5/10	100.0%	–	16.7%	上りS
サイクロトロン	牡7	ロードカナロア	4- 4- 2-14/24	20.0%	42.9%	50.0%	平坦S
ザイツィンガー	牡4	ドリームジャーニー	4- 2- 1-34/41	30.0%	18.2%	10.0%	平坦S
サイモンザナドゥ	牡4	アジアエクスプレス	3- 2- 0- 4/ 9	50.0%	100.0%	50.0%	下りS
サヴァ	牡5	アイルハヴアナザー	4- 1- 0-10/15	25.0%	20.0%	50.0%	平坦S
サヴォーナ	牡4	キズナ	3- 3- 1- 4/11	66.7%	50.0%	66.7%	上りS
サウンドウォリアー	牡6	マジェスティックウォリアー	3- 1- 7-10/21	87.5%	–	30.8%	上りS
サウンドビバーチェ	牝5	ドゥラメンテ	3- 2- 0- 7/12	50.0%	40.0%	40.0%	上りS
サクセスシュート	牡5	ドゥラメンテ	4- 0- 3- 5/12	33.3%	80.0%	50.0%	下りS
サクセスローレル	牡5	Mastery	4- 3- 1- 6/14	100.0%	37.5%	75.0%	上りS
サクセッション	セ7	キングカメハメハ	3- 0- 1-10/14	50.0%	37.5%	0.0%	上りS
サクラアリュール	牡9	ゴールドアリュール	4- 5-10-25/44	26.1%	75.0%	58.8%	下りS
サクラトゥジュール	牡6	ネオユニヴァース	5- 7- 1- 9/22	50.0%	70.0%	50.0%	下りS
サザンエルフ	牝5	パイロ	3- 2- 3- 4/12	100.0%	57.1%	0.0%	上りS
サザンナイツ	セ6	トーセンラー	3- 0- 2-16/21	25.0%	0.0%	36.4%	平坦S
サスツルギ	牡4	ハーツクライ	3- 1- 0- 3/ 7	0.0%	100.0%	60.0%	下りS
サトノアイ	牝6	ハーツクライ	4- 1- 1-17/23	10.0%	100.0%	33.3%	下りS
サトノアポロン	セ6	Into Mischief	3- 5- 1-12/21	50.0%	37.5%	42.9%	上りS
サトノエルドール	牡8	ディープインパクト	5- 4- 6-18/33	33.3%	60.0%	33.3%	下りS
サトノグランツ	牡4	サトノダイヤモンド	4- 1- 0- 3/ 8	66.7%	–	60.0%	上りS
サトノスライヴ	牡7	ルーラーシップ	3- 5- 5-23/36	38.5%	25.0%	36.8%	上りS

馬名	性齢	父	全着別度数	上りS	下りS	平坦S	タイプ
サトノテンペスト	牡6	ハーツクライ	4- 3- 0- 9/16	0.0%	0.0%	50.0%	平坦S
サトノファビュラス	牝7	ロードカナロア	4- 3- 0-18/25	33.3%	23.1%	33.3%	上りS
サトノフウジン	セ7	ディープインパクト	3- 1- 1-13/18	0.0%	36.4%	20.0%	下りS
サトノペルセウス	セ6	ディープインパクト	2- 0- 3- 9/14	40.0%	–	33.3%	上りS
サトノラムセス	牡4	ルーラーシップ	4- 4- 0-11/19	40.0%	–	42.9%	平坦S
サトノルフィアン	牡3	ゼンノロブロイ	3- 1- 0-12/16	20.0%	20.0%	33.3%	平坦S
サトノレーヴ	牡5	ロードカナロア	4- 1- 0- 0/ 5	100.0%	100.0%	–	上りS
サトノロイヤル	牡5	ヘニーヒューズ	4- 4- 2-10/20	14.3%	66.7%	70.0%	平坦S
サブライムアンセム	牝5	ロードカナロア	2- 4- 0-10/16	50.0%	0.0%	40.0%	上りS
サペラヴィ	牡7	ローズキングダム	3- 2- 2-21/28	0.0%	22.2%	31.3%	平坦S
サムハンター	牡6	マジェスティックウォリアー	2- 7- 1-17/27	25.0%	0.0%	50.0%	平坦S
サリエラ	牝5	ディープインパクト	3- 1- 1- 2/ 7	100.0%	100.0%	50.0%	上りS
サンカルパ	牝5	ドゥラメンテ	3- 2- 0- 8/13	44.4%	0.0%	100.0%	平坦S
サンストックトン	牡5	ワールドエース	4- 6- 1- 6/17	0.0%	62.5%	75.0%	下りS
サンセットクラウド	牡5	ディープインパクト	3- 3- 4-12/22	42.9%	20.0%	60.0%	平坦S
サンタグラシア	牝6	オルフェーヴル	3- 3- 2-12/20	50.0%	0.0%	44.4%	上りS
サンティーテソーロ	牝4	エピファネイア	3- 0- 3- 4/10	66.7%	75.0%	33.3%	下りS
サンマルレジェンド	牡6	ダノンレジェンド	3- 1- 0- 6/10	60.0%	0.0%	25.0%	上りS
サンライズアムール	牡5	モーリス	5- 1- 2- 4/12	66.7%	100.0%	60.0%	下りS
サンライズアリオン	牡5	ザファクター	3- 1- 4- 3/11	87.5%	–	33.3%	上りS
サンライズウルス	牡6	ヘニーヒューズ	5- 3- 1- 4/13	80.0%	66.7%	50.0%	上りS
サンライズオネスト	牡7	ダイワメジャー	5- 4- 3-17/29	50.0%	20.0%	44.4%	上りS
サンライズジーク	牡4	エピファネイア	2- 2- 0- 4/ 8	50.0%	60.0%	0.0%	下りS
サンライズシェリー	牝7	ヨハネスブルグ	3- 2- 0-22/27	25.0%	0.0%	11.1%	上りS
サンライズジャスト	牡5	ヘニーヒューズ	3- 4- 5- 8/20	53.3%	–	80.0%	平坦S
サンライズフレイム	牡4	ドレフォン	5- 0- 1- 0/ 6	100.0%	100.0%	100.0%	平坦S
サンライズホーク	セ5	リオンディーズ	4- 0- 0- 3/ 7	100.0%	50.0%	0.0%	上りS
サンライズホープ	牡7	マジェスティックウォリアー	7- 2- 0-17/26	35.7%	25.0%	37.5%	平坦S
サンライズロナウド	牡5	ハービンジャー	3- 0- 2- 9/14	37.5%	0.0%	40.0%	平坦S
シアージスト	牡5	Ghostzapper	2- 0- 1- 2/ 5	66.7%	100.0%	0.0%	下りS
シーウィザード	牡4	ビーチパトロール	2- 1- 2- 5/10	0.0%	25.0%	100.0%	平坦S
シークレットラン	牡8	ダンカーク	4- 5- 0-16/25	20.0%	50.0%	30.0%	下りS
シーズンリッチ	牡4	ドゥラメンテ	2- 0- 0- 6/ 8	0.0%	50.0%	25.0%	下りS
シェイクユアハート	牡4	ハーツクライ	3- 1- 1- 5/10	60.0%	0.0%	50.0%	上りS
ジェットエンブレム	牡6	ヘニーヒューズ	3- 4- 1-20/28	44.4%	16.7%	23.1%	上りS
ジェットモーション	セ8	ハーツクライ	4- 0- 0-18/22	0.0%	33.3%	20.0%	下りS
シェルビーズアイ	牡5	ハービンジャー	3- 2- 2- 8/15	70.0%	0.0%	0.0%	上りS
ジオグリフ	牡5	ドレフォン	3- 1- 0- 5/ 9	0.0%	75.0%	25.0%	下りS
ジオフロント	牡6	ハーツクライ	3- 6- 4-14/27	25.0%	100.0%	52.9%	下りS
シゲルカチョウ	牝6	マクフィ	3- 3- 1- 7/14	25.0%	75.0%	50.0%	下りS
シゲルバクハツ	牝6	アイルハヴアナザー	69.2%	3- 7- 4-11/25	66.7%	33.3%	上りS
シゲルヒラトリ	牡6	アジアエクスプレス	3- 2- 2-18/25	40.0%	33.3%	50.0%	上りS
シゲルホサヤク	牡6	ニホンピロアワーズ	4- 1- 1-11/17	0.0%	–	42.9%	平坦S
ジゲン	牡7	Into Mischief	3- 8- 5-17/33	45.5%	62.5%	42.9%	下りS
シセイヒテン	牡9	ノヴェリスト	4- 6- 6-20/36	30.0%	50.0%	50.0%	下りS
シダー	牝5	ホッコータルマエ	3- 4- 3- 9/19	57.1%	–	50.0%	上りS
シナモンスティック	牝5	ジョーカプチーノ	5- 3- 2- 9/19	37.5%	100.0%	60.0%	下りS
ジネストラ	牝6	ロードカナロア	4- 5- 2- 7/18	60.0%	75.0%	40.0%	下りS
シフルマン	牡8	ハービンジャー	5- 2- 2-22/31	40.0%	0.0%	20.0%	上りS
シホノスペランツァ	牡5	ブラックタイド	3- 2- 2-10/17	50.0%	0.0%	42.9%	上りS
シャークスポット	牡6	ダノンシャーク	2- 4- 2-13/21	50.0%	28.6%	37.5%	平坦S
シャイニーゲール	牡10	キングカメハメハ	3- 3- 7-20/33	35.7%	57.1%	33.3%	下りS
シャイニーロック	牡8	ベルシャザール	5- 4- 7-23/39	44.4%	0.0%	41.4%	上りS
シャイニングフジ	牝6	ドゥラメンテ	3- 1- 6- 8/18	80.0%	0.0%	50.0%	上りS

176

馬名	性齢	父	全着別度数	上りS	下りS	平坦S	タイプ
シャザーン	牡4	ロードカナロア	2- 1- 1- 2/ 6	100.0%	66.7%	50.0%	上りS
ジャスティンエース	牡5	ルーラーシップ	3- 3- 3- 9/17	50.0%	0.0%	50.0%	平坦S
ジャスティンカフェ	牡5	エピファネイア	5- 5- 2- 5/17	100.0%	62.5%	60.0%	上りS
ジャスティンスカイ	牡5	キタサンブラック	5- 1- 0- 5/11	–	75.0%	42.9%	下りS
ジャスティンパレス	牡5	ディープインパクト	5- 2- 2- 4/13	100.0%	50.0%	50.0%	上りS
ジャスパーイーグル	牡7	オルフェーヴル	3- 0- 1-21/25	12.5%	22.2%	12.5%	下りS
ジャスパーウィン	牡9	Jimmy Creed	4- 1- 5- 7/17	37.5%	100.0%	50.0%	下りS
ジャスパーグレイト	牡5	Arrogate	3- 3- 2- 7/15	37.5%	100.0%	66.7%	下りS
ジャスパークローネ	牡5	Frosted	6- 1- 2- 6/15	50.0%	80.0%	50.0%	下りS
ジャスパーゴールド	牡6	Khozan	4- 2- 3-19/28	33.3%	36.4%	25.0%	下りS
ジャスパージャック	牡8	Declaration of War	4- 3- 1-18/26	33.3%	20.0%	42.9%	平坦S
ジャスパープリンス	牡9	Violence	5- 2- 3-22/32	50.0%	28.6%	25.0%	上りS
ジャズブルース	牡5	オウケンブルースリ	4- 0- 1-10/15	33.3%	0.0%	42.9%	平坦S
ジャックドール	牡6	モーリス	8- 2- 0- 6/16	85.7%	50.0%	42.9%	上りS
シャフリヤール	牡5	ディープインパクト	3- 1- 2- 4/10	–	50.0%	62.5%	平坦S
シャマル	牡5	スマートファルコン	4- 1- 0- 3/ 8	0.0%	–	83.3%	平坦S
ジャンカズマ	牡6	ハービンジャー	4- 4- 1-18/27	12.5%	50.0%	40.0%	下りS
ジャングロ	牡5	More Than Ready	4- 2- 1- 5/12	0.0%	60.0%	80.0%	平坦S
シャンバラ	牡5	ワンアンドオンリー	2- 8- 6- 2/18	100.0%	100.0%	50.0%	上りS
シャンパンカラー	牡4	ドゥラメンテ	3- 0- 1- 2/ 6	–	66.7%	–	下りS
シャンブル	牝6	ハーツクライ	4- 1- 2-18/25	28.6%	28.6%	27.3%	上りS
シュアーヴアリア	牝6	ゴールドシップ	3- 6- 4-21/34	40.0%	45.5%	25.0%	下りS
シュヴァリエローズ	牡6	ディープインパクト	3- 4- 1-17/25	60.0%	16.7%	28.6%	上りS
シュヴェルトライテ	牝5	マツリダゴッホ	3- 3- 2- 7/15	57.1%	57.1%	0.0%	上りS
ジューンアマデウス	牡5	ホッコータルマエ	3- 1- 0- 7/11	0.0%	80.0%	–	下りS
ジューンオレンジ	牝4	ジャスタウェイ	4- 1- 1- 5/11	66.7%	50.0%	50.0%	上りS
ジュタロウ	牡5	Arrogate	3- 1- 1- 4/ 9	100.0%	50.0%	50.0%	上りS
シュトルーヴェ	牡5	キングカメハメハ	3- 3- 0- 3/ 9	0.0%	100.0%	66.7%	下りS
ジュノー	セ6	Dark Angel	3- 0- 3-15/21	16.7%	0.0%	35.7%	平坦S
シュバルツカイザー	セ6	Dark Angel	5- 2- 0-11/18	20.0%	42.9%	50.0%	平坦S
ジュビリーヘッド	牡7	ロードカナロア	5- 7- 4-13/29	60.0%	62.5%	45.5%	下りS
ジュリアバローズ	牝6	ディープインパクト	3- 1- 2- 4/10	50.0%	100.0%	60.0%	下りS
ジュンブロッサム	牡5	ワールドエース	3- 6- 0- 6/15	0.0%	0.0%	90.0%	平坦S
ショウナンアーチー	牡5	リオンディーズ	3- 6- 3-10/22	66.7%	60.0%	45.5%	上りS
ショウナンアレクサ	牡4	キズナ	3- 3- 1- 4/11	100.0%	–	50.0%	上りS
ショウナンアレス	牡5	リオンディーズ	3- 6- 9-11/29	60.0%	–	64.3%	平坦S
ショウナンハクラク	牡5	Frankel	4- 0- 2-12/18	54.5%	0.0%	0.0%	上りS
ショウナンバシット	牡4	シルバーステート	3- 1- 1- 5/10	33.3%	66.7%	50.0%	下りS
ショウナンマグマ	牡5	ザファクター	3- 1- 1-14/19	57.1%	14.3%	0.0%	上りS
ショウナンマリオ	牡7	トビーズコーナー	3- 5- 7-20/35	40.0%	20.0%	53.3%	平坦S
ショウナンライシン	牡4	エスケンデレヤ	3- 2- 0- 1/ 6	100.0%			上りS
ショウナンラスボス	牡6	ダイワメジャー	3- 4- 7-15/29	37.5%	53.8%	50.0%	下りS
ショウリュウレーヴ	牡6	ミッキーアイル	3- 1- 0- 7/11	25.0%	50.0%	50.0%	平坦S
ショックアクション	牡6	Gleneagles	2- 0- 1-14/17	0.0%	50.0%	37.5%	平坦S
ジョディーズマロン	牡6	ディスクリートキャット	3- 3- 4-14/24	75.0%	50.0%	12.5%	上りS
ジョニーズララバイ	セ8	マンハッタンカフェ	3- 4- 5-22/34	40.0%	30.0%	36.8%	上りS
シルヴァーソニック	牡8	オルフェーヴル	5- 3- 7- 6/21	83.3%	0.0%	76.9%	上りS
シルヴェリオ	牡7	ハーツクライ	3- 1- 2-14/20	0.0%	0.0%	46.2%	平坦S
シルキーヴォイス	牡6	キングカメハメハ	3- 2- 1-12/18	40.0%	0.0%	44.4%	平坦S
シルトホルン	牡4	スクリーンヒーロー	2- 4- 0- 7/13	50.0%	50.0%	33.3%	下りS
シルバーエース	牡7	ワールドエース	3- 4- 4-22/33	33.3%	50.0%	23.5%	下りS
シルバーブレッド	牡5	シルバーステート	3- 1- 0-13/17	0.0%	50.0%	23.1%	下りS
シルブロン	牡6	トーセンジョーダン	4- 2- 2-10/18	50.0%	25.0%	62.5%	平坦S
ジレトール	牡5	ロードカナロア	4- 4- 1- 8/17	66.7%	66.7%	37.5%	上りS

馬名	性齢	父	全着別度数	上りS	下りS	平坦S	タイプ
ジロー	牡7	キズナ	3- 5- 2-24/34	31.6%	33.3%	25.0%	下りS
シロン	牝5	キズナ	2- 0- 2-10/14	25.0%	100.0%	22.2%	下りS
シングザットソング	牝4	ドゥラメンテ	2- 1- 1- 5/ 9	66.7%	0.0%	40.0%	上りS
シンシアウィッシュ	牝5	キズナ	3- 3- 1- 8/15	20.0%	0.0%	75.0%	平坦S
シンシティ	牝7	サウスヴィグラス	4- 1- 4-12/21	57.1%	50.0%	25.0%	上りS
シンボ	牡7	ベーカバド	2- 2- 5-18/27	75.0%	16.7%	29.4%	上りS
シンリョクカ	牝4	サトノダイヤモンド	1- 1- 0- 4/ 6	–	50.0%	25.0%	下りS
スヴァルナ	牡9	ステイゴールド	3- 4- 7-14/28	45.5%	50.0%	54.5%	平坦S
スウィートプロミス	牝5	モーリス	3- 0- 0-14/17	20.0%	14.3%	20.0%	上りS
スーサンアッシャー	牡5	Siyouni	3- 4- 1- 7/15	75.0%	0.0%	55.6%	上りS
スーパーフェイバー	牡6	Super Saver	2- 0- 1-13/16	14.3%	25.0%	20.0%	下りS
スカーフェイス	牡8	ハーツクライ	5- 3- 1-22/31	20.0%	25.0%	38.5%	平坦S
スキピオ	牡6	マツリダゴッホ	1- 3- 3- 9/16	40.0%	0.0%	50.0%	平坦S
スコールユニバンス	牝5	ドゥラメンテ	4- 7- 2-12/25	50.0%	–	53.8%	平坦S
スズカコテキタイ	牡5	ディスクリートキャット	5- 2- 0-10/17	0.0%	46.7%	–	下りS
スズカデレヤ	牡7	エスケンデレヤ	3- 7- 3-16/29	28.6%	0.0%	81.8%	平坦S
スズカトップバゴ	セ6	バゴ	3- 2- 2- 9/16	40.0%	0.0%	55.6%	平坦S
スズカノロッソ	セ9	モンテロッソ	3- 7- 2-18/30	27.3%	42.9%	50.0%	平坦S
スズカマクフィ	牝6	マクフィ	3- 4- 0-18/25	0.0%	16.7%	46.2%	平坦S
スズノナデシコ	牝6	ハービンジャー	3- 3- 6-10/22	53.8%	100.0%	20.0%	下りS
スズハローム	牡4	サトノダイヤモンド	3- 0- 2- 3/ 8	50.0%	66.7%	66.7%	下りS
スターズオンアース	牝5	ドゥラメンテ	3- 5- 4- 0/12	100.0%	100.0%	100.0%	下りS
スタッドリー	牡6	ハービンジャー	4- 5- 4- 9/22	87.5%	50.0%	37.5%	上りS
スタニングローズ	牝5	キングカメハメハ	5- 2- 1- 5/13	75.0%	50.0%	60.0%	上りS
ステイブルアスク	牝6	オルフェーヴル	3- 7- 1-13/24	60.0%	0.0%	25.0%	上りS
ステラヴェローチェ	牡6	バゴ	3- 2- 2- 5/12	–	57.1%	60.0%	平坦S
ステラフィオーレ	牝5	ロードカナロア	2- 0- 1- 9/12	28.6%	0.0%	25.0%	上りS
ステルナティーア	牝5	ロードカナロア	1- 1- 0- 6/ 8	0.0%	50.0%	33.3%	下りS
ストームゾーン	牡5	ドレフォン	3- 1- 0-16/20	18.2%	0.0%	25.0%	平坦S
ストーンリッジ	牡7	ディープインパクト	2- 2- 5-14/23	33.3%	60.0%	33.3%	下りS
ストロングウィル	牡5	シルバーステート	3- 1- 0- 7/11	33.3%	0.0%	42.9%	平坦S
スナークレジスト	牡7	トゥザグローリー	1- 0- 3-11/15	44.4%	0.0%	0.0%	上りS
スノーグレース	牝5	ドレフォン	3- 1- 0-10/14	0.0%	44.4%	0.0%	下りS
スノーテーラー	牝7	アドマイヤコジーン	4- 4- 2-10/20	50.0%	71.4%	33.3%	下りS
スパイダーゴールド	牡5	ダイワメジャー	4- 2- 0- 4/10	33.3%	100.0%	60.0%	下りS
スパイラルノヴァ	牡6	キズナ	4- 3- 5-11/23	100.0%	40.0%	28.6%	上りS
スピードオブライト	牝4	ロードカナロア	3- 0- 2- 3/ 8	50.0%	80.0%	0.0%	下りS
スプラウティング	牡5	ダイワメジャー	3- 4- 2-11/20	33.3%	60.0%	41.7%	下りS
スマートアンバー	牝5	シニスターミニスター	3- 0- 1- 4/ 8	75.0%	–	25.0%	上りS
スマートクラージュ	牡7	ディープインパクト	5- 2- 5- 5/17	50.0%	0.0%	78.6%	平坦S
スマートサニー	牡4	シニスターミニスター	4- 1- 1- 2/ 8	100.0%	50.0%	50.0%	上りS
スマートフォルス	牡4	シニスターミニスター	3- 3- 0- 2/ 8	50.0%	100.0%	100.0%	平坦S
スマートムーラン	牝5	エピファネイア	3- 1- 1-12/17	16.7%	100.0%	30.0%	下りS
スマートラプター	牡5	キングカメハメハ	3- 4- 1- 8/16	83.3%	40.0%	20.0%	上りS
スマートリアン	牝7	キズナ	5- 4- 3-16/28	40.0%	20.0%	61.5%	平坦S
スマッシャー	牡6	マジェスティックウォリアー	3- 2- 1- 9/15	33.3%	16.7%	66.7%	平坦S
スマッシングハーツ	牡8	ヘニーヒューズ	4- 1- 2-20/27	36.4%	22.2%	14.3%	上りS
スミ	牝5	リオンディーズ	3- 2- 1-11/17	57.1%	0.0%	22.2%	上りS
スリーアイランド	牝4	Zoustar	3- 3- 0- 2/ 8	100.0%	66.7%	50.0%	上りS
スリーパーダ	牝4	ミッキーアイル	3- 2- 1- 7/13	0.0%	66.7%	57.1%	下りS
スレイマン	牡6	キングカメハメハ	4- 2- 3- 5/14	85.7%	66.7%	25.0%	上りS
スワヤンブナート	セ6	ジャスタウェイ	3- 1- 0- 8/12	50.0%	33.3%	0.0%	上りS
セイウンハーデス	牡5	シルバーステート	4- 2- 0- 5/11	50.0%	50.0%	57.1%	平坦S
セイウンプラチナ	牡5	ミッキーアイル	3- 2- 1-11/17	50.0%	0.0%	50.0%	平坦S

178

馬名	性齢	父	全着別度数	上り3	下り3	平坦3	タイプ
セイカフォルゴーレ	牡5	キングズベスト	3- 2- 4-11/20	50.0%	42.9%	33.3%	上りS
セイクリッドゲイズ	セ6	エピファネイア	2- 2- 1-13/18	40.0%	–	12.5%	上りS
ゼウスバイオ	牡5	ゼンノロブロイ	3- 1- 0-10/14	36.4%	–	0.0%	上りS
ゼーゲン	セ9	ディープインパクト	4- 0- 1-15/20	0.0%	0.0%	31.3%	平坦S
セオ	牡4	スピルバーグ	3- 2- 1- 5/11	57.1%	0.0%	66.7%	平坦S
セキフウ	牡5	ヘニーヒューズ	3- 2- 3- 6/14	50.0%	50.0%	75.0%	平坦S
セッション	牡4	シルバーステート	2- 1- 2- 3/ 8	100.0%	0.0%	100.0%	平坦S
セッタレダスト	牡5	トゥザグローリー	4- 1- 2-10/17	33.3%	40.0%	66.7%	平坦S
ゼットリアン	牡4	モーリス	4- 4- 0- 3/11	60.0%	100.0%	80.0%	下りS
ゼットレヨン	牡5	モーリス	3- 0- 0-10/13	0.0%	50.0%	16.7%	下りS
ゼッフィーロ	牡5	ディープインパクト	5- 3- 3- 1/12	87.5%	100.0%	100.0%	平坦S
セファーラジエル	牡6	キズナ	3- 4- 2-16/25	40.0%	33.3%	33.3%	上りS
セブンサミット	牡6	モーリス	2- 3- 3- 6/14	50.0%	0.0%	66.7%	平坦S
セブンスレター	牡5	コパノリッキー	3- 1- 2-12/18	16.7%	25.0%	50.0%	平坦S
セブンデイズ	牡5	ラブリーデイ	3- 5- 4-15/27	57.1%	50.0%	37.5%	上りS
セラフィックコール	牡4	ヘニーヒューズ	5- 0- 0- 1/ 6	66.7%	–	100.0%	平坦S
セリフォス	牡5	ダイワメジャー	5- 2- 0- 3/10	100.0%	50.0%	80.0%	上りS
セルバーグ	牡5	エピファネイア	5- 0- 3- 8/16	66.7%	–	40.0%	上りS
セレシオン	牡5	ハーツクライ	3- 1- 0- 3/ 7	100.0%	50.0%	50.0%	上りS
セレブレイトガイズ	牡5	ハービンジャー	3- 1- 3- 6/13	50.0%	100.0%	50.0%	下りS
センタースリール	牝5	ベルシャザール	3- 0- 2-16/21	16.7%	28.6%	25.0%	下りS
セントカメリア	牝5	ドゥラメンテ	4- 2- 0- 7/13	62.5%	–	20.0%	上りS
ソウテン	牡5	ロードカナロア	3- 3- 3- 8/17	71.4%	40.0%	40.0%	上りS
ソウルラッシュ	牡6	ルーラーシップ	6- 2- 1- 8/17	50.0%	57.1%	50.0%	下りS
ソーヴァリアント	牡6	オルフェーヴル	5- 2- 3- 6/16	50.0%	66.7%	66.7%	下りS
ソーダズリング	牝4	ハーツクライ	2- 2- 0- 3/ 7	–	0.0%	66.7%	平坦S
ソールオリエンス	牡4	キタサンブラック	2- 3- 2- 1/ 7	100.0%	50.0%	50.0%	上りS
ソリタリオ	牡5	モーリス	2- 3- 0- 9/14	66.7%	25.0%	28.6%	上りS
ソルドラード	セ8	ロードカナロア	3- 4- 3-11/21	50.0%	50.0%	44.4%	下りS
ソレイユヴィータ	牝4	スクリーンヒーロー	3- 1- 0- 3/ 7	50.0%	50.0%	66.7%	平坦S
ゾンニッヒ	牡6	ラブリーデイ	5- 3- 2- 9/19	40.0%	71.4%	42.9%	下りS
ダークエクリプス	牡5	ドゥラメンテ	3- 1- 1- 8/13	20.0%	33.3%	60.0%	平坦S
ターニングアップ	牡5	カレンブラックヒル	1- 2- 5-18/26	16.7%	42.9%	42.9%	下りS
ダーリントンホール	牡7	New Approach	2- 1- 4- 8/15	–	40.0%	60.0%	平坦S
タイキスウォード	牡7	ダノンシャンティ	3- 6- 5-24/38	41.7%	33.3%	36.4%	上りS
タイキフォース	牡7	スピルバーグ	3- 2- 2- 7/14	75.0%	33.3%	0.0%	上りS
タイゲン	牡5	アジアエクスプレス	3- 2- 1-10/16	40.0%	–	36.4%	上りS
ダイシンピスケス	牡5	マジェスティックウォリアー	1- 4- 6-13/24	57.1%	40.0%	42.9%	上りS
タイセイアベニール	牡9	ベーカバド	5-10- 4-32/51	50.0%	40.0%	28.0%	上りS
タイセイエピソード	牡 5	エピファネイア	3- 2- 1-15/21	27.3%	0.0%	42.9%	平坦 S
タイセイサムソン	牡5	メイショウサムソン	5- 3- 1- 7/16	66.7%	55.6%	0.0%	上りS
タイセイシェダル	牡6	マクフィ	3- 5- 4-13/25	23.1%	100.0%	57.1%	下りS
タイセイシリウス	セ7	エピファネイア	3- 1- 1-25/30	14.3%	12.5%	20.0%	平坦S
タイセイスラッガー	牡6	タイセイレジェンド	3- 4- 4-15/26	44.4%	40.0%	33.3%	上りS
タイセイドレフォン	牡5	ドレフォン	4- 4- 0- 6/14	57.1%	0.0%	66.7%	平坦S
タイセイブリリオ	牡5	ディープブリランテ	3- 3- 5-11/22	25.0%	60.0%	53.8%	下りS
タイセイブレイズ	牡6	ワールドエース	3- 2- 7-10/22	80.0%	50.0%	30.0%	上りS
タイセイモンストル	牡7	ルーラーシップ	4- 2- 4-20/30	50.0%	27.3%	22.2%	上りS
タイトルホルダー	牡6	ドゥラメンテ	7- 3- 1- 7/18	50.0%	71.4%	55.6%	下りS
タイムオブフライト	牡5	ディープインパクト	3- 1- 1- 8/13	50.0%	100.0%	14.3%	下りS
タイムトゥヘヴン	牡6	ロードカナロア	2- 2- 2-19/25	33.3%	23.8%	0.0%	上りS
ダイメイフジ	牡10	アグネスデジタル	7- 8- 4-45/64	26.1%	33.3%	30.8%	下りS
タウゼントシェーン	牝6	ディープインパクト	3- 0- 2-18/23	18.2%	0.0%	42.9%	平坦S
タガノエスコート	牡5	ロードカナロア	3- 4- 2- 8/17	50.0%	66.7%	50.0%	下りS

馬名	性齢	父	全着別度数	上りS	下りS	平坦S	タイプ
タガノクリステル	牝5	ドレフォン	5- 2- 4-10/21	25.0%	33.3%	64.3%	平坦S
タガノディアーナ	牝6	リオンディーズ	3- 6- 2-10/21	20.0%	66.7%	61.5%	下りS
タガノパッション	牝6	キングカメハメハ	2- 1- 8-10/21	20.0%	75.0%	58.3%	下りS
タガノビューティー	牡7	ヘニーヒューズ	7- 6- 5-11/29	50.0%	76.5%	37.5%	下りS
タガノペカ	牝6	オルフェーヴル	3- 3- 2-15/23	36.4%	33.3%	33.3%	上りS
タスティエーラ	牡4	サトノクラウン	3- 2- 0- 2/ 7	100.0%	75.0%	50.0%	上りS
タッチウッド	牡4	ドゥラメンテ	1- 1- 0- 1/ 3	100.0%	50.0%	–	上りS
ダッチマン	セ7	キンシャサノキセキ	3- 2- 5-47/57	20.0%	11.1%	17.4%	下りS
タツリュウオー	牝6	エイシンヒカリ	3- 1- 0-21/25	28.6%	14.3%	9.1%	上りS
ダディーズウォリア	牡4	マジェスティックウォリアー	3- 0- 0- 7/10	25.0%	100.0%	0.0%	下りS
ダディーズビビッド	牡6	キズナ	4- 5- 3-11/23	62.5%	0.0%	58.3%	上りS
ダニーデン	牡4	リアルスティール	3- 1- 2- 1/ 7	–	80.0%	100.0%	平坦S
ダノンギャラクシー	牡5	ディープインパクト	3- 1- 0- 0/ 4	–	–	100.0%	平坦S
ダノングロワール	牡7	ハーツクライ	3- 0- 2-14/19	0.0%	0.0%	41.7%	平坦S
ダノンザタイガー	牡4	ハーツクライ	1- 2- 1- 1/ 5	–	100.0%	50.0%	下りS
ダノンスコーピオン	牡5	ロードカナロア	4- 0- 2- 7/13	0.0%	50.0%	57.1%	平坦S
ダノンセシボン	牝4	ダノンレジェンド	3- 0- 1- 3/ 7	66.7%	100.0%	33.3%	下りS
ダノンタッチダウン	牡4	ロードカナロア	1- 2- 0- 3/ 6	100.0%	0.0%	100.0%	平坦S
ダノンティンパニー	牡6	ディープインパクト	3- 1- 0- 0/ 4	–	100.0%	100.0%	平坦S
ダノントルネード	牡4	ハーツクライ	1- 3- 0- 2/ 6	50.0%	–	75.0%	平坦S
ダノンブレット	牡6	キングカメハメハ	3- 5- 3-12/23	60.0%	33.3%	40.0%	上りS
ダノンベルーガ	牡5	ハーツクライ	2- 0- 1- 6/ 9	–	50.0%	28.6%	下りS
ダノンマデイラ	牡6	ディープインパクト	4- 0- 0- 7/11	75.0%	0.0%	25.0%	上りS
ダノンミカエル	牝4	ダノンレジェンド	3- 0- 4- 1/ 8	100.0%	100.0%	66.7%	上りS
ダノンラスター	セ8	ディープインパクト	5- 5- 3- 6/19	–	50.0%	73.3%	平坦S
ダノンレガーロ	牡7	ディープインパクト	3- 2- 0- 7/12	33.3%	60.0%	25.0%	下りS
タマモダイジョッキ	牡6	ヘニーヒューズ	3- 6- 4-14/27	37.5%	100.0%	43.8%	下りS
タマモブラックタイ	牡4	デクラレーションオブウォー	3- 1- 0- 7/11	25.0%	75.0%	0.0%	下りS
タリア	牝4	ビーチパトロール	3- 2- 2- 5/12	50.0%	60.0%	66.7%	平坦S
ダルエスサラーム	牝4	ダイワメジャー	2- 1- 1- 6/10	50.0%	50.0%	25.0%	上りS
ダルダヌス	牡5	Dutch Art	2- 2- 1- 3/ 8	0.0%	100.0%	0.0%	下りS
ダンツキャッスル	牡8	ルーラーシップ	5- 4- 5-23/37	45.5%	33.3%	35.7%	上りS
ダンディズム	セ8	マンハッタンカフェ	4- 9- 3-15/31	30.0%	57.1%	64.3%	平坦S
ダンテスヴュー	牡5	キングカメハメハ	2- 3- 0- 7/12	50.0%	16.7%	100.0%	平坦S
チェアリングソング	牡7	マツリダゴッホ	4- 0- 6-23/33	28.6%	50.0%	23.1%	下りS
チェイスザドリーム	牝5	ロードカナロア	5- 3- 0- 6/14	60.0%	66.7%	50.0%	下りS
チェリーブリーズ	牝7	スマートファルコン	0- 0- 0-16/16	0.0%	0.0%	–	下りS
チャックネイト	セ6	ハーツクライ	4- 1- 7- 2/14	100.0%	100.0%	66.7%	下りS
チャンスザローゼス	牡4	エピファネイア	2- 1- 0- 3/ 6	50.0%	100.0%	33.3%	下りS
チュウワノキセキ	セ7	キンシャサノキセキ	3- 5- 4-21/33	62.5%	–	28.0%	上りS
ディアスティマ	牡7	ディープインパクト	5- 3- 3- 6/17	50.0%	100.0%	71.4%	下りS
ディープボンド	牡7	キズナ	4- 5- 2-12/23	66.7%	0.0%	60.0%	上りS
ディープモンスター	牡6	ディープインパクト	5- 3- 1- 6/15	50.0%	66.7%	62.5%	上りS
ディヴィーナ	牝6	モーリス	5- 3- 2- 8/18	87.5%	50.0%	16.7%	上りS
ディヴィナシオン	牡7	ヴィクトワールピサ	4- 8- 4-31/47	10.0%	45.5%	38.5%	下りS
テイエムアトム	牡6	ヘニーヒューズ	4- 3- 7-10/24	50.0%	66.7%	50.0%	下りS
テイエムイダテン	牡7	ロードカナロア	3- 3- 0-20/26	50.0%	25.0%	7.1%	上りS
テイエムスパーダ	牝5	レッドスパーダ	5- 1- 0-10/16	–	50.0%	25.0%	下りS
テイエムトッキュウ	牡6	ロードカナロア	6- 2- 0- 8/16	0.0%	100.0%	42.9%	下りS
テイエムランウェイ	牡5	スズカコーズウェイ	3- 1- 1-12/17	42.9%	0.0%	22.2%	上りS
ディオ	牡5	リオンディーズ	3- 7- 3- 3/16	75.0%	0.0%	90.9%	平坦S
ディオスバリエンテ	セ6	ロードカナロア	3- 5- 3- 3/14	100.0%	80.0%	66.7%	上りS
ディクテオン	セ6	キングカメハメハ	4- 0- 2-10/16	0.0%	0.0%	50.0%	平坦S
テイデ	セ6	ディープインパクト	2- 1- 2- 2/ 7	50.0%	100.0%	75.0%	下りS

馬名	性齢	父	全着別度数	上りS	下りS	平坦S	タイプ
ディナースタ	牡6	ドゥラメンテ	4- 1- 0-11/16	33.3%	25.0%	33.3%	平坦S
ディパッセ	牡5	サトノアラジン	4- 0- 1- 9/14	44.4%	0.0%	25.0%	上りS
テーオーグランビル	牡4	Lea	3- 0- 1- 1/ 5	−	100.0%	75.0%	下りS
テーオーシリウス	牡6	ジャスタウェイ	4- 1- 2-18/25	12.5%	14.3%	50.0%	平坦S
テーオーステルス	牡5	キタサンブラック	4- 2- 3- 7/16	60.0%	25.0%	71.4%	平坦S
テーオーソラネル	牡5	シルバーステート	4- 2- 0-10/16	83.3%	25.0%	0.0%	上りS
テーオードレフォン	牡5	ドレフォン	4- 1- 0- 8/13	44.4%	0.0%	33.3%	上りS
テーオーメアリー	牝6	モーリス	3- 2- 1-14/20	33.3%	0.0%	28.6%	上りS
テーオーリカード	牡5	パイロ	4- 2- 0- 3/ 9	50.0%	−	100.0%	平坦S
テーオーロイヤル	牡6	リオンディーズ	5- 1- 2- 7/15	55.6%	50.0%	50.0%	上りS
デコラシオン	牡5	ロードカナロア	3- 4- 0-10/17	60.0%	40.0%	0.0%	上りS
デシエルト	牡5	ドレフォン	4- 0- 0- 3/ 7	100.0%	33.3%	0.0%	上りS
デビットバローズ	牡5	ロードカナロア	3- 0- 0- 5/ 8	33.3%	50.0%	33.3%	下りS
デュアリスト	牡6	ミッキーアイル	5- 1- 2-10/18	100.0%	0.0%	33.3%	上りS
デュガ	牡5	Practical Joke	4- 0- 1-12/17	42.9%	20.0%	20.0%	上りS
テリオスベル	牝7	キズナ	5- 1- 0-18/24	33.3%	20.0%	14.3%	上りS
デリカダ	牝5	パイロ	3- 0- 0- 0/ 3	100.0%	−	−	上りS
デルマオニキス	牡7	オンファイア	3- 0- 1-16/20	21.4%	0.0%	25.0%	平坦S
デルマソトガケ	牡4	マインドユアビスケッツ	2- 0- 1- 2/ 5	100.0%	−	33.3%	上りS
テンカハル	牡6	キングカメハメハ	5- 4- 2-15/26	50.0%	22.2%	53.8%	平坦S
デンコウリジエール	牡7	メイショウボーラー	6- 1- 2-22/31	33.3%	0.0%	38.9%	平坦S
テンハッピーローズ	牝6	エピファネイア	5- 5- 2- 9/21	50.0%	80.0%	50.0%	下りS
ドゥアイズ	牝4	ルーラーシップ	1- 4- 1- 3/ 9	−	100.0%	62.5%	下りS
トゥードジボン	牡5	イスラボニータ	4- 2- 1- 5/12	100.0%	−	50.0%	上りS
ドゥーラ	牝4	ドゥラメンテ	3- 0- 1- 5/ 9	−	−	44.4%	平坦S
トウシンマカオ	牡5	ビッグアーサー	5- 1- 2- 7/15	80.0%	0.0%	44.4%	上りS
トウセツ	牡5	ダンカーク	4- 5- 1- 6/16	81.8%	0.0%	25.0%	上りS
トゥデイイズザデイ	牡5	ディープインパクト	4- 3- 1- 3/11	50.0%	66.7%	83.3%	平坦S
ドウデュース	牡5	ハーツクライ	6- 1- 2- 2/10	−	100.0%	66.7%	下りS
トゥラヴェスーラ	牡9	ドリームジャーニー	4- 5- 1-21/31	57.1%	16.7%	27.8%	上りS
ドゥラエレーデ	牡4	ドゥラメンテ	2- 1- 1- 5/ 9	100.0%	25.0%	50.0%	上りS
ドゥラドーレス	牡4	ドゥラメンテ	4- 0- 2- 1/ 7	−	100.0%	80.0%	下りS
ドゥラモンド	牡6	ドゥラメンテ	3- 5- 1-13/22	40.0%	41.7%	40.0%	下りS
ドゥラリアル	牡4	ドゥラメンテ	3- 2- 0- 0/ 5	100.0%	−	100.0%	平坦S
トゥルーヴィル	牡7	ディープインパクト	3- 2- 4- 9/18	25.0%	0.0%	72.7%	平坦S
ドゥレッツァ	牡4	ドゥラメンテ	5- 0- 1- 0/ 6	100.0%	100.0%	100.0%	平坦S
トーセンアラン	牡6	キズナ	3- 2- 0-16/21	25.0%	0.0%	30.0%	平坦S
トーセンヴァンノ	牡5	ヴァンキッシュラン	2- 2- 1-14/19	25.0%	11.1%	50.0%	平坦S
トーセンリョウ	牡5	ディープインパクト	3- 1- 0- 3/ 7	100.0%	50.0%	50.0%	上りS
トーセンローリエ	牝4	サトノクラウン	3- 2- 0- 3/ 8	100.0%	50.0%	0.0%	上りS
ドーバーホーク	牡4	ディーマジェスティ	3- 1- 2- 4/10	50.0%	0.0%	100.0%	平坦S
ドーブネ	牡5	ディープインパクト	6- 2- 1- 5/14	66.7%	33.3%	75.0%	平坦S
トーホウディアス	牡6	トーホウジャッカル	3- 4- 7-17/31	53.8%	0.0%	43.8%	上りS
トオヤリトセイト	牡8	ドリームジャーニー	3- 4- 5-25/37	12.5%	33.3%	39.1%	平坦S
トキメキ	牝7	アドマイヤムーン	4- 3- 6-20/33	27.3%	43.8%	50.0%	平坦S
ドグマ	牡5	キタサンブラック	3- 2- 0- 9/14	0.0%	0.0%	71.4%	平坦S
トップオブジェラス	牡5	ドゥラメンテ	3- 3- 0- 3/ 9	75.0%	−	60.0%	上りS
トップスティール	牡5	カレンブラックヒル	3- 2-12/18	42.9%	0.0%	37.5%	上りS
トップナイフ	牡4	デクラレーションオブウォー	2- 4- 1- 5/12	33.3%	66.7%	66.7%	平坦S
トモジャリア	牡6	シニスターミニスター	3- 2- 4- 9/18	75.0%	20.0%	40.0%	上りS
ドライスタウト	牡5	シニスターミニスター	4- 1- 0- 1/ 6	100.0%	75.0%	−	上りS
ドライゼ	牝5	Gun Runner	3- 1- 1- 6/11	57.1%	−	25.0%	上りS
ドラゴンゴクウ	牡5	トゥザグローリー	2- 2- 0-20/24	16.7%	7.7%	40.0%	平坦S
トラベログ	牝4	グレーターロンドン	3- 0- 2- 4/ 9	66.7%	50.0%	50.0%	上りS

馬名	性齢	父	全着別度数	上りS	下りS	平坦S	タイプ
トラモント	セ7	アイルハヴアナザー	3- 2- 3-11/19	41.7%	0.0%	50.0%	平坦S
トランキリテ	牡5	ルーラーシップ	3- 2- 0-13/18	50.0%	0.0%	16.7%	上りS
ドリームビリーバー	牡5	ドレフォン	2- 3- 1-13/19	20.0%	36.4%	33.3%	下りS
ドルチェモア	牡4	ルーラーシップ	3- 0- 0- 6/ 9	0.0%	20.0%	66.7%	平坦S
トレンディスター	牝4	ファインニードル	3- 2- 0- 3/ 8	50.0%	50.0%	100.0%	平坦S
ドロップオブライト	牝5	トーセンラー	4- 3- 2- 6/15	71.4%	100.0%	42.9%	下りS
ドンアミティエ	牡4	アジアエクスプレス	3- 2- 1- 3/ 9	40.0%	100.0%	100.0%	平坦S
ドンアルゴス	牡9	ドリームジャーニー	3- 4- 6-19/32	33.3%	66.7%	41.2%	下りS
ドンカポノ	牡6	ヘニーヒューズ	3- 3- 1- 9/16	20.0%	40.0%	66.7%	平坦S
ドンフランキー	牡5	ダイワメジャー	6- 2- 0- 4/12	80.0%	―	57.1%	上りS
ナイトインロンドン	牡4	グレーターロンドン	3- 1- 0- 3/ 7	0.0%	0.0%	100.0%	平坦S
ナイママ	牡8	ダノンバラード	2- 1- 2-30/35	0.0%	8.3%	26.7%	平坦S
ナチュラルハイ	牡4	スクリーンヒーロー	4- 1- 0- 8/13	33.3%	20.0%	100.0%	平坦S
ナックドロップス	牝5	ザファクター	3- 2- 1-15/21	40.0%	22.2%	0.0%	上りS
ナミュール	牝5	ハービンジャー	5- 2- 1- 5/13	100.0%	50.0%	60.0%	上りS
ナムラカミカゼ	牡7	キズナ	3- 3- 3-21/30	23.1%	80.0%	16.7%	下りS
ナムラクレア	牝5	ミッキーアイル	5- 3- 4- 3/15	100.0%	66.7%	87.5%	上りS
ナムラフランク	牡5	ミッキーアイル	3- 3- 4- 6/16	60.0%	―	63.6%	平坦S
ナリタフォルテ	牡6	ベルシャザール	3- 2- 1-11/17	37.5%	66.7%	16.7%	下りS
ナリノモンターニュ	牡7	ヴィクトワールピサ	3- 4- 1-17/25	28.6%	30.8%	40.0%	平坦S
ナンヨーアイボリー	牝6	ロードカナロア	4- 1- 0-20/25	33.3%	33.3%	0.0%	上りS
ナンヨープランタン	牡9	ルーラーシップ	3- 7- 5-34/49	38.9%	0.0%	29.6%	上りS
ニシノカシミヤ	牝4	ディスクリートキャット	3- 1- 0- 6/10	66.7%	28.6%	―	上りS
ニシノスーベニア	牡5	ハービンジャー	3- 2- 4- 8/17	50.0%	60.0%	0.0%	下りS
ニシノデイジー	牡8	ハービンジャー	3- 1- 1-15/20	0.0%	20.0%	50.0%	平坦S
ニシノライコウ	牡4	エイシンヒカリ	3- 3- 0- 7/13	0.0%	62.5%	25.0%	下りS
ニシノレヴナント	セ4	ネロ	4- 1- 1- 5/11	0.0%	50.0%	62.5%	平坦S
ニホンピロキーフ	牡4	キタサンブラック	3- 2- 2- 3/10	60.0%	―	80.0%	平坦S
ニホンピロスクーロ	セ7	ニホンピロアワーズ	4- 4- 0-20/28	33.3%	0.0%	28.6%	上りS
ニホンピロタイズ	牡6	キズナ	3- 3- 3-11/20	16.7%	75.0%	50.0%	下りS
ニューノーマル	牝5	キズナ	3- 4- 3- 9/19	70.0%	28.6%	50.0%	上りS
ニューフロンティア	牡6	マクフィ	3- 1- 5-12/21	20.0%	33.3%	53.8%	平坦S
ニューモニュメント	牡8	ヘニーヒューズ	6- 5- 6-17/34	70.6%	25.0%	33.3%	上りS
ノースザワールド	牡6	ディープインパクト	4- 9- 2-12/27	80.0%	14.3%	60.0%	上りS
ノースブリッジ	牡6	モーリス	6- 0- 1- 8/15	66.7%	50.0%	33.3%	上りS
ノッキングポイント	牡4	モーリス	3- 1- 0- 4/ 8	0.0%	50.0%	66.7%	平坦S
ノットゥルノ	牡 5	ハーツクライ	2- 1- 0- 5/ 8	50.0%	―	0.0%	上りS
バークライ	牝4	ハーツクライ	4- 1- 1- 2/ 8	50.0%	100.0%	75.0%	下りS
パーソナルハイ	牝5	ディープインパクト	1- 3- 0-15/19	16.7%	33.3%	20.0%	下りS
ハーツイストワール	牡8	ハーツクライ	5- 8- 0- 6/19	33.3%	66.7%	76.9%	平坦S
ハーツコンチェルト	牡4	ハーツクライ	1- 1- 2- 4/ 8	25.0%	50.0%	100.0%	平坦S
ハーツラプソディ	牝6	ハーツクライ	3- 5- 3-13/24	41.7%	0.0%	54.5%	平坦S
バーデンヴァイラー	牡6	ドゥラメンテ	5- 0- 2- 6/13	50.0%	―	66.7%	平坦S
ハートオブアシティ	牡6	ハーツクライ	3- 4- 0-19/26	45.5%	0.0%	22.2%	上りS
ハーパー	牝4	ハーツクライ	2- 2- 2- 2/ 8	100.0%	100.0%	66.7%	上りS
ハーモニーマゼラン	牡7	ダイワメジャー	3- 4- 8-12/27	75.0%	47.6%	100.0%	平坦S
ハーランズハーツ	牡7	ハーツクライ	3- 3- 4-16/26	0.0%	25.0%	45.0%	平坦S
バールデュヴァン	牡4	ミッキーアイル	3- 1- 1- 7/12	50.0%	50.0%	25.0%	上りS
ハイアムズビーチ	牝5	ドレフォン	3- 1- 3- 3/10	66.7%	80.0%	50.0%	下りS
ハイエストポイント	牡6	シンボリクリスエス	3- 8- 4-12/27	60.0%	33.3%	55.6%	上りS
ハイエンド	牡5	ブラックタイド	4- 2- 0- 8/14	0.0%	85.7%	0.0%	下りS
パウオレ	牝5	ヘニーヒューズ	4- 1- 2- 2/ 9	100.0%	100.0%	0.0%	下りS
ハウゼ	牡4	デクラレーションオブウォー	3- 1- 1- 3/ 8	0.0%	100.0%	66.7%	下りS
ハギノアトラス	セ8	クロフネ	4- 2- 3-14/23	50.0%	―	27.3%	上りS

182

馬名	性齢	父	全着別度数	上りS	下りS	平坦S	タイプ
ハギノアレグリアス	牡7	キズナ	6- 4- 0- 4/14	85.7%	66.7%	50.0%	上りS
ハギノメーテル	牝5	サトノアラジン	3- 0- 1-12/16	40.0%	0.0%	0.0%	上りS
ハギノモーリス	牡5	モーリス	3- 3- 1- 4/11	75.0%	50.0%	60.0%	上りS
パクスオトマニカ	牡4	ヴィクトワールピサ	3- 1- 0- 5/ 9	33.3%	50.0%	50.0%	平坦S
バグラダス	牡4	マジェスティックウォリアー	3- 1- 0- 6/10	50.0%	66.7%	0.0%	下りS
ハコダテブショウ	牡6	モーリス	5- 0- 2- 8/15	50.0%	60.0%	0.0%	下りS
バジオウ	牡6	ルーラーシップ	3- 2- 3-10/18	0.0%	60.0%	50.0%	下りS
バスラットレオン	牡6	キズナ	3- 0- 3-10/16	33.3%	33.3%	42.9%	平坦S
ハセドン	牡5	モーリス	4- 1- 0- 6/11	50.0%		50.0%	上りS
ハチメンロッピ	牡4	キンシャサノキセキ	3- 1- 0- 4/ 8	0.0%	60.0%	100.0%	平坦S
ハッスルダンク	牡4	ダンカーク	3- 1- 0- 3/ 7	66.7%	50.0%	50.0%	上りS
ハッピースワニー	牝5	アジアエクスプレス	3- 2- 1- 3/ 9	50.0%	100.0%	60.0%	下りS
パトリック	牡8	ワークフォース	4- 3- 8-21/36	27.3%	33.3%	52.6%	平坦S
バトルクライ	牡5	イスラボニータ	6- 1- 3- 5/15	66.7%	75.0%	50.0%	下りS
バトルボーン	牡5	シルバーステート	4- 1- 0- 1/ 6	–	66.7%	100.0%	平坦S
バハルダール	牡5	Pioneerof the Nile	3- 3- 2- 8/16	75.0%	0.0%	50.0%	上りS
ハピ	牡5	キズナ	3- 2- 3- 2/10	77.8%	–	100.0%	平坦S
バビット	牡7	ナカヤマフェスタ	4- 2- 0- 8/14	50.0%	33.3%	50.0%	上りS
ハヤヤッコ	牡8	キングカメハメハ	6- 5- 3-23/37	42.9%	33.3%	35.7%	上りS
パライバトルマリン	牝4	Malibu Moon	2- 0- 0- 1/ 3	–	66.7%	–	下りS
バラジ	牡5	ヴァンセンヌ	4- 3- 3- 8/18	0.0%	33.3%	80.0%	平坦S
パラシュラーマ	牡4	トランセンド	4- 3- 0- 4/11	66.7%	100.0%	50.0%	下りS
パラレルヴィジョン	牡5	キズナ	4- 1- 3- 3/11	–	60.0%	83.3%	平坦S
ハリーバローズ	牡7	Uncle Mo	4- 1- 3-12/20	37.5%	50.0%	37.5%	下りS
バルサムノート	牡4	モーリス	3- 1- 1- 4/ 9	50.0%	33.3%	100.0%	平坦S
バレエマスター	牡5	スピルバーグ	3- 0- 2- 9/14	25.0%	47.1%	37.5%	下りS
バレリーナ	牝4	ダイワメジャー	1- 1- 0- 6/ 8	–	100.0%	0.0%	下りS
パワーブローキング	牡5	アメリカンペイトリオット	4- 0- 3-11/18	50.0%	–	40.0%	上りS
パワフルヒロコ	牝10	メイショウボーラー	3- 3- 2-39/47	27.8%	0.0%	14.3%	上りS
パンサラッサ	牡7	ロードカナロア	5- 6- 0-12/23	50.0%	20.0%	60.0%	平坦S
ハンディーズピーク	牡6	マジェスティックウォリアー	3- 1- 1-10/15	30.0%	–	40.0%	平坦S
バンデルオーラ	牡4	トーセンラー	4- 2- 0- 9/15	28.6%	50.0%	50.0%	下りS
ビアイ	牝7	メイショウボーラー	3- 3- 3-40/49	33.3%	14.3%	13.0%	上りS
ピアシック	牡8	Central Banker	4- 3- 4-22/33	25.0%	0.0%	40.9%	平坦S
ビーアストニッシド	牡5	アメリカンペイトリオット	2- 2- 2-10/16	60.0%	33.3%	25.0%	上りS
ビーオンザマーチ	牝5	モーリス	3- 0- 0-12/15	14.3%	25.0%	–	下りS
ピースオブエイト	牡5	スクリーンヒーロー	4- 0- 0- 5/ 9	–	0.0%	50.0%	平坦S
ヒートオンビート	牡7	キングカメハメハ	5- 8- 5- 9/27	81.8%	100.0%	30.0%	下りS
ビオグラフィア	牡6	ルーラーシップ	3- 0- 3-10/16	0.0%	0.0%	66.7%	平坦S
ビキニボーイ	牡4	ビーチパトロール	1- 0- 1-10/12	0.0%	–	28.6%	平坦S
ヒシイグアス	牡8	ハーツクライ	7- 4- 0- 7/18	55.6%	100.0%	25.0%	下りS
ヒシゲッコウ	セ8	ルーラーシップ	3- 0- 4-12/19	50.0%	50.0%	27.3%	下りS
ビジュノワール	牝5	キタサンブラック	3- 2- 1- 7/13	0.0%	45.5%	100.0%	平坦S
ビジン	牝5	キズナ	4- 1- 0-14/19	11.1%	100.0%	14.3%	下りS
ビターエンダー	牡5	オルフェーヴル	2- 1- 1- 9/13	0.0%	20.0%	42.9%	平坦S
ビッグシーザー	牡4	ビッグアーサー	4- 1- 2- 3/10	50.0%	100.0%	75.0%	下りS
ビッグリボン	牝6	ルーラーシップ	5- 1- 2- 4/12	100.0%	0.0%	50.0%	上りS
ビップシュプリーム	牝5	サトノアラジン	2- 3- 3- 7/15	42.9%	66.7%	60.0%	下りS
ビップスコーピオン	牡4	サトノクラウン	3- 2- 4- 6/15	25.0%	0.0%	88.9%	平坦S
ヒップホップソウル	牝4	キタサンブラック	1- 3- 0- 4/ 8	100.0%	60.0%	0.0%	上りS
ヒヅルジョウ	牝5	ハービンジャー	3- 1- 1-10/15	20.0%	50.0%	33.3%	下りS
ヒノデテイオー	牝5	マジェスティックウォリアー	1- 3- 5- 9/18	60.0%	–	37.5%	上りS
ピピオラ	牝4	モーリス	3- 0- 0- 5/ 8	0.0%	50.0%	50.0%	平坦S
ヒミノフラッシュ	牡5	エイシンフラッシュ	3- 5- 0-21/29	27.3%	40.0%	23.1%	下りS

馬名	性齢	父	全着別度数	上りS	下りS	平坦S	タイプ
ビューティーウェイ	牝6	ジャスタウェイ	3- 2- 3-12/20	20.0%	57.1%	37.5%	下りS
ビューティフルデイ	牝6	ディープインパクト	5- 4- 2- 6/17	66.7%	85.7%	25.0%	下りS
ヒュミドール	セ8	オルフェーヴル	4- 3- 0-25/32	15.4%	28.6%	25.0%	下りS
ビヨンドザファザー	牡5	Curlin	4- 2- 1-11/18	33.3%	42.9%	40.0%	下りS
ピラティス	牝5	ロードカナロア	2- 1- 2- 9/14	25.0%	0.0%	60.0%	平坦S
ビルカール	牡4	ミッキーアイル	3- 2- 0- 8/13	25.0%	60.0%	25.0%	下りS
ヒルノダカール	牡8	ヴィクトワールピサ	4- 5- 6-20/35	28.6%	40.0%	56.3%	平坦S
ヒルノレーザンヌ	牝5	キズナ	3- 3- 2-17/25	27.3%	66.7%	27.3%	下りS
ヒロイックテイル	セ7	スクリーンヒーロー	5- 1- 3-13/22	12.5%	75.0%	50.0%	下りS
ヒロノトウリョウ	牡8	グランプリボス	3- 4- 2-22/31	53.8%	11.1%	11.1%	上りS
ピンクマクフィー	牝5	マクフィ	3- 4- 0- 6/13	100.0%	50.0%	37.5%	上りS
ピンシャン	牡7	Speightstown	5- 3- 1-13/22	66.7%	37.5%	25.0%	上りS
ヒンドゥタイムズ	セ8	ハービンジャー	6- 3- 3-11/23	41.7%	33.3%	75.0%	平坦S
ピンハイ	牝5	ミッキーアイル	2- 2- 1- 5/10	100.0%	0.0%	57.1%	上りS
ファーンヒル	牡5	キンシャサノキセキ	4- 3- 5- 6/18	37.5%	–	90.0%	平坦S
ファイアダンサー	牝6	パイロ	4- 5- 3-15/27	54.5%	45.5%	20.0%	上りS
ファユエン	牝6	ヴァンセンヌ	4- 0- 1-14/19	50.0%	0.0%	22.2%	上りS
ファルコニア	牡7	ディープインパクト	6- 4- 5- 9/24	0.0%	33.3%	81.3%	平坦S
ファロロジー	牝5	バトルプラン	4- 1- 2-15/22	35.7%	28.6%	0.0%	上りS
ファンタジア	牝5	ハービンジャー	3- 1- 3- 5/12	25.0%	50.0%	100.0%	平坦S
ファントムシーフ	牡4	ハービンジャー	3- 0- 2- 3/ 8	66.7%	66.7%	50.0%	平坦S
フィアスプライド	牝6	ディープインパクト	5- 1- 2- 8/16	33.3%	62.5%	40.0%	下りS
フィーカ	牝5	ホッコータルマエ	3- 3- 2-11/19	25.0%	25.0%	71.4%	平坦S
フィールシンパシー	牝5	ベーカバド	4- 3- 1- 8/16	–	50.0%	50.0%	下りS
フィデル	牡5	ハーツクライ	3- 0- 2- 6/11	66.7%	33.3%	40.0%	上りS
フィリオアレグロ	セ7	ディープインパクト	3- 1- 3- 7/14	–	50.0%	50.0%	平坦S
フィロロッソ	牡7	ハービンジャー	4- 2- 2-19/27	41.2%	0.0%	12.5%	上りS
ブーケファロス	牡4	ビッグアーサー	3- 3- 2- 6/14	62.5%	33.3%	66.7%	平坦S
フームスムート	牡7	トゥザグローリー	3-11- 5-32/51	27.3%	50.0%	36.7%	下りS
フェアエールング	牝4	ゴールドシップ	3- 1- 0- 6/10	100.0%	0.0%	60.0%	上りS
フェーングロッテン	牡5	ブラックタイド	3- 3- 4- 6/16	66.7%	50.0%	66.7%	上りS
フェステスバント	牝4	キズナ	3- 1- 0- 6/10	50.0%	0.0%	50.0%	平坦S
フォーチュンテラー	牡5	シニスターミニスター	3- 3- 4- 9/19	63.6%	0.0%	42.9%	上りS
フォッサマグナ	セ8	War Front	3- 1- 2- 9/15	33.3%	50.0%	25.0%	下りS
フォトスフィア	牡5	ヘニーヒューズ	3- 1- 0-11/15	25.0%	27.3%	–	下りS
フォラブリューテ	牝5	エピファネイア	2- 0- 0- 9/11	25.0%	0.0%	33.3%	平坦S
フォルコメン	セ8	ヴィクトワールピサ	4- 6- 1-15/26	40.0%	38.5%	50.0%	平坦S
フォルテデイマルミ	牡6	オルフェーヴル	3- 4- 5-11/23	50.0%	0.0%	66.7%	平坦S
フォレストキャット	牝6	スマートファルコン	3- 1- 1- 6/11	57.1%	0.0%	33.3%	上りS
フォワードアゲン	セ7	ローズキングダム	4- 4- 1-22/31	35.7%	12.5%	33.3%	上りS
フジマサインパクト	牡6	ディープインパクト	2- 2- 1-16/21	0.0%	37.5%	20.0%	下りS
ブッシュガーデン	牝5	リオンディーズ	3- 7- 2-12/24	50.0%	33.3%	53.8%	平坦S
ブトンドール	牝4	ビッグアーサー	2- 1- 0- 6/ 9	50.0%	–	20.0%	上りS
フミヤングフェイス	牡4	シルバーステート	1- 0- 2- 7/10	37.5%	0.0%	0.0%	上りS
フラーズダルム	牡6	キズナ	4- 2- 2-17/25	33.3%	0.0%	35.3%	平坦S
ブライアンセンス	牡4	ホッコータルマエ	4- 1- 3- 0/ 8	100.0%	100.0%	100.0%	下りS
ブライドランド	牡8	ディープインパクト	4- 4- 2-15/25	80.0%	25.0%	31.3%	上りS
ブライムライン	セ7	ハーツクライ	2- 3- 1- 7/13	0.0%	–	54.5%	平坦S
フライライクバード	セ7	スクリーンヒーロー	4- 4- 3-10/21	66.7%	60.0%	40.0%	上りS
プラダリア	牡5	ディープインパクト	3- 2- 2- 7/14	75.0%	50.0%	33.3%	上りS
プラチナジュビリー	牝4	リアルスティール	3- 4- 0- 2/ 9	100.0%	85.7%	0.0%	上りS
プラチナトレジャー	牡6	キングカメハメハ	4- 1- 0-15/20	0.0%	16.7%	33.3%	平坦S
プラチナムレイアー	牡6	マツリダゴッホ	3- 3- 2-17/25	14.3%	40.0%	37.5%	下りS
ブラックアーメット	牡6	ブラックタイド	5- 1- 4-13/23	58.3%	20.0%	33.3%	上りS

184

馬名	性齢	父	全着別度数	上りS	下りS	平坦S	タイプ
ブラックシールド	牡5	キタサンブラック	3- 3- 4- 6/16	80.0%	50.0%	25.0%	上りS
ブラックブロッサム	牡5	キタサンブラック	3- 0- 0- 1/ 4	100.0%	50.0%	−	上りS
ブラックマジック	牡7	ディープインパクト	4- 2- 1- 9/16	0.0%	50.0%	57.1%	平坦S
フラッパールック	牝4	イスラボニータ	3- 1- 1- 1/ 6	100.0%	−	0.0%	上りS
フランスゴデイナ	牡6	Will Take Charge	3- 2- 1- 5/11	50.0%	66.7%	−	下りS
ブランデーロック	牡5	マクフィ	3- 3- 7-27/40	36.4%	22.2%	45.5%	平坦S
フリームファクシ	牡4	ルーラーシップ	3- 1- 0- 3/ 7	75.0%	0.0%	50.0%	上りS
ブリッツファング	牡5	ホッコータルマエ	2- 0- 1- 5/ 8	50.0%	0.0%	33.3%	上りS
プリティーチャンス	牝7	シンボリクリスエス	4- 1- 1-12/18	54.5%	0.0%	0.0%	上りS
プリモスペランツァ	牡5	エスケンデレヤ	3- 4- 4-12/23	41.2%	50.0%	75.0%	平坦S
ブリュットミレジメ	牡5	コパノリッキー	2- 1- 0-11/14	0.0%	0.0%	42.9%	平坦S
プリュムドール	牝6	ゴールドシップ	4- 3- 4- 8/19	57.1%	50.0%	60.0%	平坦S
ブリングトゥライフ	牝6	ハービンジャー	2- 0- 4-25/31	0.0%	16.7%	33.3%	平坦S
プリンスミノル	牡5	ベーカバド	3- 1- 2- 7/13	66.7%	28.6%	−	上りS
フルヴォート	牡6	ヘニーヒューズ	4- 4- 1- 6/15	66.7%	40.0%	71.4%	平坦S
ブルーシンフォニー	牡6	スクリーンヒーロー	2- 3- 2-13/20	27.3%	50.0%	42.9%	下りS
ブルースピリット	セ6	Invincible Spirit	3- 3- 1- 9/16	57.1%	−	42.9%	上りS
ブルーロワイヤル	セ5	キングカメハメハ	3- 0- 0- 9/12	50.0%	50.0%	12.5%	上りS
フルオール	牡5	ホッコータルマエ	3- 0- 3- 7/13	33.3%	60.0%	50.0%	下りS
ブルパレイ	セ5	イスラボニータ	3- 2- 0-11/16	40.0%	50.0%	14.3%	下りS
フルム	牡5	シニスターミニスター	5- 2- 6- 9/22	77.8%	66.7%	28.6%	上りS
ブレイヴロッカー	牡4	ドゥラメンテ	4- 2- 2- 7/15	50.0%	100.0%	50.0%	下りS
ブレイクフォース	牡5	アジアエクスプレス	3- 0- 2- 7/12	50.0%	25.0%	50.0%	上りS
ブレイディヴェーグ	牝4	ロードカナロア	3- 2- 0- 0/ 5	−	100.0%	100.0%	平坦S
フレーヴァード	牝4	モーリス	3- 1- 0- 2/ 6	−	100.0%	33.3%	下りS
ブレーヴジャッカル	セ6	ダイワメジャー	3- 3- 5-11/22	44.4%	−	53.8%	平坦S
ブレークアップ	牡6	ノヴェリスト	5- 3- 4- 9/21	66.7%	44.4%	66.7%	平坦S
プレサージュリフト	牝5	ハービンジャー	2- 1- 2- 4/ 9	50.0%	80.0%	0.0%	下りS
ブレスレスリー	牝5	アメリカンペイトリオット	3- 2- 6- 9/20	50.0%	45.5%	71.4%	平坦S
フレッチア	牡9	Dansili	4- 4- 3-15/26	50.0%	42.9%	0.0%	上りS
プレミアムスマイル	牝5	ロードカナロア	3- 2- 2- 8/15	50.0%	100.0%	20.0%	下りS
フレンチギフト	牝5	シニスターミニスター	3- 3- 1- 5/12	60.0%	50.0%	100.0%	平坦S
ブローザホーン	牡5	エピファネイア	5- 2- 3- 7/17	−	54.5%	66.7%	平坦S
ブロース	牡8	マツリダゴッホ	1- 1- 2-27/31	0.0%	18.2%	14.3%	下りS
プログノーシス	牡6	ディープインパクト	6- 1- 2- 1/10	80.0%	−	100.0%	平坦S
プロスペリダード	牝4	アメリカンペイトリオット	3- 3- 1- 5/12	0.0%	100.0%	66.7%	下りS
プロミストウォリア	牡7	マジェスティックウォリアー	6- 1- 0- 1/ 8	100.0%	−	50.0%	上りS
フロムダスク	牡4	Bolt d'Oro	1- 1- 1- 6/ 9	66.7%	25.0%	0.0%	上りS
ペイシャエス	牡5	エスポワールシチー	3- 0- 1- 4/ 8	66.7%	50.0%	0.0%	上りS
ヘイセイメジャー	牡7	マジェスティックウォリアー	1- 0- 3-19/23	11.1%	0.0%	25.0%	平坦S
ペースセッティング	牡4	Showcasing	2- 4- 1- 5/12	57.1%	50.0%	66.7%	平坦S
ベガリス	牝4	モーリス	3- 0- 0- 5/ 8	66.7%	−	20.0%	上りS
ベジャール	牡5	モーリス	2- 2- 2- 7/13	0.0%	62.5%	33.3%	下りS
ベストフィーリング	牡5	ドゥラメンテ	3- 1- 2- 5/11	0.0%	66.7%	−	下りS
ベストリーガード	牡5	ダノンレジェンド	4- 4- 1- 6/15	71.4%	40.0%	66.7%	上りS
ヘッズオアテールズ	牝6	ドゥラメンテ	3- 2- 2-10/17	33.3%	33.3%	50.0%	平坦S
ペプチドタイガー	牡4	ディーマジェスティ	3- 4- 1- 2/10	33.3%	100.0%	100.0%	平坦S
ペプチドナイル	牡6	キングカメハメハ	7- 1- 1- 9/18	62.5%	50.0%	33.3%	上りS
ペプチドヤマト	牡5	ドレフォン	3- 3- 2-12/20	42.9%	20.0%	50.0%	平坦S
ベラジオオペラ	牡4	ロードカナロア	4- 0- 0- 2/ 6	100.0%	50.0%	50.0%	上りS
ヘラルドバローズ	牡5	シニスターミニスター	4- 5- 2- 6/17	85.7%	80.0%	20.0%	上りS
ペリエール	牡4	ヘニーヒューズ	4- 0- 1- 1/ 6	−	80.0%	100.0%	平坦S
ヘリオス	セ8	オルフェーヴル	8- 3- 2-13/26	33.3%	50.0%	62.5%	平坦S
ベルウッドブラボー	牡5	シルバーステート	2- 1- 2-12/17	33.3%	25.0%	28.6%	上りS

馬名	性齢	父	全着別度数	上りS	下りS	平坦S	タイプ
ベルクレスタ	牝5	ドゥラメンテ	2- 3- 2- 9/16	33.3%	100.0%	36.4%	下りS
ベルダーイメル	牡7	オルフェーヴル	6- 3- 2-21/32	33.3%	16.7%	41.2%	平坦S
ベレザニーニャ	牝4	アメリカンペイトリオット	2- 0- 1- 6/ 9	0.0%	50.0%	25.0%	下りS
ベレヌス	牡7	タートルボウル	5- 2- 3-17/27	22.2%	37.5%	50.0%	平坦S
ヘンリー	牡4	ヘニーヒューズ	3- 1- 1- 1/ 6	–	0.0%	100.0%	平坦S
ボイラーハウス	牡6	アジアエクスプレス	4- 2- 5-16/27	42.9%	50.0%	25.0%	下りS
ホウオウアマゾン	牡6	キングカメハメハ	3- 4- 2-10/19	50.0%	0.0%	61.5%	平坦S
ホウオウエクレール	牡7	ブラックタイド	3- 5- 6-22/36	50.0%	0.0%	41.2%	上りS
ホウオウエミーズ	牡7	ロードカナロア	6- 5- 2-17/30	47.4%	40.0%	33.3%	上りS
ホウオウノーサイド	牡5	キングカメハメハ	4- 2- 1- 7/14	50.0%	37.5%	100.0%	平坦S
ホウオウバリスタ	牡5	ジョーカプチーノ	3- 1- 3- 5/12	50.0%	33.3%	71.4%	平坦S
ホウオウビスケッツ	牡4	マインドユアビスケッツ	2- 1- 0- 3/ 6	50.0%	50.0%	50.0%	上りS
ホウオウフウジン	牡5	ロードカナロア	3- 1- 2-11/17	25.0%	40.0%	37.5%	下りS
ホウオウラスカーズ	牝6	ディープインパクト	3- 1- 2-13/19	100.0%	21.4%	50.0%	上りS
ホウオウリアリティ	牡6	モーリス	4- 3- 4-18/29	20.0%	50.0%	37.5%	下りS
ホウオウルーレット	牡5	ロージズインメイ	4- 2- 0- 8/14	62.5%	50.0%	0.0%	上りS
ホウオウルバン	牡6	キズナ	5- 1- 2-12/20	41.2%	50.0%	0.0%	下りS
ボーデン	牡6	ハービンジャー	3- 4- 1- 9/17	42.9%	62.5%	0.0%	下りS
ホープフルサイン	牡8	モンテロッソ	4- 2- 3-27/36	28.6%	20.0%	25.0%	上りS
ホールシバン	牡6	パイロ	4- 2- 1- 5/12	66.7%	50.0%	50.0%	上りS
ボーンジーニアス	牡6	ナカヤマフェスタ	3- 3- 1-10/17	33.3%	25.0%	50.0%	平坦S
ボーンディスウェイ	牡6	ハーツクライ	4- 3- 3- 8/18	66.7%	50.0%	50.0%	上りS
ボスジラ	牡6	ディープインパクト	6- 4- 2-14/26	0.0%	33.3%	76.9%	平坦S
ポタジェ	牡7	ディープインパクト	6- 4- 2- 9/21	66.7%	25.0%	62.5%	上りS
ボッケリーニ	牡7	キングカメハメハ	7-10- 2- 9/28	75.0%	66.7%	64.7%	上りS
ホッコーカリュウ	牝6	ホッコータルマエ	3- 0- 1-13/17	20.0%	–	50.0%	下りS
ホッコーハナミチ	セ6	ホッコータルマエ	3- 1- 1-10/15	30.0%	–	50.0%	下りS
ポッドボレット	牡5	ジャスタウェイ	2- 3- 9/15	0.0%	33.3%	55.6%	平坦S
ポピュラーソング	牝7	アンライバルド	0- 0- 1-12/13	0.0%	–	25.0%	平坦S
ボルザコフスキー	牡5	キズナ	4- 4- 3- 9/20	50.0%	60.0%	60.0%	下りS
ボルドグフーシュ	牡5	スクリーンヒーロー	3- 3- 3- 3/12	50.0%	100.0%	100.0%	下りS
ホワイトガーベラ	牡5	アジアエクスプレス	3- 3- 1- 5/12	40.0%	66.7%	100.0%	平坦S
ボンボヤージ	牝7	ロードカナロア	5- 1- 0-20/26	28.6%	44.4%	0.0%	下りS
マーブルマカロン	牝4	ダノンレジェンド	3- 0- 1- 7/11	0.0%	57.1%	–	下りS
マイステージ	牝6	ストーミングホーム	4- 3- 4-11/22	66.7%	53.3%	25.0%	上りS
マイネルウィルトス	牡8	スクリーンヒーロー	5-11- 7-16/39	64.3%	40.0%	60.0%	上りS
マイネルエンペラー	牡4	ゴールドシップ	3- 2- 0- 4/ 9	33.3%	100.0%	50.0%	下りS
マイネルクリソーラ	牡5	スクリーンヒーロー	4- 5- 3- 8/20	–	20.0%	73.3%	平坦S
マイネルクロンヌ	牡7	オルフェーヴル	3- 2- 4-23/32	16.7%	25.0%	33.3%	平坦S
マイネルケレリウス	牡5	ルーラーシップ	3- 1- 1- 6/11	–	20.0%	66.7%	平坦S
マイネルコロンブス	牡7	ゴールドシップ	3- 2- 2-22/29	12.5%	0.0%	33.3%	平坦S
マイネルジェロディ	牡6	スクリーンヒーロー	4- 2- 5-15/26	100.0%	54.5%	23.1%	上りS
マイネルファンロン	牡9	ステイゴールド	5- 5- 3-29/42	20.0%	27.8%	42.9%	平坦S
マイネルプロンプト	セ12	マツリダゴッホ	2- 2- 4-20/28	14.3%	50.0%	29.4%	下りS
マイネルマーティン	牡6	ハーツクライ	3- 1- 3-20/27	0.0%	30.8%	25.0%	下りS
マイネルモーント	牡4	ゴールドシップ	3- 4- 0- 2/ 9	0.0%	100.0%	75.0%	下りS
マイネルラウレア	牡4	ゴールドシップ	2- 0- 0- 5/ 7	50.0%	0.0%	0.0%	上りS
マイネルレオーネ	牡12	ステイゴールド	4- 4- 3-25/36	20.0%	33.3%	35.0%	平坦S
マイネルレノン	牡5	ダイワメジャー	3- 2- 3- 9/17	80.0%	66.7%	22.2%	上りS
マイヨアポア	牝6	リオンディーズ	4- 4- 4- 7/19	33.3%	70.0%	100.0%	平坦S
マウンテンムスメ	牝6	アドマイヤムーン	4- 5- 1-17/27	27.3%	44.4%	42.9%	下りS
マカオンドール	牡6	ゴールドシップ	4- 3- 4- 9/20	83.3%	83.3%	12.5%	上りS
マサハヤニース	牡9	ワークフォース	4- 1- 2-21/28	25.0%	66.7%	15.4%	下りS
マスクトディーヴァ	牝4	ルーラーシップ	3- 1- 0- 1/ 5	50.0%	–	100.0%	平坦S

馬名	性齢	父	全着別度数	上りS	下りS	平坦S	タイプ
マッスルビーチ	牡8	メイショウサムソン	3- 2- 2-13/20	50.0%	22.2%	33.3%	上りS
マッドクール	牡5	Dark Angel	5- 1- 3- 1/10	100.0%	100.0%	80.0%	下りS
マテンロウアレス	セ6	ダイワメジャー	2- 8- 6-13/29	50.0%	0.0%	69.2%	平坦S
マテンロウオリオン	牡5	ダイワメジャー	2- 3- 0-10/15	50.0%	33.3%	28.6%	上りS
マテンロウスカイ	セ5	モーリス	4- 4- 4- 3/15	80.0%	66.7%	85.7%	平坦S
マテンロウマジック	牡5	エピファネイア	3- 3- 1- 7/14	58.3%	–	0.0%	上りS
マテンロウレオ	牡5	ハーツクライ	3- 2- 0-10/15	57.1%	16.7%	0.0%	上りS
マナウス	牡5	マジェスティックウォリアー	3- 1- 1- 3/ 8	33.3%	100.0%	75.0%	下りS
マニバドラ	牡4	Speightstown	3- 1- 2- 3/ 9	50.0%	100.0%	66.7%	下りS
ママコチャ	牝5	クロフネ	6- 2- 2- 4/14	100.0%	66.7%	62.5%	上りS
マメコ	牝5	リヤンドファミユ	3- 6- 1- 7/17	75.0%	66.7%	42.9%	上りS
マラキナイア	牝4	ジャスタウェイ	3- 1- 1- 4/ 9	100.0%	33.3%	60.0%	上りS
マリアエレーナ	牝6	クロフネ	5- 4- 3-11/23	61.5%	0.0%	50.0%	上りS
マリオロード	牡5	キタサンブラック	3- 1- 1-13/18	38.5%	–	0.0%	上りS
マルカアトラス	牡5	シニスターミニスター	3- 0- 1- 5/ 9	60.0%	–	25.0%	上りS
マルカラピッド	牝4	マインドユアビスケッツ	1- 0- 0- 4/ 5	50.0%	0.0%	0.0%	上りS
マルブツプライド	牡5	ホッコータルマエ	3- 1- 0- 9/13	40.0%	–	0.0%	上りS
マルモリスペシャル	牝5	バトルプラン	4- 0- 3- 8/15	50.0%	0.0%	75.0%	平坦S
マンドローネ	牝5	ハーツクライ	3- 0- 2- 4/ 9	100.0%	25.0%	50.0%	上りS
ミカッテヨンデイイ	牝4	イスラボニータ	2- 0- 2- 8/12	0.0%	44.4%	50.0%	下りS
ミクソロジー	牡5	オルフェーヴル	5- 1- 1- 3/10	75.0%	100.0%	60.0%	下りS
ミシシッピテソーロ	牝4	ダノンバラード	3- 0- 0-11/14	0.0%	11.1%	50.0%	平坦S
ミスズグランドオー	牡6	サウスヴィグラス	4- 3- 4-12/23	62.5%	40.0%	40.0%	上りS
ミステリーウェイ	セ6	ジャスタウェイ	3- 7- 2-14/26	20.0%	33.3%	69.2%	平坦S
ミスニューヨーク	牝7	キングズベスト	6- 1- 6-15/28	66.7%	40.0%	41.7%	上りS
ミスフィガロ	牝6	ディープインパクト	3- 2- 6- 7/18	33.3%	50.0%	80.0%	平坦S
ミスボニータ	牝5	イスラボニータ	3- 1- 3-14/21	40.0%	–	33.3%	上りS
ミッキーゴージャス	牝4	ミッキーロケット	4- 0- 0- 2/ 6	100.0%	–	50.0%	上りS
ミッキーヌチバナ	牝6	ダノンレジェンド	7- 1- 4- 5/17	71.4%	0.0%	100.0%	平坦S
ミッキーハーモニー	牡5	キタサンブラック	3- 0- 1- 4/ 8	25.0%	75.0%	–	下りS
ミッキーブリランテ	牡8	ディーププリランテ	5- 5- 4-36/50	14.3%	30.0%	30.3%	平坦S
ミトノオー	牡4	ロゴタイプ	3- 0- 0- 1/ 4	100.0%	0.0%	100.0%	上りS
ミフヴォリート	牝5	キングカメハメハ	3- 0- 2- 1/ 6	–	80.0%	100.0%	平坦S
ミヤビマドンナ	牝7	キズナ	2- 2- 1-15/20	11.1%	33.3%	50.0%	平坦S
ミラクル	牝6	エイシンフラッシュ	3- 3- 4-21/31	45.5%	37.5%	16.7%	上りS
ミラクルティアラ	牝4	ヘニーヒューズ	3- 5- 2- 1/11	100.0%	100.0%	88.9%	上りS
ミラバーグマン	牝6	サウスヴィグラス	0- 0- 0- 1/ 1	–	–	0.0%	平坦S
ミルトクレイモー	牡4	バゴ	3- 2- 3- 5/13	50.0%	0.0%	75.0%	平坦S
ミレヴィーナス	牝5	ヘニーヒューズ	3- 1- 1- 7/12	50.0%	33.3%	40.0%	上りS
ムーンプローブ	牝4	モーリス	2- 1- 0- 7/10	0.0%	–	50.0%	平坦S
メイクアスナッチ	牝4	ルーラーシップ	2- 1- 0- 3/ 6	50.0%	50.0%	50.0%	上りS
メイクアリープ	牡5	シニスターミニスター	4- 5- 1- 2/12	87.5%	–	75.0%	上りS
メイクザビート	牡4	マインドユアビスケッツ	3- 4- 2- 5/14	71.4%	100.0%	50.0%	下りS
メイケイエール	牝6	ミッキーアイル	7- 0- 0- 9/16	100.0%	33.3%	44.4%	上りS
メイショウイジゲン	牡6	クリエイター2	1- 2- 2-23/28	20.0%	20.0%	15.4%	下りS
メイショウウズマサ	牡8	ロードカナロア	5- 1- 5-16/27	55.6%	44.4%	22.2%	上りS
メイショウエニシア	牝5	リアルインパクト	3- 5- 3-20/31	40.0%	25.0%	35.3%	上りS
メイショウオーギシ	牡7	アイルハヴアナザー	3- 2- 4-19/28	25.0%	0.0%	36.8%	平坦S
メイショウオーパス	牡9	メイショウボーラー	5- 5- 2-33/45	18.8%	0.0%	36.0%	平坦S
メイショウオキビ	牡6	トウケイヘイロー	3- 0- 4-12/19	41.7%	–	28.6%	上りS
メイショウカズサ	牡7	カジノドライヴ	5- 4- 0-13/22	40.0%	0.0%	46.7%	平坦S
メイショウキョウジ	牡9	ダイワメジャー	3- 8- 5-16/32	50.0%	64.3%	25.0%	下りS
メイショウクリフト	牡5	シルバーステート	3- 1- 2- 6/12	33.3%	0.0%	62.5%	平坦S
メイショウゲンセン	牝7	ロードカナロア	5- 4- 1- 8/18	50.0%	66.7%	40.0%	下りS

馬名	性齢	父	全着別度数	上りS	下りS	平坦S	タイプ
メイショウジブリ	牡5	キズナ	3- 2- 3- 5/13	50.0%	100.0%	75.0%	下りS
メイショウシンタケ	牡6	ワールドエース	5- 1- 0-15/21	0.0%	0.0%	37.5%	平坦S
メイショウソラフネ	牡5	モーリス	4- 3- 1- 6/14	40.0%	75.0%	60.0%	下りS
メイショウダジン	牡7	トランセンド	5- 1- 3-21/30	33.3%	20.0%	30.8%	上りS
メイショウチタン	牡7	ロードカナロア	4- 3- 3-24/34	55.6%	0.0%	26.3%	上りS
メイショウツツジ	牝6	エイシンフラッシュ	3- 3- 1-19/26	33.3%	22.2%	27.3%	上りS
メイショウテンスイ	牡7	ダンカーク	4- 2- 4-25/35	22.2%	30.0%	31.3%	平坦S
メイショウドウドウ	牡9	ヴィクトワールピサ	3- 9- 2-38/52	21.4%	33.3%	28.6%	下りS
メイショウドヒョウ	牡7	アイルハヴアナザー	4- 2- 2-10/18	50.0%	–	25.0%	上りS
メイショウハリオ	牡7	パイロ	6- 2- 3- 7/18	66.7%	100.0%	42.9%	下りS
メイショウヒューマ	牡6	Distorted Humor	3- 3- 4-17/27	37.5%	16.7%	46.2%	平坦S
メイショウフジタカ	牡6	メイショウサムソン	2- 3- 2-14/21	0.0%	60.0%	50.0%	下りS
メイショウブレゲ	牡5	ゴールドシップ	3- 4- 1-16/24	20.0%	25.0%	40.0%	平坦S
メイショウフンジン	牡6	ホッコータルマエ	6- 4- 2- 9/21	54.5%	66.7%	57.1%	下りS
メイショウベッピン	牝7	トゥザグローリー	3- 4- 5-21/32	45.5%	0.0%	31.6%	上りS
メイショウボサツ	牡7	エピファネイア	3- 3- 3-20/29	40.0%	40.0%	11.1%	上りS
メイショウホシアイ	牝6	モーリス	4- 4- 5-12/25	33.3%	0.0%	64.7%	平坦S
メイショウミカワ	牡6	ミッキーアイル	3- 5- 3-16/27	43.8%	0.0%	40.0%	上りS
メイショウミツヤス	牡6	トゥザグローリー	2- 1- 2-13/18	50.0%	0.0%	20.0%	上りS
メイショウミライ	牡9	サウスヴィグラス	4- 6- 2-26/38	38.5%	30.0%	26.7%	上りS
メイショウムラクモ	牡6	ネオユニヴァース	4- 1- 1- 7/13	50.0%	0.0%	50.0%	上りS
メイショウモズ	牡4	トランセンド	3- 2- 1- 6/12	28.6%	0.0%	100.0%	平坦S
メイショウユズルハ	牡5	ディスクリートキャット	4- 3- 6- 8/21	71.4%	33.3%	50.0%	上りS
メイプルリッジ	牡5	キングカメハメハ	3- 1- 1- 4/ 9	–	100.0%	42.9%	下りS
メインクーン	牝4	ハーツクライ	3- 1- 0- 3/ 7	0.0%	50.0%	100.0%	平坦S
メズメライザー	セ5	ディスクリートキャット	4- 3- 1- 8/16	66.7%	60.0%	37.5%	上りS
メタマックス	牡4	Into Mischief	4- 0- 3- 3/10	100.0%	80.0%	50.0%	上りS
メディーヴァル	牡4	アジアエクスプレス	4- 4- 5-17-30	41.7%	0.0%	53.3%	平坦S
メテオリート	牝4	ドレフォン	3- 2- 1- 5/11	33.3%	–	62.5%	平坦S
メモリーレゾン	牝5	オルフェーヴル	4- 1- 1- 5/11	50.0%	100.0%	60.0%	下りS
メルシー	牝5	リオンディーズ	3- 2- 2-10/17	25.0%	–	50.0%	平坦S
メロディーレーン	牝8	オルフェーヴル	4- 0- 3-27/34	15.4%	25.0%	23.5%	下りS
メンアットワーク	牡5	ドゥラメンテ	3- 1- 2-15/21	42.9%	10.0%	50.0%	平坦S
モーソンピーク	牡7	ディープインパクト	3- 3- 3- 7/16	100.0%	44.4%	66.7%	上りS
モカフラワー	牝5	スクリーンヒーロー	3- 3- 0-11/17	25.0%	44.4%	25.0%	下りS
モズゴールドバレル	牝5	Optimizer	4- 3- 1- 8/16	50.0%	66.7%	44.4%	下りS
モズマゾク	牡6	グランプリボス	3- 3- 5-20/31	33.3%	25.0%	41.7%	平坦S
モズメイメイ	牝4	リアルインパクト	4- 0- 1- 4/ 9	66.7%	33.3%	66.7%	上りS
モズリッキー	牡5	トランセンド	3- 4- 1- 4/12	100.0%	0.0%	70.0%	上りS
モズロックンロール	牡4	ビーチパトロール	3- 1- 0- 1/ 5	100.0%	0.0%	100.0%	平坦S
モチベーション	牝5	ガルボ	3- 3- 0-10/16	0.0%	33.3%	55.6%	平坦S
モナルヒ	牡5	ヘニーハウンド	3- 2- 2- 7/14	33.3%	75.0%	42.9%	下りS
モリアーナ	牝4	エピファネイア	3- 0- 1- 4/ 8	–	60.0%	33.3%	下りS
モリノカンナチャン	牝6	ハービンジャー	3- 5- 1-19/28	25.0%	20.0%	42.9%	平坦S
モリノドリーム	牝5	モーリス	4- 1- 1- 7/13	50.0%	50.0%	40.0%	上りS
モンテディオ	牡5	ジャスタウェイ	3- 5- 3- 9/20	55.6%	66.7%	50.0%	下りS
モントライゼ	牡6	ダイワメジャー	2- 2- 1-13/18	33.3%	20.0%	28.6%	上りS
ヤクシマ	牡4	Havana Grey	2- 0- 2- 8/12	33.3%	100.0%	0.0%	下りS
ヤマニンウルス	牡4	ジャスタウェイ	3- 0- 0- 0/ 3	–	–	100.0%	平坦S
ヤマニンサルバム	牡5	イスラボニータ	6- 4- 4- 6/20	87.5%	40.0%	71.4%	上りS
ヤマニンサンパ	牡6	ディープインパクト	3- 1- 3- 9/16	33.3%	0.0%	54.5%	平坦S
ヤマニンゼスト	牡5	シンボリクリスエス	2- 1- 1- 6/10	50.0%	50.0%	33.3%	上りS
ヤマニンデンファレ	牝6	ローエングリン	3- 0- 0-18/21	18.2%	14.3%	0.0%	上りS
ヤマニンマヒア	牡8	ディープインパクト	3- 5- 5-23/36	53.8%	0.0%	28.6%	上りS

188

馬名	性齢	父	全着別度数	上りS	下りS	平坦S	タイプ
ユイノチャッキー	牡6	ディープスカイ	3- 2- 4-14/23	50.0%	30.8%	50.0%	平坦S
ユーキャンスマイル	牡9	キングカメハメハ	6- 6- 1-22/35	33.3%	－	39.1%	平坦S
ユキノファラオ	牡6	ワールドエース	3- 0- 4-17/24	20.0%	37.5%	0.0%	下りS
ユスティニアン	牡6	シニスターミニスター	3-10- 6-15/34	50.0%	66.7%	53.3%	下りS
ユティタム	牡4	Justify	3- 1- 0- 1/ 5	66.7%	100.0%	100.0%	下りS
ユリーシャ	牝4	グレーターロンドン	2- 1- 0- 5/ 8	50.0%	0.0%	40.0%	上りS
ヨーホーレイク	牡6	ディープインパクト	3- 1- 1- 2/ 7	100.0%	66.7%	66.7%	上りS
ヨシノイースター	牡6	ルーラーシップ	4- 5- 2-10/21	50.0%	66.7%	50.0%	下りS
ヨドノビクトリー	牡10	クロフネ	4- 3- 4-30/41	0.0%	16.7%	35.7%	平坦S
ヨリマル	牡4	リアルスティール	3- 1- 0- 4/ 8	66.7%	33.3%	0.0%	上りS
ラーグルフ	牡5	モーリス	5- 1- 1- 6/13	50.0%	50.0%	60.0%	平坦S
ライオットガール	牝4	シニスターミニスター	4- 0- 1- 4/ 9	50.0%	－	66.7%	平坦S
ライトクオンタム	牝4	ディープインパクト	2- 0- 0- 4/ 6	100.0%	50.0%	0.0%	上りS
ライラック	牝5	オルフェーヴル	2- 1- 2- 9/14	0.0%	83.3%	0.0%	下りS
ライラボンド	牡5	キズナ	4- 2- 4-18/28	37.5%	30.8%	42.9%	平坦S
ライリッズ	牡5	ドゥラメンテ	3- 2- 2- 4/11	75.0%	33.3%	75.0%	上りS
ラインオブソウル	牡5	シニスターミニスター	4- 1- 2-11/18	41.7%	－	50.0%	平坦S
ラインガルーダ	牡7	シニスターミニスター	3- 1- 3-14/21	25.0%	62.5%	11.1%	下りS
ラインベック	セ7	ディープインパクト	5- 2- 3-15/25	60.0%	30.0%	40.0%	上りS
ラヴェル	牝4	キタサンブラック	2- 0- 0- 5/ 7	－	100.0%	16.7%	下りS
ラヴォラーレ	牡6	オールステイ	3- 3- 2-16/24	12.5%	0.0%	53.8%	平坦S
ラヴケリー	牝6	カレンブラックヒル	3- 6- 6-15/30	38.5%	66.7%	57.1%	下りS
ラキエータ	牝5	キンシャサノキセキ	3- 0- 1-11/15	66.7%	－	20.0%	上りS
ラクスバラディー	牝5	ドゥラメンテ	3- 4- 2-12/21	28.6%	100.0%	58.3%	下りS
ラケマーダ	牝4	アメリカンペイトリオット	3- 1- 3- 4/11	100.0%	100.0%	50.0%	上りS
ラスール	牝5	キタサンブラック	3- 1- 1- 2/ 7	50.0%	50.0%	50.0%	下りS
ラストドラフト	牡8	ノヴェリスト	2- 3- 2-18/25	25.0%	40.0%	14.3%	下りS
ラズベリームース	牝5	ルーラーシップ	3- 3- 0- 3/ 9	0.0%	100.0%	50.0%	下りS
ラスマドレス	牝5	モーリス	3- 0- 1-10/14	33.3%	－	33.3%	平坦S
ラズルダズル	牡7	ルーラーシップ	3- 6- 4-17/30	57.1%	66.7%	41.7%	上りS
ラフストリーム	牡6	ドゥラメンテ	3- 0- 1- 7/11	42.9%	25.0%	－	上りS
ラプタス	セ8	ディープブリランテ	5- 0- 0- 7/12	0.0%	0.0%	62.5%	平坦S
ララクリスティーヌ	牝6	ミッキーアイル	6- 4- 0- 6/16	66.7%	50.0%	63.6%	下りS
ラリュエル	牝5	ディープインパクト	3- 1- 0- 5/ 9	33.3%	50.0%	50.0%	平坦S
ラルフ	牡6	アジアエクスプレス	3- 3- 5-14/25	45.5%	40.0%	44.4%	上りS
ランドオブリバティ	牡6	ディープインパクト	3- 0- 2-11/16	25.0%	25.0%	50.0%	平坦S
ランドボルケーノ	牡6	ヘニーヒューズ	3- 3- 1-13/20	36.4%	－	33.3%	上りS
リアグラシア	牝5	キングカメハメハ	3- 2- 1- 4/10	－	62.5%	50.0%	下りS
リカンカブール	牡5	シルバーステート	4- 1- 0- 4/ 9	66.7%	33.3%	66.7%	上りS
リキサントライ	牡6	ネオユニヴァース	4- 1- 3-16/24	20.0%	33.3%	45.5%	平坦S
リサリサ	牝4	イスラボニータ	3- 3- 3- 4/13	66.7%	80.0%	50.0%	下りS
リチュアル	セ5	キングカメハメハ	3- 1- 1- 5/10	100.0%	100.0%	16.7%	上りS
リッキーマジック	牝5	コパノリッキー	3- 0- 1- 7/11	100.0%	33.3%	0.0%	上りS
リッケンバッカー	牡6	ロードカナロア	1- 4- 0-15/20	0.0%	25.0%	33.3%	平坦S
リトルクレバー	牡7	キズナ	3- 3- 5-17/28	46.7%	20.0%	37.5%	上りS
リバートゥルー	牝4	レッドファルクス	3- 1- 0- 3/ 7	－	66.7%	0.0%	下りS
リバーラ	牝4	キンシャサノキセキ	2- 0- 1- 3/ 6	50.0%	－	50.0%	平坦S
リバティアイランド	牝4	ドゥラメンテ	5- 2- 0- 0/ 7	－	100.0%	100.0%	平坦S
リビアングラス	牡4	キズナ	3- 0- 1- 3/ 7	50.0%	－	66.7%	平坦S
リファインドマナー	牝6	パイロ	1- 1- 0-17/19	0.0%	20.0%	11.1%	下りS
リプレーザ	牡6	リオンディーズ	2- 1- 2-11/16	0.0%	50.0%	36.4%	下りS
リフレーミング	牡6	キングヘイロー	3- 6- 4-10/23	45.5%	100.0%	60.0%	下りS
リメイク	牡5	ラニ	5- 1- 1- 2/ 9	100.0%	66.7%	50.0%	上りS
リューベック	牡5	ハービンジャー	3- 1- 1- 4/ 9	50.0%	50.0%	66.7%	平坦S

馬名	性齢	父	全着別度数	上りS	下りS	平坦S	タイプ
リリーミニスター	セ7	シニスターミニスター	4- 4- 4-29/41	37.0%	–	14.3%	上りS
リレーションシップ	牡7	ルーラーシップ	4- 1- 0-20/25	23.1%	20.0%	14.3%	上りS
リンカーンテソーロ	牡6	Carpe Diem	3- 2- 5-14/24	0.0%	56.3%	33.3%	下りS
ルイナールカズマ	牡5	ブラックタイド	3- 2- 3-12/20	44.4%	50.0%	33.3%	下りS
ルヴォルグ	セ8	ディープインパクト	3- 1- 0- 7/11	–	40.0%	33.3%	下りS
ルーカスミノル	牡4	シャンハイボビー	3- 0- 1- 4/ 8	100.0%	–	20.0%	上りS
ルージュアルル	牝5	ハーツクライ	3- 1- 2- 6/12	0.0%	80.0%	33.3%	下りS
ルージュエヴァイユ	牝5	ジャスタウェイ	4- 3- 0- 4/11	66.7%	75.0%	50.0%	下りS
ルージュエクレール	牝5	エピファネイア	4- 5- 0- 3/12	75.0%	80.0%	66.7%	下りS
ルージュスティリア	牝5	ディープインパクト	4- 0- 1- 7/12	100.0%	0.0%	33.3%	上りS
ルージュラテール	牝5	ハーツクライ	3- 3- 1-10/17	50.0%	0.0%	60.0%	平坦S
ルージュリナージュ	牝5	スピルバーグ	4- 2- 1- 5/12	0.0%	57.1%	75.0%	平坦S
ルガル	牡4	ドゥラメンテ	2- 4- 1- 3/10	60.0%	–	80.0%	平坦S
ルクスフロンティア	牡4	エピファネイア	3- 2- 1- 2/ 8	60.0%	–	100.0%	平坦S
ルクルト	牡7	キングズベスト	3- 2- 2-20/27	42.9%	18.2%	22.2%	上りS
ルコルセール	牡5	ロードカナロア	5- 1- 2- 9/17	66.7%	60.0%	0.0%	上りS
ルドヴィクス	牡5	モーリス	3- 3- 1-14/21	22.2%	25.0%	50.0%	平坦S
ルプリュフォール	セ8	ロードカナロア	5- 1- 5-16/27	25.0%	20.0%	50.0%	平坦S
ルペルカーリア	牡4	モーリス	2- 1- 1- 7/11	33.3%	50.0%	25.0%	下りS
ルリアン	牡7	キズナ	4- 2- 2-12/20	37.5%	66.7%	33.3%	下りS
レイクリエイター	牡6	クリエイター2	3- 2- 2-16/23	36.4%	50.0%	20.0%	下りS
レイトカンセイオー	牡6	ハービンジャー	3- 0- 0- 5/ 8	0.0%	33.3%	66.7%	平坦S
レイニーデイ	牡6	ジャスタウェイ	3- 1- 1- 9/14	66.7%	22.2%	50.0%	上りS
レイベリング	牡4	Frankel	3- 1- 1- 2/ 7	–	33.3%	100.0%	平坦S
レイモンドバローズ	牡6	ヴィクトワールピサ	4- 1- 2- 9/16	50.0%	0.0%	60.0%	平坦S
レインフロムヘヴン	セ6	ドゥラメンテ	4- 3- 1- 7/15	0.0%	20.0%	77.8%	平坦S
レヴァンジル	牡5	ドゥラメンテ	3- 2- 2- 4/11	50.0%	80.0%	50.0%	下りS
レヴール	牝5	トランセンド	3- 2- 2- 5/12	0.0%	70.0%	0.0%	下りS
レヴェッツァ	セ6	ドゥラメンテ	3- 1- 1-12/17	14.3%	40.0%	40.0%	下りS
レーヴリアン	牝6	リアルインパクト	3- 3- 0-15/21	44.4%	28.6%	0.0%	上りS
レーベンスティール	牡4	リアルスティール	3- 2- 1- 0/ 6	100.0%	100.0%	–	上りS
レオノーレ	牝5	マジェスティックウォリアー	4- 2- 1- 5/12	50.0%	75.0%	50.0%	下りS
レガーメペスカ	牡7	キズナ	3- 2- 3-11/19	50.0%	0.0%	40.0%	上りS
レガトゥス	牡6	モーリス	3- 1- 3- 6/13	66.7%	50.0%	40.0%	上りS
レシプロケイト	牡6	ダイワメジャー	5- 5- 3-18/31	37.5%	50.0%	42.1%	下りS
レッドヴェイロン	牡9	キングカメハメハ	4- 6- 3-16/29	16.7%	54.5%	50.0%	下りS
レッドヴェロシティ	牡6	ワールドエース	3- 3- 5- 5/16	66.7%	40.0%	87.5%	平坦S
レッドエランドール	セ7	Golden Horn	2- 6- 5-11/24	66.7%	66.7%	41.7%	上りS
レッドゲイル	牡6	ヘニーヒューズ	4- 2- 1- 6/13	50.0%	62.5%	33.3%	下りS
レッドジェネシス	セ6	ディープインパクト	3- 1- 2-11/17	50.0%	40.0%	25.0%	上りS
レッドバリエンテ	牡5	ディープインパクト	4- 3- 2- 4/13	50.0%	100.0%	33.3%	下りS
レッドバロッサ	セ5	ドレフォン	3- 1- 2-13/19	27.3%	0.0%	42.9%	平坦S
レッドファーロ	牡5	ハーツクライ	4- 2- 2- 6/14	80.0%	0.0%	57.1%	上りS
レッドプロフェシー	牡4	ルーラーシップ	3- 1- 0- 3/ 7	100.0%	100.0%	0.0%	下りS
レッドベルオーブ	牡5	ディープインパクト	3- 1- 2-13/19	25.0%	0.0%	41.7%	平坦S
レッドモンレーヴ	牡5	ロードカナロア	5- 3- 0- 4/12	100.0%	62.5%	0.0%	上りS
レッドラディエンス	牡5	ディープインパクト	3- 4- 1- 1/ 9	100.0%	100.0%	83.3%	下りS
レッドラパルマ	牡5	イスラボニータ	3- 3- 2- 7/15	61.5%	0.0%	0.0%	上りS
レッドラマンシュ	牡5	ロードカナロア	3- 4- 3- 7/17	75.0%	33.3%	50.0%	上りS
レッドランメルト	牡5	ディープインパクト	4- 3- 1- 7/15	100.0%	50.0%	42.9%	上りS
レッドルゼル	牡8	ロードカナロア	7- 6- 2- 4/19	100.0%	71.4%	71.4%	上りS
レッドロワ	牡6	ディープインパクト	3- 3- 1- 4/11	–	60.0%	100.0%	平坦S
レディバグ	牝6	ホッコータルマエ	4- 2- 1- 8/15	66.7%	50.0%	33.3%	上りS
レディフォース	牝4	リアルインパクト	3- 0- 1- 1/ 5	50.0%	100.0%	100.0%	平坦S

190

馬名	性齢	父	全着別度数	上りS	下りS	平坦S	タイプ
レブンカムイ	牡6	キズナ	3- 4- 1-14/22	41.7%	0.0%	37.5%	上りS
レベランス	牡6	ハービンジャー	3- 4- 3-13/23	50.0%	50.0%	36.4%	下りS
レベレンシア	牡5	ロードカナロア	3- 0- 1- 6/10	25.0%	–	50.0%	平坦S
レモンポップ	牡6	Lemon Drop Kid	9- 3- 0- 0/12	100.0%	100.0%	100.0%	下りS
レリジールダモーレ	牝5	キングカメハメハ	3- 2- 1-10/16	50.0%	33.3%	33.3%	上りS
ローシャムパーク	牡5	ハービンジャー	6- 2- 1- 1/10	0.0%	100.0%	100.0%	下りS
ローズスター	牡4	ドレフォン	3- 0- 1- 3/ 7	100.0%	100.0%	25.0%	下りS
ローズボウル	牡6	キズナ	3- 3- 7-10/23	66.7%	50.0%	58.3%	上りS
ローゼライト	牝6	キズナ	4- 0- 5-20/29	16.7%	25.0%	36.8%	平坦S
ロータスランド	牝7	Point of Entry	6- 4- 2-12/24	–	0.0%	57.1%	平坦S
ロードアウォード	セ4	ロードカナロア	3- 0- 1- 3/ 7	100.0%	–	50.0%	上りS
ロードアヴニール	牡4	ドゥラメンテ	3- 0- 0- 2/ 5	66.7%	–	50.0%	上りS
ロードアクア	牡8	ロードカナロア	5- 0- 4-19/28	75.0%	12.5%	31.3%	上りS
ロードアラビアン	牡5	サトノアラジン	3- 0- 2- 2/ 7	75.0%	50.0%	100.0%	平坦S
ロードヴァレンチ	セ5	エスポワールシチー	4- 1- 2- 8/15	57.1%	50.0%	25.0%	上りS
ロードエクレール	牡6	ロードカナロア	4- 1- 2-13/20	22.2%	75.0%	28.6%	下りS
ロードオブザチェコ	牡6	ストロングリターン	1- 0- 0-11/12	0.0%	25.0%	0.0%	下りS
ロードシュトローム	牡6	マクフィ	4- 0- 1-17/22	25.0%	40.0%	11.1%	下りS
ロードデルレイ	牡4	ロードカナロア	4- 0- 0- 1/ 5	0.0%	100.0%	100.0%	平坦S
ロードトゥフェイム	牡6	マツリダゴッホ	3- 0- 3-12/18	33.3%	42.9%	25.0%	下りS
ロードバルドル	牡6	トーセンラー	3- 0- 2- 9/14	66.7%	40.0%	16.7%	上りS
ロードプレジール	牡6	キングカメハメハ	3- 1- 2- 7/13	33.3%	57.1%	33.3%	下りS
ロードベイリーフ	牡7	ヴァンセンヌ	4- 6- 5-24/39	40.0%	33.3%	41.2%	平坦S
ロードマックス	牡6	ディープインパクト	3- 1- 0-15/19	16.7%	25.0%	22.2%	下りS
ロードラスター	牡6	リオンディーズ	3- 5- 0-20/28	20.0%	42.9%	25.0%	下りS
ロードレゼル	牡5	ディープインパクト	2- 2- 0- 1/ 5	100.0%	100.0%	50.0%	下りS
ロコポルティ	牡6	ヘニーヒューズ	3- 3- 2-14/22	30.0%	0.0%	55.6%	平坦S
ロジハービン	牝5	ハービンジャー	1- 2- 0- 5/ 8	0.0%	60.0%	0.0%	下りS
ロジマンボ	牡5	ドゥラメンテ	3- 1- 4- 7/15	50.0%	54.5%	50.0%	下りS
ロジレット	牝5	ロジユニヴァース	3- 1- 1- 6/11	60.0%	33.3%	–	上りS
ロスコフ	牡6	オルフェーヴル	3- 4- 2-11/20	87.5%	16.7%	16.7%	上りS
ロッキーサンダー	牡7	ダンカーク	3- 3- 8-20/34	40.9%	0.0%	62.5%	平坦S
ロックユアハート	牝5	ロードカナロア	3- 1- 0- 9/13	33.3%	40.0%	20.0%	下りS
ロックユー	セ6	ディープインパクト	3- 0- 0- 8/11	0.0%	–	33.3%	平坦S
ロッシュローブ	牡7	ロードカナロア	4- 5- 1-12/22	44.4%	40.0%	50.0%	平坦S
ロバートソンキー	牡7	ルーラーシップ	4- 2- 2- 4/12	50.0%	80.0%	66.7%	下りS
ロワンディシー	牡6	リオンディーズ	3- 5- 3-16/27	28.6%	40.0%	46.7%	平坦S
ロン	牝5	シルバーステート	2- 1- 1- 1/ 5	100.0%	100.0%	50.0%	上りS
ロングラン	セ6	ヴィクトワールピサ	5- 0- 0-13/18	44.4%	0.0%	20.0%	上りS
ロンドンプラン	牡4	グレーターロンドン	2- 0- 0- 4/ 6	0.0%	66.7%	0.0%	下りS
ワープスピード	牡5	ドレフォン	4- 2- 3-10/19	50.0%	25.0%	54.5%	平坦S
ワールズコライド	牡4	War Front	3- 1- 0- 1/ 5	100.0%	75.0%	–	上りS
ワールドウインズ	セ7	ルーラーシップ	4- 3- 1-19/27	0.0%	50.0%	29.4%	下りS
ワールドスケール	牡7	ワールドエース	3- 2- 2-17/24	25.0%	33.3%	30.8%	下りS
ワールドタキオン	牡6	アジアエクスプレス	4- 1- 0- 2/ 7	100.0%	50.0%	66.7%	上りS
ワールドリバイバル	牡6	エピファネイア	2- 3- 1- 9/15	40.0%	0.0%	57.1%	平坦S
ワイドエンペラー	牡6	ルーラーシップ	3- 3- 2-11/19	0.0%	40.0%	50.0%	平坦S
ワセダハーツ	牡6	ハーツクライ	3- 2- 3-18/26	33.3%	25.0%	30.0%	上りS
ワックスフラワー	牝4	モンテロッソ	3- 0- 2- 6/11	33.3%	66.7%	50.0%	下りS
ワルツフォーラン	牝7	ワイルドワンダー	3- 4- 1-10/18	42.9%	33.3%	60.0%	平坦S
ワンスカイ	牡7	スウェプトオーヴァーボード	3- 2- 5-13/23	28.6%	60.0%	45.5%	下りS
ワンダフルタウン	牡6	ルーラーシップ	3- 1- 1-10/15	16.7%	0.0%	57.1%	平坦S

●著者紹介

出川　塁(でがわ・るい)

上智大学新聞学科卒業。競馬書籍の編集を経てフリーライターに。
月刊誌「競馬の天才！」誌上でデータ系馬券術を公開、予想家
のインタビューなど多数。著書に「このコースで買えば儲かる！」
シリーズ、『デムーロ＆ルメールでまだまだ焼肉を食べる法』『丸
ごと一冊！ノーザンで儲ける本』（秀和システム）。

まさか！の馬券術　坂道グループ

発行日　2024年2月5日	第1版第1刷

著　者　出川　塁＆坂道グループ分析班

発行者　斉藤　和邦
発行所　株式会社　秀和システム
　　　　〒135－0016
　　　　東京都江東区東陽2-4-2　新宮ビル2F
　　　　Tel 03-6264-3105（販売）　Fax 03-6264-3094
印刷所　三松堂印刷株式会社　Printed in Japan

ISBN978-4-7980-7180-0 C0075